江苏新农村发展系列报告
南京农业大学人文社科重大招标项目

江苏农村农业生产经营发展报告 2014

冯淑怡 等 著

科学出版社

北 京

内 容 简 介

本书为《江苏新农村发展系列报告》之一。本书包括江苏农村农业生产经营发展总报告,农村土地承包及流转、农业生产经营主体、农产品生产、农产品流通四个专题发展报告,典型案例评析六个部分。总报告简要总结了江苏省农村农业生产经营的总体发展状况。四个专题发展报告分别就江苏省农村土地承包及流转、农业生产经营主体、农产品生产和农产品流通等方面进行研究,分析其最新发展动向、发展现状,考察了江苏省在全国的地位,针对苏南、苏中、苏北三大区域的各个城市进行区域比较,并针对每个城市进行区(县)比较。典型案例评析针对江苏农村农业生产经营发展中的典型案例,从基本概况、具体做法、发展成效和经验启示四个方面进行评析。附录中梳理了农村农业生产经营发展的重要政策法规和大事记。

本书涵盖内容丰富,数据详实,可供高等学校和科研院所相关学科的研究人员、农业主管部门的有关人员参考。

图书在版编目(CIP)数据

江苏农村农业生产经营发展报告. 2014/冯淑怡等著. —北京:科学出版社,2015.3
(江苏新农村发展系列报告)

ISBN 978-7-03-044022-8

Ⅰ.①江… Ⅱ.①冯… Ⅲ.①农业生产–研究报告–江苏省–2014

Ⅳ.①F327.53

中国版本图书馆 CIP 数据核字(2015)第 063186 号

责任编辑:黄 海 程心珂/责任校对:韩 杨
责任印制:徐晓晨/封面设计:许 瑞

科 学 出 版 社 出版

北京东黄城根北街 16 号
邮政编码:100717
http://www.sciencep.com

北京京华虎彩印刷有限公司 印刷

科学出版社发行 各地新华书店经销

*

2015 年 3 月第 一 版 开本:787×1092 1/16
2015 年 3 月第一次印刷 印张:15 1/8
字数:220 000

定价:79.00 元

(如有印装质量问题,我社负责调换)

总　　序

　　为了深入贯彻落实党的十七届六中全会精神和国家中长期科技与教育发展规划纲要，繁荣我校人文社会科学，强化我校新农村发展研究院的政策咨询功能，从 2012 年起，南京农业大学在中央高校基本科研业务费中增设人文社会科学重大专项。人文社会科学重大专项通过招标方式，主要资助我校人文社科专家、教授针对我国农业现代化和社会主义新农村建设中遇到的具有全局性、战略性、前瞻性的重大理论和实践挑战，以解决复杂性、前沿性、综合性的重大现实问题为重点，以人文社会科学为基础、具有明显文理交叉特征的跨学科研究。其中，为江苏"三农"服务的发展报告是首批重点资助的项目，项目实施一期三年，每年提交一份年度发展报告，并向社会公布。

　　江苏地处中国经济发展最快速、最具活力的长三角地区，肩负"两个率先"的光荣使命，正处于率先实现小康社会奋斗目标、全面开启现代化建设征程的新的历史起点。其经济社会发展的现状为南京农业大学发挥学科特点和综合优势，服务社会需求和发展大局，提出了新的挑战，提供了新的机遇。我校设立校人文社会科学重大招标项目主要基于四个方面的出发点。第一，随着我国整体改革的进一步深入，农业现代化进程的不断加快，农业现代化过程中凸显的难点和重点问题，使得人文社科研究的整体性、系统性、迫切性更加突出。我校通过顶层设计设置的人文社科重大招标项目——江苏"三农"相关领域发展报告，就是希望我校农业相关的人文社科领域专家、教授发挥团队力量，通过系统设计、周密调研和深入剖析，实现集体"发声"，冀求研究成果为江苏"两个率先"的实现做出应有的贡献，并对全国的农业现代化、对将来起示范和引领作用，从而扩大南京农业大学人文社科研究整体的社会影响力。第二，通过项目的实施，希望进一步引导我校人文社科领域专家、教授更加注重实际、实例与实体研究，更加关注传统与现实的结合，更加注重研究的定点和定位，更加重视科学研究资料和素材的积累。第三，通过项目实施，一个报告针对一个问题、围绕一个主题，使人文社科老师的科研活动多与社会、多与政府对接，使得研究成果的社会影响力和政府影响力都能得到充分发挥。第四，希望我校人文社科的老师与自然科学的老师形成交叉，培育新的人文社科学科发展增长点，推动学校创新团队培养和学科交叉融合。通过项目的实施，人才、团队、成果、学科、学术都能得到同步成长。

《江苏新农村发展系列报告》(2014)共分为十三个分册，分别为《江苏农村经济社会发展报告 2014》、《江苏农民专业合作组织发展报告 2014》、《江苏农村金融发展报告 2014》、《江苏乡村治理发展报告 2014》、《江苏农村社会保障发展报告 2014》、《江苏休闲农业发展报告 2014》、《江苏农业信息化发展报告 2014》、《江苏农村政治文明发展报告 2014》、《江苏农村生态文明发展报告 2014》、《江苏农村公共服务发展报告 2014》、《江苏农村文化建设发展报告 2014》、《江苏农村工业和城镇化发展报告 2014》、《江苏农村农业生产经营发展报告 2014》。各报告包括了 2014 年江苏全省农业相关领域的发展现状、总体评价、趋势分析及对策建议等；分别针对苏南、苏北、苏中专题进行评述并提出了相关建议；评析了 2014 年全省农业相关领域发展的典型案例；并附有 2014 年全省农业相关领域发展统计数据、政策文件以及发展大事记等。项目通过实证研究和探索，获得来自于农民生活、农业生产和农村社会实际的第一手资料，以期为政府决策提供真实的信息。项目实施过程中充分发挥了青年教师与研究生等有生力量的作用，既扩大了工作的影响面，又培养了人才。

总之，我校从专家集体"发声"、鲜明的导向、与社会及政府部门的对接、团队和学科交叉的发展这四个方面设计资助人文社会科学重大招标项目，希望对我校的人文社科发展起到积极的推动作用，能真正达到"弘扬南农传统和优势、对接古典和现实、破解农业现代化难题、振兴南农人文社科"的目的，同时为我国"三农"事业、经济社会发展，为江苏省农业科技进步、农业现代化和新农村建设作出新的贡献。

在项目的实施和发展报告的编写过程中，农业相关领域省级主管部门及各级各单位、各项目负责人及课题组成员给予了大力支持和密切配合，相关领域的领导和专家给予了指导，在此一并致以谢忱。

《江苏新农村发展系列报告》是一个全新的尝试，不足甚至谬误在所难免，还望社会各界倾力指教，以利更真实地记录江苏农业现代化进程的印迹，为美好江苏建设留下一组侧影。

南京农业大学副校长　丁艳锋

二〇一四年十二月

前　言

当前我国正处于传统农业向现代农业转变的关键时期，农村改革进入攻坚期和深水区。中央出台的"三农"政策行之有效、深得民心，有力地推动了农业农村发展。党的十八届三中全会对深化农村改革作出了全面部署，在理论和政策上实现了一系列重大突破。2013年年底召开的中央农村工作会议，进一步明确了推进农村改革的五个重大战略问题，但是现阶段农业还是"四化同步"的短腿，农村还是全面建成小康社会的短板。

推进农业农村改革发展，实现"四化同步"，迫切需要进一步发挥法治的保障护航作用。党的十八届四中全会提出了依法治国方针。要坚定不移地推进农业法治建设，坚定不移地运用法治思维和法治方式推进农村改革，真正把依法治国的要求落实到农业农村经济工作中。

"十二五"是江苏省贯彻落实"六个注重"、实施"六大战略"和推进"两个率先"的重要阶段，也是建设有江苏特点农业现代化工程的关键时期，研究改革创新农村农业生产经营体制机制，探索转变农业经营方式，构建现代农业经营体系，促进农业发展方式转变，对推进实施农业现代化具有十分重要的意义。

《江苏农村农业生产经营发展报告2014》是南京农业大学《江苏新农村发展系列报告》之一，得到中央高校基本科研业务费专项资金、南京农业大学人文社会科学重大招标项目资助（项目编号：SKZD201306）。项目负责人为冯淑怡教授，主要成员有陆华良教授、王博博士、吕沛璐博士、潘长胜处长、纪漫云处长等。项目组在制订详细的研究方案的基础上，多次走访了江苏省委办公厅、江苏省农业委员会、江苏省委农村工作领导小组办公室、江苏省统计局、国家统计局江苏调查总队等相关政府部门，获取了丰富的调研资料；组织了 30 多名研究生分赴江苏省 8 个市、25 个县、53 个乡镇、179 个村完成了 1 800 多个农户的问卷调研。经过大家的努力，形成了《江苏农村农业生产经营发展报告 2014》这一研究成果。在此，衷心感谢调查对象的帮助与支持！衷心感谢相关政府部门的大力支持与帮助！衷心感谢同学们的参与和付出！

由于作者水平有限和时间紧迫，书中疏漏和不当之处在所难免，欢迎广大读者批评指正。

著　者

2014 年 12 月

目　　录

第一章　江苏农村农业生产经营发展总报告

2013 年,江苏省"三农"工作主要围绕"抓生产保供给、抓增收惠民生、抓统筹促协调、抓改革增活力"的工作目标,以推进城乡发展一体化为总要求,以实施农业现代化工程为总抓手,以促进农民增收为中心任务,加大强农惠农富农政策力度,加大农村改革创新力度,加大农村实事兴办力度,进一步增强农业农村发展活力,全力巩固发展"三农"工作好形势。一是扎实推进农村产权制度,依法保障农民土地承包经营权的长期和稳定,积极引导农村土地规范有序合理流转;二是毫不动摇地坚持和完善农村基本经营制度,大力创新农业生产经营体制机制,培育和壮大新型农业生产经营组织,加快构建集约化、专业化、组织化、社会化相结合的新型农业经营体系;三是组织实施十项行动计划,深入推进农业现代化工程,加快构建现代农业产业体系,完善农产品流通体系,确保粮食和重要农产品有效供给。

一、农村土地承包及流转发展总报告

1. 农村土地承包发展总报告

2013 年,中共中央《关于加快发展现代农业进一步增强农村发展活力的若干意见》和江苏省委、省政府《关于推进机制创新进一步增强农业农村发展活力的意见》明确要求现有土地承包关系保持稳定并长久不变,全面开展农村土地承包经营权确权登记颁证工作,规范承包档案管理,妥善处理农户承包地块面积不准、四至不清等问题,切实维护农民的土地承包经营权。

江苏省农村土地承包关系基本保持稳定,土地承包较为规范,土地承包经营权确权登记颁证工作全面推进，农民土地承包经营权益得到有效保护。至 2013 年底，江苏省纳入统计 17 735 个村（社区），家庭承包经营耕地面积 5 077.67 万亩，家庭承包经营农户 1 279.96 万户，家庭承包合同签订率达到 97.28%，土地承包经营权证书颁发率为 94.34%。

2. 农村土地承包经营权流转发展总报告

2013 年，中共中央《关于加快发展现代农业进一步增强农村发展活力的若干意见》和江苏省委、省政府《关于推进机制创新进一步增强农业农村发展活力的意见》明确提出，坚持依法自愿有偿原则，引导农村土地承包经营权有序流转，鼓励和支持承包土地向农民专业合作社、专业大户、家庭农场流转，发展多种形式的适度规模经营，同时规范土地流转程序，加强农村土地承包经营纠纷调解仲裁体系建设。

江苏省农村土地承包经营权流转规模不断扩大、流转速度逐步加快，整体呈现良好的发展态势。①流转总体情况。至 2013 年底，江苏省耕地流转总面积达 2 892.20 万亩，占家庭承包经营耕地面积的比重为 56.96%，三大区域耕地流转面积占比苏南（70.48%）＞苏北（55.93%）＞苏中（49.14%）。②流转形式。2013 年，江苏省家庭承包耕地流转仍以转包和出租形式为主，其中出租占比为 37.01%，转包占比为 32.08%；但通过股份合作社流转已经成为家庭承包耕地流转的第三种重要形式（21.79%）。苏南和苏中新型股份合作社流转形式（分别为 40.77% 和 39.02%）已经占主导地位；而苏北传统转包和出租流转形式（分别为 44.12% 和 39.76%）依然占主导地位。③流转去向。江苏省家庭承包耕地主要流转入农户和农民专业合作社。2013 年，流转入农户和农民专业合作社的面积为 2 159.00 万亩，比重高达 74.65%。苏南和苏中流转入专业合作社的耕地面积占比最高，分别为 42.11% 和 44.58%，表明苏南和苏中承包土地向新型规模经营主体流转的趋势明显；苏北流转入农户的耕地面积占比为 56.57%，表明传统农户仍然是苏北最重要的耕地转入主体。④流转其他情况。江苏省家庭承包耕地流转"非粮化"现象较为突出，至 2013 年底，全省耕地流转用于种植粮食作物的面积只占家庭承包耕地流转总面积的 42.29%，而且这种现象在苏南更为突出（流转用于种植粮食作物的面积占比仅为三分之一）。江苏省农地流转规范化程度较高，至 2013 年，全省流转合同签订率达到 76.17%，其中苏南流转合同签订率最高，为 84.20%。

二、农业生产经营主体发展总报告

2013 年，江苏省主要从以下几个方面推动农业生产经营主体发展：一是支持专业大户、家庭农场、合作组织、农业企业等新型农业经营主体发展；二是加快农业人才队伍建设，提升新型经营主体竞争力；三是建立产权市场，完善产权交易制度和交易办法；四是推动商业金融扶持新型农业经营主体，引导和支持金融机构开发适应不同产业特点的金融产品和农产品全产业链金融服务。

2013 年江苏省小农户继续减少，农民专业合作社、农业龙头企业和家庭农场等继续增加，新型农业生产经营主体呈现良好发展势头。据江苏省农业委员会和江苏省工商局统计：①小农户。至 2013 年底，江苏省家庭承包经营农户 1 279.96 万户、经营总面积 5 077.67 万亩，户均经营耕地面积 3.97 亩。其中，苏北小农户户数 617.06 万户、户均承包经营耕地面积 4.76 亩，明显高于苏中和苏南。②农民专业合作社。至 2013 年底，经工商登记的农民专业合作社总数达 7.14 万家，江苏省农业委员会列入优先支持名录的农民专业合作社为 16 625 家。其中，苏北"名录内"合作社①最多，达 7 593 家，占全省总量的 45.67%。③农业龙头企业。至 2013 年底，江苏省省级以上农业龙头企业 607 家，其中国家级 61 家，省级 546 家。苏北省级以上农业龙头企业最多，

---

① "名录内"合作社指的是江苏省农业委员会根据《江苏省农民专业合作社条例》和《江苏省建立农民专业合作社名录实施办法（试行）》的规定，公布的 2013 年列入优先支持名录的农民专业合作社。

有 236 家，占全省总量的 38.88%；苏中最少，有 149 家，占 24.55%。江苏省省级以上农业龙头企业主要集中分布在粮棉油、畜禽和果蔬三大行业，较少涉及桑蚕茧、林木、乳品和饲料行业。④家庭农场。根据江苏省农业委员会关于家庭农场的统计口径，江苏省认定的家庭农场共 1.9 万家。有 111 家进入《2014 年省级示范家庭农场名录》，其中苏南 36 家，苏中 27 家，苏北 48 家。根据工商部门登记资料，江苏省经工商部门登记的家庭农场共 7 675 家，总注册资本（金）为 66.63 亿元。其中，苏北家庭农场登记数量达 5 502 户，注册资本（金）达 41.93 亿元，分别占全省的 71.68% 和 62.93%。

三、农产品生产发展总报告

2013 年，江苏省主要从以下几个方面促进农产品生产：一是组织实施十项行动计划，深入推进农业现代化工程，加快构建现代农业产业体系，确保粮食和重要农产品有效供给；二是加强蔬菜基地建设；三是完善支农惠农补贴政策；四是加快农业科技创新和推广；五是抓好农资供应和市场监管；六是推进农产品质量安全建设；七是加强农田基础设施建设；八是发展高效设施农业。

至 2013 年底，江苏省农业生产效益稳步提高，农产品生产呈现良好发展态势。①农业总产值。江苏省农业总产值为 3 089.71 亿元，占农林牧渔业总产值的比重为 51.88%。苏北农业总产值为 1 731.58 亿元，占全省农业总产值的比重为 56.04%，表明农业在苏北依然很重要。②农作物播种面积与产量。江苏省农作物总播种面积为 7 879.09 千公顷，其中苏北农作物播种面积最高，达 4 720.59 千公顷，占全省的 59.91%，且其粮食、棉花、蔬菜和瓜果类作物的播种面积和总产量都远比苏南和苏中高，均占全省的 60.00% 以上；除麻类和烟叶外，江苏省各类农作物单位面积产量均有所提升，其中粮食单产达到 7 041 千克/公顷；苏南粮食单产最高，而苏北棉花、油料、蔬菜和瓜果类单产最高。③农业现代化。江苏省农业现代化水平稳步提高，机耕、机播和机械收获面积占总播种面积的比值分别为 75.49%、55.49% 和 64.91%；其中，苏北农业机械化水平最高。农村用电、农用薄膜和农用柴油单位播种面积使用量分别增加至 0.23 亿千瓦时/千公顷、14.82 吨/千公顷和 135.54 吨/千公顷，农药和化肥单位播种面积使用量分别减少至 10.29 和 414.79 吨/千公顷。苏南单位播种面积农村用电、农用薄膜和农药使用量最高，而苏北单位播种面积农用柴油和化肥使用量最高。④高效设施农业情况。江苏省高效设施农业面积达 700.27 千公顷。

四、农产品流通发展总报告

2013 年，江苏省主要从以下几个方面完善农产品流通体系：一是大力推进农产品批发市场建设、推动城乡农贸市场改造，提升农产品批发市场公益性地位；二是加快推动农业龙头企业产业化，鼓励流通类企业或组织，通过兼并重组、投资合作、股份制改造等形式进行资源整合，做大做强；三是推动农产品流通链条一体化经营，推广以农产品销售合作联社、大型流通企业为主导建立社区直供（直销）店的经验与做法，实施和推进"鲜活农产品直供社区"示范工程。

至 2013 年底，江苏省农产品流通得到快速发展，农产品流通体系逐步完善。①农产品批发市场。江苏省已建成亿元以上农产品批发市场 106 个，总营业面积 351.72 万平方米，总成交额为 1 320.04 亿元，位居全国前列。南京农副产品物流配送中心有限公司和江苏凌家塘市场发展有限公司被列入首批 32 家全国集散地农产品批发市场重点联系单位；南京农副产品物流配送中心有限公司和无锡朝阳农产品大市场有限公司被列入首批 24 家电子结算重点联系市场。农业部定点农产品批发市场总数依然为 33 家，交易总额达 2 020.30 亿元；申报认定省级重点农产品批发市场总数依然为 68 家，年交易额突破百亿元的达 9 家、超 50 亿元的达 12 家、超 30 亿元的达 22 家、超 20 亿元的达 26 家。②流通类农业龙头企业。江苏省省级以上流通类农业龙头企业数量为 44 家，占全省省级以上农业龙头企业的 7.25%；苏南省级以上流通类农业龙头企业数量最多，达 20 家，占全省总数的 45.45%。③农产品直销（直供）店。江苏省大力推进以农民专业合作联社或大型农产品流通企业为主导，在社区建立农产品直销（直供）店的农产品流通新模式。

第二章　江苏农村土地承包及流转发展报告

一、农村土地承包及流转新动向

党的十八大以来，我国坚持以家庭承包经营为基础，支持发展多种形式的新型农民专业合作组织和多层次的农业社会化服务组织，逐步构建集约化、专业化、组织化、社会化相结合的新型农业经营体系，始终注重保护法律赋予农民的财产权利，调动农民积极性。2013年，中央一号文件《关于加快发展现代农业进一步增强农村发展活力的若干意见》明确要求：抓紧研究现有土地承包关系保持稳定并长久不变的具体实现形式，完善相关法律制度；坚持依法自愿有偿原则，引导农村土地承包经营权有序流转，鼓励和支持承包土地向专业大户、家庭农场、农民合作社流转，发展多种形式的适度规模经营；规范土地流转程序，逐步健全县乡村三级服务网络，强化信息沟通、政策咨询、合同签订、价格评估等流转服务；加强农村土地承包经营纠纷调解仲裁体系建设。

根据中央一号文件精神，为进一步鼓励、引导和规范江苏省农村土地承包经营权流转，推进农业适度规模经营，加快现代农业发展步伐，2013年江苏省委、省政府制定了《关于推进体制机制创新进一步增强农业农村发展活力的意见》，其明确提出：切实维护农民的土地承包经营权，土地流转必须遵循依法自愿有偿原则，引导承包土地向农民合作社、专业大户、家庭农场流转；加强农村土地承包经营权流转规范化管理和服务，健全县乡村三级服务网络，探索建立土地流转风险防范机制和流转价格市场形成机制，加大农村土地规模流转补贴力度，引导农村土地向规模经营主体流转；鼓励发展土地

流转、股份合作、租赁托管等多种形式的规模经营，新增适度规模经营面积
300 万亩。

二、农村土地承包及流转发展概况

1. 农村土地承包发展概况

与 2012 年相比，2013 年江苏省农村土地承包情况基本保持稳定。具体
来看，2013 年，江苏省家庭承包经营的耕地面积为 5 077.67 万亩，占集体所
有的耕地总面积的 96.90%；全省机动地面积为 37.42 万亩；家庭承包经营的
农户数为 1 279.96 万户，户均承包经营耕地面积为 3.97 亩/户；全省家庭承包
合同总份数为 1 245.20 万份，家庭承包合同签订率为 97.28%；颁发土地承包
经营权证的数量为 1 207.48 万份，土地承包经营权证书颁发率为 94.34%(表
2-1)。

表 2-1　2012~2013 年江苏省农村土地承包情况

年份	集体所有的耕地总面积/万亩	家庭承包经营的耕地		机动地		家庭承包经营的农户数/万户	户均承包经营耕地面积/(亩/户)	家庭承包合同		颁发土地承包经营权证	
		面积/万亩	占比/%	面积/万亩	占比/%			数量/万份	合同签订率/%	数量/万份	颁发率/%
2012	5 128.30	5 104.10	99.53	34.00	0.66	1 288.40	3.96	1 235.20	95.87	1 206.40	93.64
2013	5 240.30	5 077.67	96.90	37.42	0.71	1 279.96	3.97	1 245.20	97.28	1 207.48	94.34

资料来源：根据江苏省农业委员会提供的 2012~2013 年《江苏省农村集体财务、资产与农经统计
年报资料汇编》整理。

2013 年，苏南、苏中和苏北三大区域集体所有的耕地面积占全省集体所
有耕地总面积的比重分别为 17.95%、24.15% 和 57.91%；苏南、苏中和苏北
家庭承包经营的耕地面积占各区域集体所有耕地面积比重都超过 96.00%；而
三大区域机动地面积占各区域集体所有耕地面积的比重都较低，最高为苏南
的 1.25%；苏南、苏中和苏北户均承包经营耕地面积分别为 3.32、3.17 和 4.76

亩/户，苏南、苏中户均承包经营耕地面积均低于全省平均水平(3.97 亩/户)，也明显低于苏北平均水平，表明三大区域户均耕地资源禀赋存在明显差异。2013 年，苏南、苏中和苏北土地承包都比较规范，三大区域签订承包合同的家庭户数占家庭承包经营农户数的比重都超过了 94.00%，苏北合同签订率甚至高达 98.19%；三大区域土地承包经营权证颁发率都在 89.00%以上，最高的为苏中，达 93.38%，最低的为苏南，为 89.39%(表 2-2)。

表 2-2　2013 年江苏省三大区域农村土地承包情况

区域	集体所有的耕地		家庭承包经营的耕地		机动地		家庭承包经营的农户数/万户	户均承包经营耕地面积/(亩/户)	家庭承包合同		颁发土地承包经营权证	
	面积/万亩	占比/%	面积/万亩	占比/%	面积/万亩	占比/%			数量/万份	合同签订率/%	数量/万份	颁发率/%
苏南	940.50	17.95	925.71	98.43	11.78	1.25	278.89	3.32	263.67	94.54	249.30	89.39
苏中	1 265.40	24.15	1 216.60	96.14	6.23	0.49	384.01	3.17	375.61	97.81	358.60	93.38
苏北	3 034.50	57.91	2 935.34	96.73	19.41	0.64	617.06	4.76	605.92	98.19	569.57	92.30

资料来源：根据江苏省农业委员会提供的 2012~2013 年《江苏省农村集体财务、资产与农经统计年报资料汇编》整理。

2. 农村土地承包经营权流转发展概况

(1) 农村土地承包经营权流转总体情况

与 2012 年相比，2013 年江苏省家庭承包耕地流转面积和比重继续保持增长。其中，耕地流转面积由 2012 年的 2 461.80 万亩增加到 2013 年的 2 892.20 万亩，耕地流转面积占家庭承包耕地面积的比重从 2012 年的 48.23%增长到 2013 年的 56.96%。与此同时，流转出承包耕地的农户数量和比重也在增加。其中，全省流转出承包耕地的农户数由 2012 年的 522.50 万户增加到 2013 年的 590.65 万户，流转农户占家庭承包经营农户数的比重从 2012 年的 40.55%增加到 2013 年的 46.15%(表 2-3)。

表 2-3　2012~2013 年江苏省土地承包经营权流转总体情况

年份	家庭承包经营的耕地面积/万亩	家庭承包耕地流转		家庭承包经营的农户数/万户	流转出承包耕地的农户	
		面积/万亩	比例/%		户数/万户	比重/%
2012	5 104.10	2 461.80	48.23	1 288.40	522.50	40.55
2013	5 077.67	2 892.20	56.96	1 279.96	590.65	46.15

资料来源：根据江苏省农业委员会提供的 2012~2013 年《江苏省农村集体财务、资产与农经统计年报资料汇编》整理。

如表 2-4 所示，与 2012 年相比，2013 年苏南、苏中和苏北家庭承包耕地流转面积及其比例也呈现增长的趋势，但三大区域家庭承包耕地流转比例增长率存在较大差异，分别为 4.34%、11.98% 和 9.39%，表明苏中家庭承包耕地流转比例的增长快于苏北和苏南。同样，三大区域流转出承包耕地的农户数量和比重也在增加。从现状来看，2013 年三大区域家庭承包耕地流转比例都较高，并呈现出苏南(70.48%)>苏北(55.94%)>苏中(49.14%)的特点；三大区域流转出承包耕地的农户数占比则呈现苏南(62.39%)>苏中(45.77%)>苏北(39.04%)的差异，这可能与三大区域户均耕地资源禀赋差异相关(表 2-2)，苏北(4.76 亩/户)>苏南(3.32 亩/户)>苏中(3.17 亩/户)。

表 2-4　2012~2013 年江苏省三大区域土地承包经营权流转总体情况

区域	年份	家庭承包经营的土地面积/万亩	家庭承包耕地流转			家庭承包经营的农户数/万户	流转出承包耕地的农户	
			面积/万亩	比例/%	增长率/%		户数/万户	比重/%
苏南	2012	934.30	604.90	64.74		283.90	165.20	58.19
	2013	925.71	652.48	70.48	4.34	278.89	173.98	62.39
苏中	2012	1 221.40	478.70	39.19		384.60	148.80	38.69
	2013	1 216.60	597.82	49.14	11.98	384.01	175.74	45.77
苏北	2012	2 948.40	1 378.30	46.75		619.90	208.50	33.63
	2013	2 935.35	1 641.89	55.94	9.39	617.06	240.92	39.04

资料来源：根据江苏省农业委员会提供的 2012~2013 年《江苏省农村集体财务、资产与农经统计年报资料汇编》整理。

(2) 家庭承包耕地流转形式

与 2012 年相比，2013 年江苏省家庭承包耕地流转形式变化不大。2013 年，江苏省家庭承包耕地流转仍以转包和出租为主，其中出租占比为 37.01%，转包占比为 32.08%。通过股份合作社形式流转也是家庭承包耕地流转的一种重要形式(21.79%)。另外，转让、互换和其他形式流转的家庭承包耕地面积所占比例均较小(图 2-1，表 2-5)。

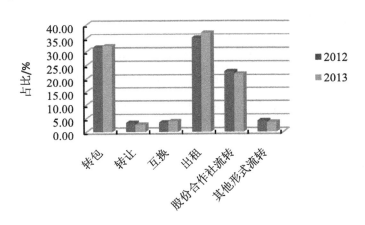

图 2-1　2012~2013 年江苏省家庭承包耕地不同形式流转面积的比例

与 2012 年相比，2013 年江苏省三大区域家庭承包耕地流转形式变化也不大。2013 年，江苏省三大区域家庭承包耕地仍然以转包、出租及股份合作社流转为主。其中，苏南和苏中以股份合作社和出租两种形式流转的耕地面积占比分别达 74.15% 和 72.43%；苏北以转包和出租两种形式流转的耕地面积占比达 83.88%。这表明苏南和苏中新型股份合作社流转形式(分别为 40.77% 和 39.02%)已经占主导地位，而苏北传统转包和出租流转形式依然占主导地位(分别为 44.12% 和 39.76%)。此外，转让、互换及其他形式流转的家庭承包耕地面积所占比例在三大区域差异不大(表 2-5)。

表 2-5　2012~2013 年江苏省三大区域家庭承包耕地不同形式流转面积及比重

区域	年份	家庭承包耕地流转总面积/万亩	转包		转让		互换	
			面积/万亩	占比/%	面积/万亩	占比/%	面积/万亩	占比/%
苏南	2012	604.90	100.50	16.61	11.90	1.97	2.50	0.41
	2013	652.48	104.48	16.01	8.27	1.27	2.52	0.39
苏中	2012	478.70	77.60	16.21	23.70	4.95	17.60	3.68
	2013	597.83	98.95	16.55	26.12	4.37	23.13	3.87
苏北	2012	1 378.30	597.70	43.37	45.20	3.28	62.10	4.51
	2013	1 641.89	724.35	44.12	41.88	2.55	60.63	3.69
全省	2012	2 461.80	775.90	31.52	80.60	3.27	82.30	3.34
	2013	2 892.20	927.77	32.08	76.26	2.64	86.28	3.86

区域	年份	家庭承包耕地流转总面积/万亩	出租		股份合作社流转		其他形式流转	
			面积/万亩	占比/%	面积/万亩	占比/%	面积/万亩	占比/%
苏南	2012	604.90	199.50	32.98	247.10	40.85	43.20	7.14
	2013	652.48	217.81	33.38	266.01	40.77	53.39	8.18
苏中	2012	478.70	141.40	29.54	198.94	41.56	19.60	4.09
	2013	597.83	199.78	33.41	233.25	39.02	16.61	2.78
苏北	2012	1 378.30	524.30	38.04	112.30	8.15	36.60	2.66
	2013	1 641.89	652.88	39.76	130.88	7.97	31.29	1.91
全省	2012	2 461.80	865.20	35.15	558.40	22.68	99.50	4.04
	2013	2 892.20	1 070.46	37.01	630.14	21.79	101.29	3.50

　　资料来源：根据江苏省农业委员会提供的 2012~2013 年《江苏省农村集体财务、资产与农经统计年报资料汇编》整理。

(3) 家庭承包耕地流转去向

　　与 2012 年相比，2013 年江苏省家庭承包耕地流转去向变化不大。2013 年，江苏省家庭承包耕地流转去向仍然以流转入农户和专业合作社为主。具体来看，流转入农户、专业合作社、企业以及其他主体的面积分别为 1 297.14、861.86、268.27 和 464.93 万亩，各流转去向占耕地流转总面积的比例分别为 44.85%、29.80%、9.28%和 16.08% (表 2-6)。

表2-6　2012~2013年江苏省家庭承包耕地流转去向

年份	家庭承包耕地流转总面积/万亩	流转入农户		流转入专业合作社		流转入企业		流转入其他主体	
		面积/万亩	比重/%	面积/万亩	比重/%	面积/万亩	比重/%	面积/万亩	比重/%
2012	2 461.80	1 107.20	44.98	722.40	29.34	218.60	8.88	413.70	16.80
2013	2 892.20	1 297.14	44.85	861.86	29.80	268.27	9.28	464.93	16.08

资料来源：根据江苏省农业委员会提供的 2012~2013 年《江苏省农村集体财务、资产与农经统计年报资料汇编》整理。

与 2012 年相比，2013 年江苏省三大区域家庭承包耕地流转去向变化也不大。2013 年，江苏省三大区域家庭承包耕地流转去向仍然以流转入农户和专业合作社为主，但不同地区耕地流转主导去向存在差异。苏北流转入农户的耕地面积占比为56.57%，表明传统农户仍然是苏北最重要的耕地转入主体；苏南和苏中流转入专业合作社的耕地面积占比最高，分别为42.11%和44.58%，表明苏南和苏中承包土地向新型规模经营主体流转的趋势明显。此外，三大区域流转入企业及其他主体的面积占比差异不大(表2-7)。

表2-7　2012~2013年江苏省三大区域家庭承包耕地流转去向

区域	年份	家庭承包耕地流转总面积/万亩	流转入农户		流转入专业合作社		流转入企业		流转入其他主体	
			面积/万亩	比重/%	面积/万亩	比重/%	面积/万亩	比重/%	面积/万亩	比重/%
苏南	2012	604.90	162.80	26.91	250.50	41.41	54.20	8.96	136.30	22.53
	2013	652.48	175.06	26.83	274.81	42.11	64.09	9.82	138.51	21.23
苏中	2012	478.70	154.90	32.36	215.80	45.08	34.70	7.25	75.00	15.67
	2013	597.83	193.23	32.32	266.48	44.58	44.36	7.42	93.75	15.68
苏北	2012	1 378.30	782.90	56.80	251.70	18.26	128.30	9.31	199.90	14.50
	2013	1 641.89	928.85	56.57	320.57	19.53	159.81	9.73	232.66	14.17

资料来源：根据江苏省农业委员会提供的 2012~2013 年《江苏省农村集体财务、资产与农经统计年报资料汇编》整理。

(4) 家庭承包耕地流转其他情况

与 2012 年相比,2013 年江苏省家庭承包耕地流转"非粮化"势头得到一定程度的遏制,家庭承包耕地流转用于种植粮食作物的面积从 991.30 万亩增加到 1 223.13 万亩,其占流转总面积的比重也由 40.27%增加为 42.29%。与2012 年相比,2013 年江苏省签订耕地流转合同的份数和面积均有所增加,但值得注意的是,签订耕地流转合同的面积占比有所下降(由 2012 年的 80.57%降至2013 年的 76.17%),表明新增流转耕地未签订正式流转合同的比重较高(表2-8)。

表 2-8　2012~2013 年江苏省家庭承包耕地流转其他情况

年份	家庭承包耕地流转总面积/万亩	流转用于种植粮食作物		签订耕地流转合同份数/万份	签订流转合同	
		面积/万亩	占比/%		面积/万亩	签订率/%
2012	2 461.80	991.30	40.27	463.40	1 983.40	80.57
2013	2 892.20	1 223.13	42.29	515.97	2 202.92	76.17

资料来源:根据江苏省农业委员会提供的 2012~2013 年《江苏省农村集体财务、资产与农经统计年报资料汇编》整理。

如表 2-9 所示,2013 年江苏省三大区域家庭承包耕地流转都存在"非粮化"现象,尤其是苏南,流转用于种植粮食作物的面积占比仅有 33.45%。苏南签订耕地流转合同的面积占比最高(84.20%),表明苏南家庭承包耕地流转规范程度最高。

表 2-9　2013 年江苏省三大区域家庭承包耕地流转其他情况

区域	家庭承包耕地流转总面积/万亩	流转用于种植粮食作物		签订耕地流转合同份数/万份	签订流转合同	
		面积/万亩	占比/%		面积/万亩	签订率/%
苏南	652.48	218.26	33.45	142.22	549.37	84.20
苏中	597.83	250.92	41.97	154.80	489.83	81.94
苏北	1 641.89	753.95	45.92	218.94	116.37	70.88

资料来源:根据江苏省农业委员会提供的 2012~2013 年《江苏省农村集体财务、资产与农经统计年报资料汇编》整理。

3. 农村土地承包及流转纠纷情况

与 2012 年相比，不论是绝对量还是相对量，2013 年江苏省农村土地承包及流转纠纷都有所增加。其中，土地承包纠纷数从 5 568 件增加到 6 387 件，单位承包面积纠纷数也从 1.09 件/万亩增加到 1.26 件/万亩；土地流转纠纷数从 4 976 件增加到 6 255 件，单位流转面积纠纷数也从 2.02 件/万亩增加到 2.16 件/万亩(表 2-10)。

表 2-10　2012~2013 年江苏省农村土地承包及流转纠纷情况

年份	土地承包纠纷数/件	家庭承包经营的土地面积/万亩	单位承包面积的纠纷数/(件/万亩)	土地流转纠纷数/件	家庭承包耕地流转总面积/万亩	单位流转面积的纠纷数/(件/万亩)
2012	5 568	5 104.10	1.09	4 976	2 461.80	2.02
2013	6 387	5 077.67	1.26	6 255	2 892.20	2.16

资料来源：根据江苏省农业委员会提供的 2012~2013 年《江苏省农村集体财务、资产与农经统计年报资料汇编》整理。

如表 2-11 所示，2013 年江苏省三大区域农村土地承包纠纷数苏中(2 732 件)>苏北(2 205 件)>苏南(1 450 件)，但考虑到土地资源禀赋的差异后，单位承包面积纠纷数呈现为苏中(2.25 件/万亩)>苏南(1.57 件/万亩)>苏北(0.75 件/万亩)；三大区域土地流转纠纷数苏中(2 328 件)>苏北(1 990 件)>苏南(1 937 件)，考虑到流转面积的差异后，单位流转面积纠纷数呈现为苏中(3.89 件/万亩)>苏南(2.97 件/万亩)>苏北(1.21 件/万亩)。

表 2-11　2013 年江苏省三大区域农村土地承包及流转纠纷情况

区域	土地承包纠纷数/件	家庭承包经营的土地面积/万亩	单位承包面积的纠纷数/(件/万亩)	土地流转纠纷数/件	家庭承包耕地流转总面积/万亩	单位流转面积的纠纷数/(件/万亩)
苏南	1 450	925.71	1.57	1 937	652.48	2.97
苏中	2 732	1 216.60	2.25	2 328	597.83	3.89
苏北	2 205	2 935.34	0.75	1 990	1 641.89	1.21

资料来源：根据江苏省农业委员会提供的 2012~2013 年《江苏省农村集体财务、资产与农经统计年报资料汇编》整理。

三、农村土地承包及流转区域比较

1. 江苏农村土地承包及流转与全国的比较

(1) 农村土地承包

2012 年底，江苏省户均承包经营耕地面积 3.96 亩/户，明显低于全国平均水平(5.70 亩/户)，表明江苏省户均耕地资源禀赋较少。江苏省家庭承包合同签订率为 95.87%，略低于全国平均水平(96.59%)；土地承包经营权证颁发率为 93.64%，高于全国平均水平(90.77%)(表 2-12)。

表 2-12　2012 年全国和江苏农村土地承包情况

区域	家庭承包经营的耕地面积/万亩	机动地/万亩	家庭承包经营的农户数/万户	户均承包经营耕地面积/(亩/户)	家庭承包合同		颁发土地承包经营权证	
					数量/万份	合同签订率/%	数量/万份	颁发率/%
全国	131 045	2 469	22 976	5.70	22 192	96.59	20 855	90.77
江苏	5 104	34	1 288	3.96	1 235	95.87	1 206	93.64

资料来源：根据《2013 中国农业发展报告》和江苏省农业委员会提供的 2012 年《江苏省农村集体财务、资产与农经统计年报资料汇编》整理。

(2) 农村土地承包经营权流转

土地承包经营权流转总体情况。由表 2-13 可知，截至 2012 年底，全国家庭承包耕地流转面积为 27 833 万亩，其中江苏省为 2 461 万亩。全国家庭承包耕地流转面积占家庭承包经营耕地总面积的比重为 21.24%，江苏省为 48.23%，远高于全国平均水平。相应地，全国流转出承包耕地的农户数占家庭承包经营的农户数的比重为 19.32%，江苏省为 40.55%，也明显高于全国平均水平。

家庭承包耕地流转去向。2012 年，全国家庭承包耕地流转入农户的比重为 64.69%，江苏省为 44.98%，明显低于全国平均水平；与此相反，全国家庭

表 2-13　2012 年全国和江苏土地承包经营权流转总体情况

区域	家庭承包经营的耕地面积/万亩	家庭承包耕地流转		家庭承包经营的农户数/万户	流转出承包耕地的农户	
		面积/万亩	比例/%		户数/万户	比重/%
全国	131 045	27 833	21.24	22 976	4 439	19.32
江苏	5 104	2 461	48.23	1 288	522	40.55

资料来源：根据《2013 中国农业发展报告》和江苏省农业委员会提供的 2012 年《江苏省农村集体财务、资产与农经统计年报资料汇编》整理。

承包耕地流转入专业合作社的比重为 15.84%，江苏省为 29.34%，明显高于全国平均水平。这说明全国耕地流转去向仍然以传统小农户为主，而江苏省专业合作社发展更为迅速(表 2-14)。

表 2-14　2012 年全国和江苏家庭承包耕地流转去向

区域	家庭承包耕地流转总面积/万亩	流转入农户		流转入专业合作社		流转入企业		流转入其他主体	
		面积/万亩	比重/%	面积/万亩	比重/%	面积/万亩	比重/%	面积/万亩	比重/%
全国	27 833	18 006	64.69	4 410	15.84	2 556	9.18	2 860	10.28
江苏	2 461	1 107	44.98	722	29.34	218	8.88	413	16.80

资料来源：根据《2013 中国农业发展报告》和江苏省农业委员会提供的 2012 年《江苏省农村集体财务、资产与农经统计年报资料汇编》整理。

家庭承包耕地流转其他情况。如表 2-15 所示，全国家庭承包耕地流转用于种植粮食作物的面积占比为 55.99%，江苏省为 40.27%，表明江苏省耕地流转"非粮化"现象较全国突出。此外，全国家庭承包耕地流转合同签订率为 65.17%，江苏省为 80.57%，表明江苏省家庭承包耕地流转规范程度更高。

表 2-15　2012 年全国和江苏家庭承包耕地流转其他情况

区域	家庭承包耕地流转总面积/万亩	流转用于种植粮食作物		签订耕地流转合同份数/万份	签订流转合同	
		面积/万亩	占比/%		面积/万亩	签订率/%
全国	27 833	15 585	55.99	3 107	18 140	65.17
江苏	2 461	991	40.27	463	1 983	80.57

资料来源：根据《2013 中国农业发展报告》和江苏省农业委员会提供的 2012 年《江苏省农村集体财务、资产与农经统计年报资料汇编》整理。

2. 苏南各市农村土地承包及流转比较

(1) 农村土地承包

表 2-16 反映的是 2013 年苏南各市农村土地承包情况。值得注意的是，南京、无锡、常州、苏州和镇江市户均承包经营耕地面积分别为 4.01、2.94、3.14、3.15 和 3.30 亩/户。除南京外，其他四市均低于苏南平均水平(3.32 亩/ 户)，也明显低于全省平均水平(3.97 亩/户)，表明苏南各市户均耕地资源禀赋普遍较少。

表 2-16　2013 年苏南各市农村土地承包情况

区域	集体所有的耕地总面积/万亩	家庭承包经营的耕地		机动地		家庭承包经营的农户数/万户	户均承包经营耕地面积(亩/户)	家庭承包合同		颁发土地承包经营权证	
		面积/万亩	占比/%	面积/万亩	占比/%			数量/万份	合同签订率/%	数量/万份	颁发率/%
南京市	262.10	234.98	89.65	1.68	0.64	58.64	4.01	57.59	98.22	53.55	91.33
无锡市	148.40	141.40	95.28	5.16	3.48	48.04	2.94	44.94	93.55	41.14	85.65
常州市	174.70	169.95	97.28	0.34	0.20	54.06	3.14	52.45	97.02	47.70	88.24
苏州市	189.70	220.57	116.27[a]	3.09	1.63	69.99	3.15	66.71	95.31	67.61	96.59
镇江市	165.60	158.80	95.90	1.51	0.91	48.17	3.30	41.99	87.17	39.31	81.61

资料来源：根据江苏省农业委员会提供的 2013 年《江苏省农村集体财务、资产与农经统计年报资料汇编》整理。

a.按照资料汇编中原数据计算的结果。

(2) 农村土地承包经营权流转

土地承包经营权流转总体情况。由表 2-17 可以看出，2013 年苏南各市家庭承包耕地流转比例都较高，均超过 50%，其中苏州市甚至高达 90.36%。相应地，流转出承包耕地的农户数占比最高的也是苏州市，达到了 87.31%。值得注意的是，无锡市流转出承包耕地的农户数占比排在第二位(60.99%)，与其耕地流转比例最低有所差异，这可能与无锡市户均耕地资源禀赋最低(2.94 亩/户)相关(表 2-16)。

表 2-17　2013 年苏南各市土地承包经营权流转总体情况

区域	家庭承包经营的耕地面积/万亩	家庭承包耕地流转		家庭承包经营的农户数/万户	流转出承包耕地的农户	
		面积/万亩	比例/%		户数/万户	比重/%
南京市	234.98	172.19	73.28	58.64	34.90	59.52
无锡市	141.40	70.97	50.19	48.04	29.30	60.99
常州市	169.95	111.13	65.39	54.06	26.23	48.52
苏州市	220.57	199.31	90.36	69.99	61.11	87.31
镇江市	158.80	98.88	62.26	48.17	22.45	46.61

资料来源：根据江苏省农业委员会提供的 2013 年《江苏省农村集体财务、资产与农经统计年报资料汇编》整理。

　　家庭承包耕地流转形式。从总体来看，尽管苏南五市家庭承包耕地都以转包、出租和股份合作社流转为主，但不同城市主要流转形式存在差异。南京市以出租和股份合作社流转为主(比例之和达 80.61%)；无锡市以出租形式(51.64%)为主；常州市主要采用出租(42.60%)、转包(28.65%)和股份合作社流转(21.97%)三种形式；苏州市股份合作社流转(70.17%)占绝对主导；镇江市以出租形式为主(58.54%)。从具体流转形式看，常州市转包最高(28.65%)，南京市最低(10.90%)；苏南五市出租形式差异较大，镇江市和无锡市都超过 50.00%，常州市和南京市在 40.00%左右，苏州市最低，仅为 4.49%；股份合作社流转也呈现明显的区域差异，苏州市最高(70.17%)，南京市其次(41.70%)，其他三市都在 20.00%左右(表 2-18)。

表 2-18　2013 年苏南各市家庭承包耕地不同形式流转面积及比例

区域	家庭承包耕地流转总面积/万亩	转包		转让		互换	
		面积/万亩	占比/%	面积/万亩	占比/%	面积/万亩	占比/%
南京市	172.19	18.77	10.90	2.60	1.51	1.59	0.93
无锡市	70.97	10.82	15.24	1.53	2.16	0.14	0.19
常州市	111.13	31.84	28.65	3.24	2.92	0.04	0.03
苏州市	199.31	24.71	12.40	—	—	0.38	0.19
镇江市	98.88	18.34	18.55	0.90	0.91	0.38	0.38
苏南	652.48	104.48	16.01	8.27	1.27	2.52	0.39
全省	2 892.20	927.77	32.08	76.26	2.64	86.28	2.98

续表

区域	家庭承包耕地流转总面积/万亩	出租		股份合作社流转		其他形式流转	
		面积/万亩	占比/%	面积/万亩	占比/%	面积/万亩	占比/%
南京市	172.19	67.00	38.91	71.79	41.70	10.44	6.06
无锡市	70.97	36.65	51.64	11.71	16.51	10.12	14.26
常州市	111.13	47.34	42.60	24.41	21.97	4.26	3.83
苏州市	199.31	8.95	4.49	139.85	70.17	25.42	12.75
镇江市	98.88	57.88	58.54	18.23	18.44	3.15	3.19
苏南	652.48	217.81	33.38	266.01	40.77	53.39	8.18
全省	2 892.20	1 070.46	37.01	630.14	21.79	101.29	3.50

资料来源：根据江苏省农业委员会提供的 2013 年《江苏省农村集体财务、资产与农经统计年报资料汇编》整理。

　　家庭承包耕地流转去向。2013 年苏州市流转入农户的面积比例最低 (14.49%)，常州市最高(50.48%)，表明常州市耕地流转去向以传统小农户为主。不同的是，苏州市流转入专业合作社的面积比例最高(71.08%)，这与苏州市股份合作社流转形式占主导的结果相一致；其他四市流转入专业合作社的面积占比也较高，表明苏南各市专业合作社都有所发展(表 2-19)。

表 2-19　2013 年苏南各市家庭承包耕地流转去向

区域	家庭承包耕地流转总面积/万亩	流转入农户		流转入专业合作社		流转入企业		流转入其他主体	
		面积/万亩	比重/%	面积/万亩	比重/%	面积/万亩	比重/%	面积/万亩	比重/%
南京市	172.19	42.18	24.50	66.60	38.68	21.89	12.71	41.52	24.11
无锡市	70.97	17.23	24.28	12.31	17.35	7.57	10.67	33.85	47.70
常州市	111.13	56.11	50.48	30.06	27.05	9.23	8.30	15.74	14.17
苏州市	199.31	28.89	14.49	141.66	71.08	3.72	1.87	25.04	12.56
镇江市	98.88	30.66	31.00	24.17	24.45	21.69	21.94	22.36	22.61

资料来源：根据江苏省农业委员会提供的 2013 年《江苏省农村集体财务、资产与农经统计年报资料汇编》整理。

家庭承包耕地流转其他情况。如表 2-20 所示，苏南各市家庭承包耕地流转用于种植粮食作物的面积占比均小于 50.00%，由大到小依次是苏州市(48.43%)、常州市(37.92%)、镇江市(33.34%)、无锡市(20.71%)和南京市(18.54%)，表明苏南各市耕地流转"非粮化"现象均较突出。苏州(91.06%)和南京(87.68%)家庭承包耕地流转合同签订率最高，表明其家庭承包耕地流转规范程度较高；常州市最低(72.57%)，这可能与常州市耕地流转去向以传统小农户为主相关(表 2-19)。

表 2-20　2013 年苏南各市家庭承包耕地流转其他情况

区域	家庭承包耕地流转总面积/万亩	流转用于种植粮食作物		签订耕地流转合同份数/万份	签订流转合同	
		面积/万亩	占比/%		面积/万亩	签订率/%
南京市	172.19	31.92	18.54	25.75	150.97	87.68
无锡市	70.97	14.69	20.71	25.24	61.54	86.71
常州市	111.13	42.14	37.92	19.98	80.65	72.57
苏州市	199.31	96.54	48.43	56.12	181.50	91.06
镇江市	98.88	32.96	33.34	15.14	74.71	75.56

资料来源：根据江苏省农业委员会提供的 2013 年《江苏省农村集体财务、资产与农经统计年报资料汇编》整理。

(3) 农村土地承包及流转纠纷

2013 年苏南各市单位承包面积纠纷数由低到高分别为无锡市(0.29 件/万亩)、南京市(1.17 件/万亩)、苏州市(1.29 件/万亩)、镇江市(2.01 件/万亩)和常州市(3.12 件/万亩)。类似地，单位流转面积纠纷数由低到高分别为无锡市(0.87 件/万亩)、苏州市(1.39 件/万亩)、南京市(2.43 件/万亩)、镇江市(3.40 件/万亩)和常州市(7.59 件/万亩)(表 2-21)。

表 2-21　2013 年苏南各市农村土地承包及流转纠纷情况

区域	耕地承包纠纷数/件	家庭承包经营的耕地面积/万亩	单位承包面积的纠纷数/(件/万亩)	耕地流转纠纷数/件	家庭承包耕地流转总面积/万亩	单位流转面积的纠纷数/(件/万亩)
南京市	274	234.98	1.17	419	172.19	2.43
无锡市	41	141.40	0.29	62	70.97	0.87
常州市	531	169.95	3.12	843	111.13	7.59
苏州市	285	220.57	1.29	277	199.31	1.39
镇江市	319	158.80	2.01	336	98.88	3.40

资料来源：根据江苏省农业委员会提供的 2013 年《江苏省农村集体财务、资产与农经统计年报资料汇编》整理。

3. 苏中各市农村土地承包及流转比较

(1) 农村土地承包

表 2-22 呈现了 2013 年苏中各市农村土地承包情况。苏中各市户均承包经营耕地面积从大到小依次为扬州市(3.96 亩/户)、泰州市(3.15 亩/户)、南通市(2.85 亩/户)。其中，扬州市户均承包经营耕地面积不仅高于苏中平均水平(3.17 亩/户)，而且基本与全省平均水平持平(3.97 亩/户)，表明扬州市户均耕地资源禀赋相对较多。

表 2-22　2013 年苏中各市农村土地承包情况

区域	集体所有的耕地总面积/万亩	家庭承包经营的耕地		机动地		家庭承包经营的农户数/万户	户均承包经营耕地面积/(亩/户)	家庭承包合同		颁发土地承包经营权证	
		面积/万亩	占比/%	面积/万亩	占比/%			数量/万份	合同签订率/%	数量/万份	颁发率/%
南通市	567.10	558.49	98.48	0.26	0.05	195.84	2.85	191.95	98.01	184.73	94.33
扬州市	335.10	318.80	95.13	2.47	0.74	80.49	3.96	78.94	98.07	77.57	96.36
泰州市	363.20	339.31	93.42	3.50	0.96	107.68	3.15	104.73	97.26	96.30	89.43

资料来源：根据江苏省农业委员会提供的 2013 年《江苏省农村集体财务、资产与农经统计年报资料汇编》整理。

(2) 农村土地承包经营权流转

土地承包经营权流转总体情况。由表 2-23 可以发现，扬州市家庭承包耕地流转比例最高(56.41%)，南通市(47.26%)和泰州市(45.41%)均低于苏中平均水平(49.14%)。南通市、扬州市和泰州市流转出承包耕地农户数占比差异较小，分别是 47.87%、42.34%和 44.50%。

表 2-23　2013 年苏中各市土地承包经营权流转总体情况

区域	家庭承包经营的耕地面积/万亩	家庭承包耕地流转		家庭承包经营的农户数/万户	流转出承包耕地的农户	
		面积/万亩	比例/%		户数/万户	比重/%
南通市	558.49	263.92	47.26	195.84	93.75	47.87
扬州市	318.80	179.82	56.41	80.49	34.08	42.34
泰州市	339.31	154.08	45.41	107.68	47.92	44.50

资料来源：根据江苏省农业委员会提供的 2013 年《江苏省农村集体财务、资产与农经统计年报资料汇编》整理。

家庭承包耕地流转形式。从总体上来看，2013 年苏中三市家庭承包耕地都以转包、出租和股份合作社流转为主，但不同城市主要流转形式存在差异。其中，南通市主要流转形式为出租(33.72%)、股份合作社流转(29.81%)和转包(16.98%)；扬州市以股份合作社流转占主导(67.15%)，这与扬州市土地股份合作社发展较好有关；而泰州市则以出租流转占主导(59.61%)。从具体流转形式看，苏中各市出租和股份合作社流转形式差异最为显著，如泰州市 59.61%的家庭承包耕地是以出租形式流转的，而扬州市 67.15%的家庭承包耕地是以股份合作社形式流转的(表 2-24)。

表 2-24　2013 年苏中各市家庭承包耕地不同形式流转面积及比例

区域	家庭承包耕地流转总面积/万亩	转包		转让		互换	
		面积/万亩	占比/%	面积/万亩	占比/%	面积/万亩	占比/%
南通市	263.92	44.81	16.98	21.19	8.03	17.42	6.60
扬州市	179.82	27.85	15.49	4.69	2.61	5.61	3.12
泰州市	154.08	26.28	17.06	0.24	0.15	0.10	0.07
苏中	597.83	98.95	16.55	26.12	4.37	23.13	3.87
全省	2 892.20	927.77	32.08	76.26	2.64	86.28	2.98

续表

区域	家庭承包耕地流转总面积/万亩	出租		股份合作社流转		其他形式流转	
		面积/万亩	占比/%	面积/万亩	占比/%	面积/万亩	占比/%
南通市	263.92	88.99	33.72	78.69	29.81	12.82	4.86
扬州市	179.82	18.93	10.52	120.74	67.15	2.00	1.11
泰州市	154.08	91.86	59.61	33.82	21.95	1.78	1.16
苏中	597.83	199.78	33.42	233.25	39.02	16.61	2.78
全省	2 892.20	1 070.46	37.01	630.14	21.79	101.29	3.50

资料来源：根据江苏省农业委员会提供的 2013 年《江苏省农村集体财务、资产与农经统计年报资料汇编》整理。

家庭承包耕地流转去向。表 2-25 显示，南通和泰州两市家庭承包耕地都以流转入农户和专业合作社为主，去向差异不大；值得注意的是，扬州市家庭承包耕地主要流向是专业合作社(68.23%)，这与该市股份合作社流转形式占主导(表 2-24)相关。

表 2-25　2013 年江苏省苏中各市家庭承包耕地流转去向

区域	家庭承包耕地流转总面积/万亩	流转入农户		流转入专业合作社		流转入企业		流转入其他主体	
		面积/万亩	比重/%	面积/万亩	比重/%	面积/万亩	比重/%	面积/万亩	比重/%
南通市	263.92	82.48	31.25	103.71	39.30	26.21	9.93	51.52	19.52
扬州市	179.82	40.36	22.44	122.68	68.23	7.83	4.35	8.95	4.98
泰州市	154.08	70.39	45.68	40.09	26.02	10.33	6.71	33.28	21.60

资料来源：根据江苏省农业委员会提供的 2013 年《江苏省农村集体财务、资产与农经统计年报资料汇编》整理。

家庭承包耕地流转其他情况。苏中各市流转用于种植粮食作物的面积占比扬州市(51.98%)>南通市(40.62%)>泰州市(32.60%)，这表明股份合作社的发展可能有助于减缓耕地流转"非粮化"的趋势。家庭承包耕地流转合同签订率方面，泰州市(89.58%)>扬州市(80.88%)>南通市(78.19%)，表明苏中各市耕地流转均比较规范(表 2-26)。

表 2-26　2013 年江苏省苏中家庭承包耕地流转其他情况

区域	家庭承包耕地流转总面积/万亩	流转用于种植粮食作物		签订耕地流转合同份数/万份	签订流转合同	
		面积/万亩	占比/%		面积/万亩	签订率/%
南通市	263.92	107.22	40.62	83.59	206.37	78.19
扬州市	179.82	93.47	51.98	27.22	145.44	80.88
泰州市	154.08	50.24	32.60	44.00	138.03	89.58

　　资料来源：根据江苏省农业委员会提供的 2013 年《江苏省农村集体财务、资产与农经统计年报资料汇编》整理。

(3) 农村土地承包及流转纠纷

2013 年南通市单位承包面积纠纷数最多，为 3.23 件/万亩；扬州市最少，为 1.31 件/万亩。南通市单位流转面积纠纷数也最多，高达 5.45 件/万亩；扬州市也最少，为 2.32 件/万亩，这可能与扬州市主要以股份合作社流转为主有关，这种形式多签订正式流转合同，因而可能减少了纠纷(表 2-27)。

表 2-27　2013 年苏中各市农村土地承包及流转纠纷情况

区域	耕地承包纠纷数/件	家庭承包经营的耕地面积/万亩	单位承包面积的纠纷数/(件/万亩)	耕地流转纠纷数/件	家庭承包耕地流转总面积/万亩	单位流转面积的纠纷数/(件/万亩)
南通市	1 805	558.49	3.23	1 438	263.92	5.45
扬州市	417	318.80	1.31	417	179.82	2.32
泰州市	510	339.31	1.50	473	154.08	3.07

　　资料来源：根据江苏省农业委员会提供的 2013 年《江苏省农村集体财务、资产与农经统计年报资料汇编》整理。

4. 苏北各市农村土地承包及流转比较

(1) 农村土地承包

2013 年，苏北各市户均承包经营耕地面积由大到小依次为淮安市(5.50

亩/户)、宿迁市(5.06 亩/户)、盐城市(4.65 亩/户)、连云港市(4.48 亩/户)、徐州市(4.43 亩/户)，都高于全省平均水平(3.97 亩/户)，表明苏北各市户均耕地资源禀赋普遍较高(表 2-28)。

表 2-28　2013 年苏北各市农村土地承包情况

区域	集体所有的耕地总面积/万亩	家庭承包经营的耕地		机动地		家庭承包经营的农户数/万户	户均承包经营耕地面积/(亩/户)	家庭承包合同		颁发土地承包经营权证	
		面积/万亩	占比/%	面积/万亩	占比/%			数量/万份	合同签订率/%	数量/万份	颁发率/%
淮安市	504.50	502.34	99.57	3.23	0.64	91.36	5.50	88.39	96.75	77.05	84.33
盐城市	900.10	813.05	90.33	7.61	0.85	174.72	4.65	169.91	97.25	156.86	89.78
宿迁市	495.70	490.73	99.00	1.96	0.40	96.97	5.06	97.01	100.05[a]	93.26	96.17
徐州市	743.20	741.50	99.77	1.55	0.21	167.40	4.43	164.92	98.52	162.45	97.04
连云港市	391.00	387.73	99.16	5.06	1.29	86.61	4.48	85.68	98.92	79.96	92.32

　　资料来源：根据江苏省农业委员会提供的 2013 年《江苏省农村集体财务、资产与农经统计年报资料汇编》整理。

　　a.按照资料汇编中原数据计算的结果。

(2) 农村土地承包经营权流转

土地承包经营权流转总体情况。由表 2-29 可知，2013 年苏北各市家庭承包耕地流转比例均较高，其中盐城市最高(69.81%)，其他各市也在 40.00%以上。流转出承包耕地的农户比例最大的也是盐城市(42.18%)，比例最小的是淮安市(31.39%)。

表 2-29　2013 年苏北各市土地承包经营权流转总体情况

区域	家庭承包经营的耕地面积/万亩	家庭承包耕地流转		家庭承包经营的农户数/万户	流转出承包耕地的农户	
		面积/万亩	比例/%		户数/万户	比重/%
淮安市	502.34	246.76	49.12	91.36	28.68	31.39
盐城市	813.05	567.62	69.81	174.72	73.70	42.18
宿迁市	490.73	253.88	51.73	96.97	39.98	41.23
徐州市	741.50	329.77	44.47	167.40	67.93	40.58
连云港市	387.73	243.86	62.89	86.61	30.64	35.38

　　资料来源：根据江苏省农业委员会提供的 2013 年《江苏省农村集体财务、资产与农经统计年报资料汇编》整理。

家庭承包耕地流转形式。从总体来看，2013年苏北各市家庭承包耕地都以转包和出租这两种传统流转形式为主，五市转包和出租比例之和都超过了80.00%，连云港市甚至高达92.52%。从具体流转形式来看，淮安市转包形式最高(47.72%)，徐州市最低(36.32%)；连云港市出租形式最高(46.40%)，盐城市最低(33.35%)；苏北各市股份合作社流转形式占比仍然较少；其他几种流转形式比例也较低，且差异不大(表2-30)。

表2-30 2013年苏北各市家庭承包耕地不同形式流转面积及比例

区域	家庭承包耕地流转总面积/万亩	转包		转让		互换	
		面积/万亩	占比/%	面积/万亩	占比/%	面积/万亩	占比/%
淮安市	246.76	117.74	47.72	8.99	3.64	11.70	4.74
盐城市	567.62	264.79	46.65	13.40	2.36	21.05	3.71
宿迁市	253.88	109.56	43.15	7.02	2.77	5.09	2.01
徐州市	329.77	119.79	36.32	8.74	2.65	19.34	5.86
连云港市	243.86	112.47	46.12	3.72	1.52	3.45	1.42
苏北	1 641.89	724.35	44.12	41.87	2.55	60.63	3.69
全省	2 892.20	927.77	32.08	76.26	2.64	86.28	2.98

区域	家庭承包耕地流转总面积/万亩	出租		股份合作社流转		其他形式流转	
		面积/万亩	占比/%	面积/万亩	占比/%	面积/万亩	占比/%
淮安市	246.76	91.08	36.91	10.80	4.37	6.45	2.61
盐城市	567.62	189.30	33.35	70.86	12.48	8.22	1.45
宿迁市	253.88	113.54	44.72	12.01	4.73	6.66	2.62
徐州市	329.77	145.80	44.21	30.13	9.14	5.97	1.81
连云港市	243.86	113.16	46.40	7.08	2.90	3.99	1.64
苏北	1 641.89	652.88	39.76	130.88	7.97	31.29	1.91
全省	2 892.20	1 070.46	37.01	630.14	21.79	101.29	3.50

资料来源：根据江苏省农业委员会提供的2013年《江苏省农村集体财务、资产与农经统计年报资料汇编》整理。

家庭承包耕地流转去向。2013年苏北各市流转入农户的面积比例都较高，除了宿迁市为 40.53%，其他四市都超过了 50.00%，这与苏北各市转包和出租流转形式占主导(表 2-30)相关；流转入专业合作社的面积占比都超过 15.00%；流转入企业的面积占比均在 10.00%上下(表 2-31)。

表 2-31　2013 年苏北各市家庭承包耕地流转去向

区域	家庭承包耕地流转总面积/万亩	流转入农户		流转入专业合作社		流转入企业		流转入其他主体	
		面积/万亩	比重/%	面积/万亩	比重/%	面积/万亩	比重/%	面积/万亩	比重/%
淮安市	246.76	146.09	59.20	47.99	19.45	16.18	6.56	36.51	14.80
盐城市	567.62	377.88	66.57	94.65	16.68	31.26	5.51	63.84	11.25
宿迁市	253.88	102.90	40.53	53.20	20.95	37.68	14.84	60.10	23.67
徐州市	329.77	174.38	52.88	84.12	25.51	35.17	10.66	36.10	10.95
连云港市	243.86	127.61	52.33	40.62	16.66	39.53	16.21	36.11	14.81

资料来源：根据江苏省农业委员会提供的 2013 年《江苏省农村集体财务、资产与农经统计年报资料汇编》整理。

家庭承包耕地流转其他情况。如表 2-32 所示，徐州市家庭承包耕地流转用于种植粮食作物的面积比例为 32.68%，表明该市耕地流转"非粮化"问题在苏北最为突出；而淮安和宿迁两市耕地流转后仍有超过 50.00%用于种植粮食作物。连云港和淮安两市耕地流转合同签订率相对较低，连云港市甚至不足 50.00%，这可能与两市耕地流转主要以农户间转包为主有关。

表 2-32　2013 年苏北各市家庭承包耕地流转其他情况

区域	家庭承包耕地流转总面积/万亩	流转用于种植粮食作物		签订耕地流转合同份数/万份	签订流转合同	
		面积/万亩	占比/%		面积/万亩	签订率/%
淮安市	246.76	146.18	59.24	21.76	151.05	61.22
盐城市	567.62	264.02	46.51	76.60	398.12	70.14
宿迁市	253.88	133.04	52.40	27.72	217.40	85.63
徐州市	329.77	107.78	32.68	68.68	283.65	86.02
连云港市	243.86	102.93	42.21	24.18	113.50	46.54

资料来源：根据江苏省农业委员会提供的 2013 年《江苏省农村集体财务、资产与农经统计年报资料汇编》整理。

(3) 农村土地承包及流转纠纷

2013 年苏北各市单位承包面积纠纷数差异不大, 盐城市最多(1.02 件/万亩), 徐州市最少(0.45 件/万亩); 盐城市单位流转面积纠纷数也最大(1.76 件/万亩), 连云港市最少(0.44 件/万亩)(表 2-33)。

表 2-33　2013 年苏北各市农村土地承包及流转纠纷情况

区域	耕地承包纠纷数/件	家庭承包经营的耕地面积/万亩	单位承包面积的纠纷数/(件/万亩)	耕地流转纠纷数/件	家庭承包耕地流转总面积/万亩	单位流转面积的纠纷数/(件/万亩)
淮安市	439	502.34	0.87	375	246.76	1.52
盐城市	826	813.05	1.02	998	567.62	1.76
宿迁市	367	490.73	0.75	267	253.88	1.05
徐州市	336	741.50	0.45	243	329.77	0.74
连云港市	237	387.73	0.61	107	243.86	0.44

资料来源: 根据江苏省农业委员会提供的 2013 年《江苏省农村集体财务、资产与农经统计年报资料汇编》整理。

5. 江苏区县级农村土地承包及流转比较

(1) 南京市各区农村土地承包及流转比较

①农村土地承包

2013 年, 南京市户均承包经营耕地面积最高的是浦口区, 达 4.78 亩/户; 最低的是市辖区, 为 3.25 亩/户。各区家庭承包合同签订率在 94.37%~99.80% 之间; 浦口区土地承包经营权证颁发率仅为 63.07%, 其他各区在 88.57%~98.85% 之间(表 2-34)。

②农村土地承包经营权流转

土地承包经营权流转总体情况。由表 2-35 可以看出, 2013 年南京市各区家庭承包耕地流转比例存在较大差异, 江宁区最高, 达 87.42%, 市辖区最低,仅 44.67%；各区流转出承包耕地的农户比重差异也较明显，高淳区最高，达 78.86%，溧水区最低，仅 32.46%。

表 2-34　2013 年南京市各区农村土地承包情况

区域	家庭承包经营的耕地面积/万亩	机动地面积/万亩	家庭承包经营的农户数/万户	户均承包经营耕地面积/(亩/户)	家庭承包合同		颁发土地承包经营权证	
					数量/万份	合同签订率/%	数量/万份	颁发率/%
江宁	45.03	0.09	12.93	3.48	12.51	96.80	11.45	88.57
六合	66.70	1.09	14.48	4.61	14.45	99.80	13.62	94.07
溧水	38.16	—	10.25	3.72	10.03	97.90	9.39	91.63
高淳	43.42	—	11.09	3.92	11.05	99.68	10.96	98.85
浦口	29.62	0.29	6.19	4.78	5.92	95.56	3.91	63.07
辖区[a]	12.05	0.20	3.71	3.25	3.50	94.37	3.45	93.10
南京市	234.98	1.68	58.64	4.01	57.46	98.22	52.78	91.33

资料来源：根据江苏省农业委员会提供的 2013 年《江苏省农村集体财务、资产与农经统计年报资料汇编》整理。

a.由于数据来源于不同的统计年鉴，农村土地承包及流转部分辖区的概念与农产品生产部分辖区的概念并不一致。

表 2-35　2013 年南京市各区土地承包经营权流转总体情况

区域	家庭承包经营的耕地面积/万亩	家庭承包耕地流转		家庭承包经营的农户数/万户	流转出承包耕地的农户	
		面积/万亩	比例/%		户数/万户	比重/%
江宁	45.03	39.37	87.42	12.93	9.92	76.71
六合	66.70	49.22	73.79	14.48	8.51	58.80
溧水	38.16	21.23	55.64	10.25	3.33	32.46
高淳	43.42	37.96	87.44	11.09	8.74	78.86
浦口	29.62	19.03	64.23	6.19	3.12	50.33
辖区	12.05	5.38	44.67	3.71	1.28	34.60
南京市	234.98	172.19	73.28	58.64	34.90	59.51

资料来源：根据江苏省农业委员会提供的 2013 年《江苏省农村集体财务、资产与农经统计年报资料汇编》整理。

家庭承包耕地流转形式。从总体上看，2013 年南京市家庭承包耕地都以出租和股份合作社流转为主，但不同区主要流转形式存在差异。六合区股份合作社流转占比达 53.80%，是最主要的流转形式；浦口区转包占比为 21.07%，成为继出租(45.38%)和股份合作社流转(27.00%)后的第三种主要流转形式(表2-36)。

表 2-36　2013 年南京市各区家庭承包耕地不同形式流转面积及比重

区域	家庭承包耕地流转总面积/万亩	转包		转让		互换	
		面积/万亩	占比/%	面积/万亩	占比/%	面积/万亩	占比/%
江宁	39.37	4.09	10.39	0.19	0.49	0.34	0.86
六合	49.22	4.94	10.04	—	—	0.01	0.01
溧水	21.23	0.85	4.00	0.53	2.50	0.44	2.07
高淳	37.96	4.09	10.78	1.49	3.92	0.80	2.10
浦口	19.03	4.01	21.07	0.08	0.42	0.01	0.04
辖区	5.38	0.78	14.53	0.31	5.70	0.00	0.09
南京市	172.19	18.77	10.90	2.60	1.51	1.59	0.93

区域	家庭承包耕地流转总面积/万亩	出租		股份合作社流转		其他形式流转	
		面积/万亩	占比/%	面积/万亩	占比/%	面积/万亩	占比/%
江宁	39.37	13.28	33.74	13.36	33.95	8.10	20.57
六合	49.22	17.70	35.96	26.48	53.80	0.09	0.19
溧水	21.23	10.24	48.23	9.17	43.19	—	—
高淳	37.96	15.19	40.01	15.46	40.72	0.94	2.46
浦口	19.03	8.63	45.38	5.14	27.00	1.16	6.10
辖区	5.38	1.95	36.27	2.18	40.59	0.15	2.83
南京市	172.19	67.00	38.91	71.79	41.70	10.44	6.06

资料来源：根据江苏省农业委员会提供的 2013 年《江苏省农村集体财务、资产与农经统计年报资料汇编》整理。

家庭承包耕地流转去向。如表 2-37 所示，2013 年流转入农户的面积比例在高淳区最高(44.39%)，而在市辖区最低(12.68%)，表明高淳区耕地流转去向仍以传统农户为主。流转入专业合作社的面积比例在六合区最高(53.80%)，这与六合区股份合作社流转形式占主导的结果一致；其他区流转入专业合作社的面积比例也较高，表明南京市各区专业合作社都有所发展。流转入企业的面积比例在溧水区最高(33.81%)，说明企业是溧水区家庭承包耕地流转最主要的去向。

表 2-37　2013 年南京市各区家庭承包耕地流转去向

区域	家庭承包耕地流转总面积/万亩	流转入农户		流转入专业合作社		流转入企业		流转入其他主体	
		面积/万亩	比重/%	面积/万亩	比重/%	面积/万亩	比重/%	面积/万亩	比重/%
江宁	39.37	5.37	13.63	14.25	36.19	2.67	6.79	17.08	43.40
六合	49.22	11.04	22.43	26.48	53.80	8.91	18.10	2.79	5.67
溧水	21.23	5.48	25.80	4.39	20.66	7.18	33.81	4.19	19.73
高淳	37.96	16.85	44.39	15.45	40.70	0.75	1.98	4.91	12.93
浦口	19.03	2.77	14.55	4.08	21.44	1.03	5.39	11.15	58.62
辖区	5.38	0.68	12.68	1.96	36.36	1.35	25.12	1.39	25.85
南京市	172.19	42.18	24.50	66.60	38.68	21.89	12.71	41.52	24.11

资料来源：根据江苏省农业委员会提供的 2013 年《江苏省农村集体财务、资产与农经统计年报资料汇编》整理。

家庭承包耕地流转其他情况。表 2-38 显示，2013 年六合区除外的其他区家庭承包耕地流转用于种植粮食作物的面积占比都低于 20.00%，表明南京市耕地流转"非粮化"现象严重。南京市各区县家庭承包耕地流转合同签订率存在明显差异，浦口区最高(100.00%)；江宁区最低(74.88%)。

表 2-38　2013 年南京市各区家庭承包耕地流转其他情况

区域	家庭承包耕地流转总面积/万亩	流转用于种植粮食作物		签订耕地流转合同份数/万份	签订流转合同	
		面积/万亩	占比/%		面积/万亩	签订率/%
江宁	39.37	7.65	19.44	9.71	29.48	74.88
六合	49.22	15.20	30.89	3.07	46.54	94.57
溧水	21.23	3.82	17.99	2.90	20.24	95.30
高淳	37.96	2.80	7.38	6.94	31.30	82.45
浦口	19.03	2.10	11.03	2.04	19.03	100.00
辖区	5.38	0.34	6.40	1.09	4.38	81.41
南京市	172.19	31.92	18.54	25.75	150.97	87.68

资料来源：根据江苏省农业委员会提供的 2013 年《江苏省农村集体财务、资产与农经统计年报资料汇编》整理。

③农村土地承包及流转纠纷

南京市各区农村土地承包及流转纠纷差异较大。2013年，溧水区单位承包面积纠纷数最高，达4.98件/万亩，高淳区最低，仅0.09件/万亩；溧水区单位流转面积纠纷数也最多，达9.57件/万亩，市辖区最低，仅0.19件/万亩(表2-39)。

表2-39　2013年南京市各区农村土地承包及流转纠纷情况

区域	耕地承包纠纷数/件	家庭承包经营的耕地面积/万亩	单位承包面积的纠纷数/(件/万亩)	耕地流转纠纷数/件	家庭承包耕地流转总面积/万亩	单位流转面积的纠纷数/(件/万亩)
江宁	43	45.03	0.95	160	39.37	4.06
六合	4	66.70	0.06	21	49.22	0.43
溧水	190	38.16	4.98	203	21.23	9.56
高淳	4	43.42	0.09	48	37.96	1.26
浦口	26	29.62	0.88	46	19.03	2.42
辖区	13	12.05	1.08	1	5.38	0.19
南京市	274	234.98	1.17	419	172.19	2.43

资料来源：根据江苏省农业委员会提供的2013年《江苏省农村集体财务、资产与农经统计年报资料汇编》整理。

(2) 无锡市各区县农村土地承包及流转比较

①农村土地承包

表2-40显示，2013年无锡市户均承包经营耕地面积最高的市辖区，为3.52亩/户；最低的是江阴市，为2.10亩/户。宜兴市家庭承包合同签订率和土地承包经营权证颁发率都最高，分别为94.98%和90.24%；市辖区都最低，分别为92.19%和80.06%。

表 2-40　2013 年无锡市各区县农村土地承包情况

区域	家庭承包经营的耕地面积/万亩	机动地面积/万亩	家庭承包经营的农户数/万户	户均承包经营耕地面积/(亩/户)	家庭承包合同		颁发土地承包经营权证	
					数量/万份	合同签订率/%	数量/万份	颁发率/%
江阴	37.19	0.89	17.71	2.10	16.36	92.38	14.61	82.50
宜兴	75.33	3.88	22.12	3.41	21.01	94.98	19.96	90.24
辖区	28.88	0.38	8.21	3.52	7.57	92.19	6.57	80.06
无锡市	141.40	5.16	48.04	2.94	44.94	93.55	41.14	85.65

资料来源：根据江苏省农业委员会提供的 2013 年《江苏省农村集体财务、资产与农经统计年报资料汇编》整理。

②农村土地承包经营权流转

土地承包经营权流转总体情况。由表 2-41 可以发现，2013 年江阴市家庭承包耕地流转比例最高，达 67.97%，宜兴市(43.29%)和市辖区(45.30%)都低于全市平均水平(50.19%)；但宜兴市流转出承包耕地的农户比重最高，达 69.98%，市辖区最低，为 50.59%。

表 2-41　2013 年无锡市各区县土地承包经营权流转总体情况

区域	家庭承包经营的耕地面积/万亩	家庭承包耕地流转		家庭承包经营的农户数/万户	流转出承包耕地的农户	
		面积/万亩	比例/%		户数/万户	比重/%
江阴	37.19	25.28	67.97	17.71	9.66	54.58
宜兴	75.33	32.61	43.29	22.12	15.48	69.98
辖区	28.88	13.08	45.30	8.21	4.15	50.59
无锡市	141.40	70.97	50.19	48.04	29.30	60.99

资料来源：根据江苏省农业委员会提供的 2013 年《江苏省农村集体财务、资产与农经统计年报资料汇编》整理。

家庭承包耕地流转形式。从总体上看，2013 年无锡市家庭承包耕地都以出租、转包和股份合作社流转为主，但不同区县主要流转形式存在差异。江阴(55.89%)和宜兴(56.76%)两市均以出租形式占主导；市辖区出租(30.68%)、股份合作流转(28.39%)和转包(20.35%)三种形式差异不大(表2-42)。

表 2-42　2013 年无锡市各区县家庭承包耕地不同形式流转面积及比重

区域	家庭承包耕地流转总面积/万亩	转包		转让		互换	
		面积/万亩	占比/%	面积/万亩	占比/%	面积/万亩	占比/%
江阴	25.28	4.04	15.97	0.48	1.89	0.06	0.24
宜兴	32.61	4.12	12.63	0.34	1.04	0.04	0.12
辖区	13.08	2.66	20.35	0.71	5.44	0.04	0.27
无锡市	70.97	10.82	15.24	1.53	2.16	0.14	0.19
区域	家庭承包耕地流转总面积/万亩	出租		股份合作社流转		其他形式流转	
		面积/万亩	占比/%	面积/万亩	占比/%	面积/万亩	占比/%
江阴	25.28	14.13	55.89	3.22	12.74	3.36	13.28
宜兴	32.61	18.51	56.76	4.78	14.66	4.82	14.78
辖区	13.08	4.01	30.68	3.72	28.39	1.95	14.87
无锡市	70.97	36.65	51.64	11.71	16.51	10.12	14.26

资料来源：根据江苏省农业委员会提供的 2013 年《江苏省农村集体财务、资产与农经统计年报资料汇编》整理。

家庭承包耕地流转去向。如表 2-43 所示，2013 年江阴市、宜兴市和市辖区家庭承包耕地流转去向均依次为流转入农户、专业合作社和企业。

表 2-43　2013 年无锡市各区县家庭承包耕地流转去向

区域	家庭承包耕地流转总面积/万亩	流转入农户		流转入专业合作社		流转入企业		流转入其他主体	
		面积/万亩	比重/%	面积/万亩	比重/%	面积/万亩	比重/%	面积/万亩	比重/%
江阴	25.28	5.68	22.46	4.45	17.61	3.45	13.64	11.7	46.29
宜兴	32.61	8.11	24.87	5.12	15.70	2.46	7.54	16.92	51.89
辖区	13.08	3.44	26.31	2.74	20.95	1.67	12.73	5.23	40.00
无锡市	70.97	17.23	24.28	12.31	17.35	7.57	10.67	33.85	47.70

资料来源：根据江苏省农业委员会提供的 2013 年《江苏省农村集体财务、资产与农经统计年报资料汇编》整理。

家庭承包耕地流转其他情况。2013 年无锡市各区县家庭承包耕地流转用于种植粮食作物的面积比例均在 20.00%左右，表明无锡市耕地流转"非粮化"现象比较严重。无锡市各区县家庭承包耕地流转合同签订率有所差异，宜兴市最高(98.99%)，江阴市最低(76.20%)，两地相差 22.79 个百分点(表 2-44)。

表 2-44　2013 年无锡市各区县家庭承包耕地流转其他情况

区域	家庭承包耕地流转总面积/万亩	流转用于种植粮食作物		签订耕地流转合同份数/万份	签订流转合同	
		面积/万亩	占比/%		面积/万亩	签订率/%
江阴	25.28	4.50	17.80	6.73	19.26	76.20
宜兴	32.61	7.43	22.79	15.37	32.28	98.99
辖区	13.08	2.76	21.10	3.14	9.99	76.37
无锡市	70.97	14.69	20.71	25.24	61.54	86.71

资料来源：根据江苏省农业委员会提供的 2013 年《江苏省农村集体财务、资产与农经统计年报资料汇编》整理。

③农村土地承包及流转纠纷

2013 年，无锡市各区县单位承包面积纠纷数和单位流转面积纠纷数排序情况一致，由低到高依次均为江阴市、市辖区和宜兴市(表 2-45)。

表 2-45　2013 年无锡市各区县农村土地承包及流转纠纷情况

区域	耕地承包纠纷数/件	家庭承包经营的耕地面积/万亩	单位承包面积的纠纷数/(件/万亩)	耕地流转纠纷数/件	家庭承包耕地流转总面积/万亩	单位流转面积的纠纷数/(件/万亩)
江阴	3	37.19	0.08	3	25.28	0.12
宜兴	34	75.33	0.45	55	32.61	1.69
辖区	4	28.88	0.14	4	13.08	0.31
无锡市	41	141.40	0.29	62	70.97	0.87

资料来源：根据江苏省农业委员会提供的 2013 年《江苏省农村集体财务、资产与农经统计年报资料汇编》整理。

(3) 常州市各区县农村土地承包及流转比较

①农村土地承包

2013 年，常州市户均承包经营耕地面积最高的是溧阳市，为 3.57 亩/户；最低的是武进区，为 2.63 亩/户。溧阳市家庭承包合同签订率和土地承包经营权证颁发率都最高, 分别为 99.43% 和 93.70%; 市辖区都最低, 分别为 92.58% 和 84.10%(表 2-46)。

表 2-46　2013 年常州市各区县农村土地承包情况

区域	家庭承包经营的耕地面积/万亩	机动地面积/万亩	家庭承包经营的农户数/万户	户均承包经营耕地面积/(亩/户)	家庭承包合同		颁发土地承包经营权证	
					数量/万份	合同签订率/%	数量/万份	颁发率/%
金坛	42.04	0.13	12.85	3.27	12.58	97.91	11.24	87.52
溧阳	66.65	—	18.70	3.57	18.59	99.43	17.52	93.70
武进	44.32	0.10	16.83	2.63	16.02	95.17	14.16	84.12
辖区	16.94	0.11	5.68	2.98	5.26	92.58	4.78	84.10
常州市	169.95	0.34	54.06	3.14	52.45	97.02	47.70	88.24

资料来源: 根据江苏省农业委员会提供的 2013 年《江苏省农村集体财务、资产与农经统计年报资料汇编》整理。

②农村土地承包经营权流转

土地承包经营权流转总体情况。由表 2-47 可知, 2013 年武进区家庭承包耕地流转比例最高, 达 71.19%, 其他区县也均在 59.00% 以上。然而, 武进区流转出承包耕地的农户比例却最低, 仅 38.41%, 其他区县都超过 50.00%。

表 2-47　2013 年常州市各区县土地承包经营权流转总体情况

区域	家庭承包经营的耕地面积/万亩	家庭承包耕地流转		家庭承包经营的农户数/万户	流转出承包耕地的农户	
		面积/万亩	比例/%		户数/万户	比重/%
金坛	42.04	28.58	67.99	12.85	6.64	51.72
溧阳	66.65	39.80	59.71	18.70	9.89	52.89
武进	44.32	31.55	71.19	16.83	6.47	38.41
辖区	16.94	11.20	66.10	5.68	3.23	56.85
常州市	169.95	111.13	65.39	54.06	26.23	48.52

资料来源: 根据江苏省农业委员会提供的 2013 年《江苏省农村集体财务、资产与农经统计年报资料汇编》整理。

家庭承包耕地流转形式。从总体来看, 2013 年常州市各区县家庭承包耕

地都以转包、出租和股份合作社流转为主，但不同区县的主要流转形式存在
差异。金坛市以转包(45.48%)、出租(26.66%)和股份合作社流转(23.75%)为主；
溧阳市以转包和出租为主，两者占比之和为80.93%；武进区和市辖区以出租
和股份合作社流转为主，两者占比之和分别为79.83%和99.52%。从具体流转
形式看，金坛转包比重最高(45.48%)，市辖区出租(58.57%)和股份合作社流转
(40.95%)比重均最高(表2-48)。

表 2-48 2013 年常州市各区县家庭承包耕地不同形式流转面积及比重

区域	家庭承包耕地流转总面积/万亩	转包		转让		互换	
		面积/万亩	占比/%	面积/万亩	占比/%	面积/万亩	占比/%
金坛	28.58	13.00	45.48	0.24	0.85	0.04	0.13
溧阳	39.80	14.53	36.51	3.00	7.54	—	—
武进	31.55	4.26	13.50	—	—	—	—
辖区	11.20	0.05	0.48	—	—	—	—
常州市	111.13	31.84	28.65	3.24	2.92	0.04	0.03

区域	家庭承包耕地流转总面积/万亩	出租		股份合作社流转		其他形式流转	
		面积/万亩	占比/%	面积/万亩	占比/%	面积/万亩	占比/%
金坛	28.58	7.62	26.66	6.79	23.75	0.89	3.13
溧阳	39.80	17.68	44.42	3.33	8.37	1.26	3.17
武进	31.55	15.48	49.06	9.71	30.77	2.10	6.66
辖区	11.20	6.56	58.57	4.59	40.95	—	—
常州市	111.13	47.34	42.60	24.41	21.97	4.26	3.83

资料来源：根据江苏省农业委员会提供的2013年《江苏省农村集体财务、资产与农经统计年报资料汇编》整理。

家庭承包耕地流转去向。2013年常州市各区县家庭承包耕地以流转入农户和专业合作社为主。具体来看，金坛市流转入农户的占比最高，达69.02%，武进区最低，为37.32%；但武进区流转入专业合作社的占比最高，达42.78%，溧阳市最低，为18.60%；市辖区和溧阳市流转入企业的比重相对较高，分别为19.69%和16.18%(表2-49)。

表 2-49　2013 年常州市各区县家庭承包耕地流转去向

区域	家庭承包耕地流转总面积/万亩	流转入农户		流转入专业合作社		流转入企业		流转入其他主体	
		面积/万亩	比重/%	面积/万亩	比重/%	面积/万亩	比重/%	面积/万亩	比重/%
金坛	28.58	19.73	69.02	6.41	22.44	0.44	1.56	2.00	6.98
溧阳	39.80	19.59	49.22	7.40	18.60	6.44	16.18	6.37	16.00
武进	31.55	11.77	37.32	13.50	42.78	0.14	0.43	6.14	19.47
辖区	11.20	5.01	44.76	2.74	24.48	2.21	19.69	1.24	11.07
常州市	111.13	56.11	50.48	30.06	27.05	9.23	8.30	15.74	14.17

资料来源：根据江苏省农业委员会提供的 2013 年《江苏省农村集体财务、资产与农经统计年报资料汇编》整理。

家庭承包耕地流转其他情况。如表 2-50 所示，2013 年常州市各区县家庭承包耕地流转用于种植粮食作物的面积比例由大到小依次是溧阳市 (56.31%)>金坛市(36.75%)>武进区(23.81%)>市辖区(15.32%)，表明市辖区和武进区耕地流转"非粮化"现象比较严重。常州市各区县家庭承包耕地流转合同签订率存在较大差异，市辖区最高，为 100.00%；武进区最低，为 63.64%，表明该区耕地流转规范程度仍有待提高。

表 2-50　2013 年常州市各区县家庭承包耕地流转其他情况

区域	家庭承包耕地流转总面积/万亩	流转用于种植粮食作物		签订耕地流转合同份数/万份	签订流转合同	
		面积/万亩	占比/%		面积/万亩	签订率/%
金坛	28.58	10.51	36.75	6.35	20.72	72.51
溧阳	39.80	22.41	56.31	7.04	28.65	71.98
武进	31.55	7.51	23.81	5.03	20.08	63.64
辖区	11.20	1.72	15.32	1.57	11.20	100.00
常州市	111.13	42.14	37.92	19.98	80.65	72.57

资料来源：根据江苏省农业委员会提供的 2013 年《江苏省农村集体财务、资产与农经统计年报资料汇编》整理。

③农村土地承包及流转纠纷

如表 2-51 所示，常州市各区县农村土地承包及流转纠纷差异较大。2013 年，金坛市单位承包面积纠纷数最高，达 6.21 件/万亩，市辖区最低，仅 0.41 件/万亩；溧阳市单位流转面积纠纷数最高，达 8.97 件/万亩，市辖区最低，仅 1.52 件/万亩，这可能与市辖区耕地流转合同签订率为 100.00% 相关。

表 2-51　2013 年常州市各区县农村土地承包及流转纠纷情况

区域	耕地承包纠纷数/件	家庭承包经营的耕地面积/万亩	单位承包面积的纠纷数/(件/万亩)	耕地流转纠纷数/件	家庭承包耕地流转总面积/万亩	单位流转面积的纠纷数/(件/万亩)
金坛	261	42.04	6.21	210	28.58	7.35
溧阳	141	66.65	2.12	357	39.80	8.97
武进	122	44.32	2.75	259	31.55	8.21
辖区	7	16.94	0.41	17	11.20	1.52
常州市	531	169.95	3.12	843	111.13	7.59

资料来源：根据江苏省农业委员会提供的 2013 年《江苏省农村集体财务、资产与农经统计年报资料汇编》整理。

(4) 苏州市各区县农村土地承包及流转比较

①农村土地承包

如表 2-52 所示，2013 年苏州市户均承包经营耕地面积最高的是太仓市，达 4.81 亩/户；最低的是张家港市，为 1.89 亩/户。昆山市家庭承包合同签订率和土地承包经营权证颁发率都最高，达 100.00%；其他区县也都超过 90.00%，表明苏州市土地承包整体较为规范。

表 2-52　2013 年苏州市各区县农村土地承包情况

区域	家庭承包经营的耕地面积/万亩	机动地面积/万亩	家庭承包经营的农户数/万户	户均承包经营耕地面积/(亩/户)	家庭承包合同 数量/万份	家庭承包合同 合同签订率/%	颁发土地承包经营权证 数量/万份	颁发土地承包经营权证 颁发率/%
张家港	31.78	0.21	16.83	1.89	15.35	91.17	16.38	97.32
常熟	52.95	0.81	16.20	3.27	16.15	99.72	15.56	96.08
太仓	34.21	1.50	7.11	4.81	6.84	96.18	6.82	95.94
昆山	18.38	0.19	5.58	3.29	5.58	100.00	5.58	100.00
吴江	50.30	0.28	13.44	3.74	12.44	92.56	12.73	94.72
辖区	32.94	0.11	10.84	3.04	10.36	95.56	10.53	97.20
苏州市	220.57	3.09	69.99	3.15	66.71	95.31	67.61	96.59

资料来源：根据江苏省农业委员会提供的 2013 年《江苏省农村集体财务、资产与农经统计年报资料汇编》整理。

②农村土地承包经营权流转

土地承包经营权流转总体情况。2013年昆山市家庭承包耕地流转比例最高，达98.69%，常熟市最低，为82.96%；表明苏州市家庭承包耕地流转整体发展水平很高。昆山市流转出承包耕地的农户比例也最大，达97.49%；吴江区最低，但也已达79.46%(表2-53)。

表2-53　2013年苏州市各区县土地承包经营权流转总体情况

区域	家庭承包经营的耕地面积/万亩	家庭承包耕地流转		家庭承包经营的农户数/万户	流转出承包耕地的农户	
		面积/万亩	比例/%		户数/万户	比重/%
张家港	31.78	30.42	95.71	16.83	15.32	91.05
常熟	52.95	43.93	82.96	16.20	13.64	84.19
太仓	34.21	33.47	97.85	7.11	5.86	82.45
昆山	18.38	18.14	98.69	5.58	5.44	97.49
吴江	50.30	42.56	84.61	13.44	10.68	79.46
辖区	32.94	30.79	93.45	10.84	10.16	93.77
苏州市	220.57	199.31	90.36	69.99	61.11	87.31

资料来源：根据江苏省农业委员会提供的2013年《江苏省农村集体财务、资产与农经统计年报资料汇编》整理。

家庭承包耕地流转形式。从总体来看，2013年苏州市家庭承包耕地都以股份合作社流转为主，市辖区(30.92%)除外的其他区县股份合作社流转比例都超过了65.00%，昆山市高达95.37%，表明昆山市股份合作社发展最好。从具体流转形式看，常熟市转包比重最高(19.54%)；市辖区出租比重最大(8.53%)，但也不超过10%；各区县转让和互换比重都很小(表2-54)。

表2-54　2013年苏州市各区县家庭承包耕地不同形式流转面积及比重

区域	家庭承包耕地流转总面积/万亩	转包		转让		互换	
		面积/万亩	占比/%	面积/万亩	占比/%	面积/万亩	占比/%
张家港	30.42	1.81	5.96	—	—	0.02	0.06
常熟	43.93	8.59	19.54	0.36	0.83	0.16	0.36
太仓	33.47	5.39	16.11	1.17	3.49	0.21	0.61
昆山	18.14	0.01	0.06	—	—	—	—
吴江	42.56	5.06	11.89	0.13	0.31	—	—
辖区	30.79	3.85	12.50	—	—	—	—
苏州市	199.31	24.71	12.40	1.66	0.0083	0.38	0.19

续表

区域	家庭承包耕地流转总面积/万亩	出租		股份合作社流转		其他形式流转	
		面积/万亩	占比/%	面积/万亩	占比/%	面积/万亩	占比/%
张家港	30.42	0.32	1.05	27.34	89.89	0.93	3.04
常熟	43.93	0.29	0.67	29.90	68.07	4.63	10.53
太仓	33.47	2.59	7.73	22.00	65.72	2.12	6.33
昆山	18.14	0.05	0.27	17.30	95.37	0.78	4.31
吴江	42.56	3.07	7.21	33.79	79.39	0.51	1.20
辖区	30.79	2.62	8.53	9.52	30.92	16.46	53.45
苏州市	199.31	8.95	4.49	139.85	70.17	25.42	12.75

资料来源：根据江苏省农业委员会提供的 2013 年《江苏省农村集体财务、资产与农经统计年报资料汇编》整理。

　　家庭承包耕地流转去向。如表 2-55 所示，除市辖区(30.89%)外，2013 年苏州市各区县流转入股份合作社的面积比例都最高，昆山市和张家港市甚至高达 95.37%和 94.27%，这与苏州市各区县家庭承包耕地流转大都以股份合作社流转为主导有关。

表 2-55　2013 年苏州市各区县家庭承包耕地流转去向

区域	家庭承包耕地流转总面积/万亩	流转入农户		流转入专业合作社		流转入企业		流转入其他主体	
		面积/万亩	比重/%	面积/万亩	比重/%	面积/万亩	比重/%	面积/万亩	比重/%
张家港	30.42	1.06	3.49	28.68	94.27	0.03	0.10	0.65	2.13
常熟	43.93	9.10	20.73	28.33	64.48	1.31	2.98	5.19	11.81
太仓	33.47	7.10	21.21	24.06	71.87	1.06	3.16	1.26	3.76
昆山	18.14	0.42	2.29	17.30	95.37	0.05	0.27	0.38	2.07
吴江	42.56	3.35	7.87	33.79	79.39	0.34	0.80	5.07	11.91
辖区	30.79	7.85	25.49	9.51	30.89	0.93	3.03	12.50	40.59
苏州市	199.31	28.89	14.49	141.66	71.08	3.72	1.87	25.04	12.56

资料来源：根据江苏省农业委员会提供的 2013 年《江苏省农村集体财务、资产与农经统计年报资料汇编》整理。

　　家庭承包耕地流转其他情况。2013 年，苏州市各区县家庭承包耕地流转用于种植粮食作物的面积占比由大到小依次为：张家港市(74.44%)、常熟市(64.94%)、太仓市(52.74%)、昆山市(43.11%)、吴江区(33.81%)、市辖区(17.85%)。昆山市家庭承包耕地流转合同签订率最高(100.00%)，常熟市最低，但也达

82.27%，表明苏州市耕地流转整体规范程度较高(表 2-56)。

表 2-56 2013 年苏州市各区县家庭承包耕地流转其他情况

区域	家庭承包耕地流转总面积/万亩	流转用于种植粮食作物		签订耕地流转合同份数/万份	签订流转合同	
		面积/万亩	占比/%		面积/万亩	签订率/%
张家港	30.42	22.65	74.44	11.64	27.29	89.71
常熟	43.93	28.53	64.94	13.43	36.14	82.27
太仓	33.47	17.66	52.74	5.98	32.65	97.54
昆山	18.14	7.82	43.11	3.48	18.14	100.00
吴江	42.56	14.39	33.81	11.39	38.24	89.85
辖区	30.79	5.50	17.85	10.18	29.04	94.32
苏州市	199.31	96.54	48.43	56.12	181.50	91.06

资料来源：根据江苏省农业委员会提供的 2013 年《江苏省农村集体财务、资产与农经统计年报资料汇编》整理。

③农村土地承包及流转纠纷

2013 年，苏州市各区县单位承包面积纠纷数和单位流转面积纠纷数排序情况一致，由低到高依次均为市辖区、吴江市、太仓市、张家港市和常熟市(表 2-57)。

表 2-57 2013 年苏州市各区县农村土地承包及流转纠纷情况

区域	耕地承包纠纷数/件	家庭承包经营的耕地面积/万亩	单位承包面积的纠纷数/(件/万亩)	耕地流转纠纷数/件	家庭承包耕地流转总面积/万亩	单位流转面积的纠纷数/(件/万亩)
张家港	84	31.78	2.64	88	30.42	2.89
常熟	167	52.95	3.15	136	43.93	3.10
太仓	27	34.21	0.79	39	33.47	1.17
昆山	—	18.38	—	—	18.14	—
吴江	7	50.30	0.14	14	42.56	0.33
辖区	0	32.94	0.00	0	30.79	0.00
苏州市	285	220.57	1.29	277	199.31	1.39

资料来源：根据江苏省农业委员会提供的 2013 年《江苏省农村集体财务、资产与农经统计年报资料汇编》整理。

(5) 镇江市各区县农村土地承包及流转比较

①农村土地承包

2013 年镇江市户均承包经营耕地面积最高的是句容市，为 3.98 亩/户；

最低的是扬中市，为 1.77 亩/户。句容市家庭承包合同签订率最高，达 99.34%，丹阳市最低，为 73.36%；扬中市土地承包经营权证颁发率最高，达 96.74%，丹阳市最低，仅 69.68%(表 2-58)。

表 2-58　2013 年镇江市各区县农村土地承包情况

区域	家庭承包经营的耕地面积/万亩	机动地面积/万亩	家庭承包经营的农户数/万户	户均承包经营耕地面积/(亩/户)	家庭承包合同		颁发土地承包经营权证	
					数量/万份	合同签订率/%	数量/万份	颁发率/%
丹阳	59.49	1.00	17.11	3.48	12.55	73.36	11.92	69.68
句容	56.38	0.14	14.17	3.98	14.08	99.34	13.40	94.53
扬中	10.52	0.21	5.95	1.77	5.86	98.42	5.76	96.74
辖区	31.78	0.14	10.54	3.01	9.21	87.32	7.94	75.29
镇江市	158.80	1.51	48.17	3.30	41.99	87.17	39.31	81.61

资料来源：根据江苏省农业委员会提供的 2013 年《江苏省农村集体财务、资产与农经统计年报资料汇编》整理。

②农村土地承包经营权流转

土地承包经营权流转总体情况。由表 2-59 可知，2013 年市辖区家庭承包耕地流转比例最高，达 78.48%；扬中市最低，为 50.56%。句容市流转出承包耕地的农户比例最大，为 52.30%；扬中市最小，为 33.79%。

表 2-59　2013 年镇江市各区县土地承包经营权流转总体情况

区域	家庭承包经营的耕地面积/万亩	家庭承包耕地流转		家庭承包经营的农户数/万户	流转出承包耕地的农户	
		面积/万亩	比例/%		户数/万户	比重/%
丹阳	59.49	39.57	66.51	17.11	8.45	49.36
句容	56.38	28.79	51.06	14.17	7.41	52.30
扬中	10.52	5.32	50.56	5.95	2.01	33.79
辖区	31.78	24.94	78.48	10.54	4.56	43.27
镇江市	158.80	98.88	62.26	48.17	22.45	46.61

资料来源：根据江苏省农业委员会提供的 2013 年《江苏省农村集体财务、资产与农经统计年报资料汇编》整理。

家庭承包耕地流转形式。从总体上讲，2013 年镇江市家庭承包耕地以转包、出租和股份合作社流转为主，但不同区县之间呈现出一些差异。丹阳市的主要流转形式依次为出租(59.26%)、股份合作社流转(20.06%)和转包(19.31%)；句容市依次为出租(72.05%)和转包(17.95%)；扬中市依次为股份合作社流转(67.36%)和出租(26.72%)；市辖区依次为出租(48.43%)、股份合作社流转(25.56%)和转包(20.63%)。从具体流转形式看，市辖区转包比重最高(20.63%)，句容市出租比重最高(72.05%)，扬中市股份合作社流转比重最高(67.36%)，各区县转让和互换比重均较小(表2-60)。

表 2-60　2013 年镇江市各区县家庭承包耕地不同形式流转面积及比重

区域	家庭承包耕地流转总面积/万亩	转包		转让		互换	
		面积/万亩	占比/%	面积/万亩	占比/%	面积/万亩	占比/%
丹阳	39.57	7.64	19.31	0.51	1.29	0.03	0.08
句容	28.79	5.17	17.95	0.39	1.37	0.34	1.18
扬中	5.32	0.32	5.92	—	—	—	—
辖区	24.94	5.15	20.63	—	—	—	—
镇江市	98.88	18.34	18.55	0.90	0.91	0.38	0.38

区域	家庭承包耕地流转总面积/万亩	出租		股份合作社流转		其他形式流转	
		面积/万亩	占比/%	面积/万亩	占比/%	面积/万亩	占比/%
丹阳	39.57	23.45	59.26	7.94	20.06	—	—
句容	28.79	20.74	72.05	0.34	1.17	1.81	6.28
扬中	5.32	1.42	26.72	3.58	67.36	—	—
辖区	24.94	12.08	48.43	6.37	25.56	1.34	5.37
镇江市	98.88	57.88	58.54	18.23	18.44	3.15	3.19

　　资料来源：根据江苏省农业委员会提供的2013年《江苏省农村集体财务、资产与农经统计年报资料汇编》整理。

　　家庭承包耕地流转去向。如表2-61所示，2013年镇江市各区县家庭承包耕地流转入农户比重最高的是丹阳市(54.30%)，最低的是句容市(8.83%)；流转入专业合作社比重最高的是扬中市(67.36%)，最低的是句容市(5.08%)；而流转入企业比重最高的是句容市(42.09%)，最低的是扬中市(3.64%)，表明镇江市各区县家庭承包耕地流转去向差异较大。

表 2-61　2013 年镇江市各区县家庭承包耕地流转去向

区域	家庭承包耕地流转总面积/万亩	流转入农户		流转入专业合作社		流转入企业		流转入其他主体	
		面积/万亩	比重/%	面积/万亩	比重/%	面积/万亩	比重/%	面积/万亩	比重/%
丹阳	39.57	21.49	54.30	9.12	23.04	4.98	12.58	3.99	10.08
句容	28.79	2.54	8.83	1.46	5.08	12.12	42.09	12.67	44.00
扬中	5.32	1.42	26.72	3.58	67.36	0.19	3.64	0.12	2.28
辖区	24.94	5.14	20.60	10.01	40.14	4.40	17.66	5.39	21.61
镇江市	98.88	30.66	31.00	24.17	24.45	21.69	21.94	22.36	22.61

资料来源：根据江苏省农业委员会提供的 2013 年《江苏省农村集体财务、资产与农经统计年报资料汇编》整理。

家庭承包耕地流转其他情况。2013 年，丹阳市和扬中市家庭承包耕地流转用于种植粮食作物的面积占比较高，分别为 56.14% 和 53.17%；而市辖区和句容市较低，分别为 20.51% 和 9.71%，表明其耕地流转"非粮化"现象比较严重。丹阳市家庭承包耕地流转合同签订率最高(89.45%)；市辖区最低，仅为 41.61%，表明该区耕地流转规范程度仍有待提高(表 2-62)。

表 2-62　2013 年镇江市各区县家庭承包耕地流转其他情况

区域	家庭承包耕地流转总面积/万亩	流转用于种植粮食作物		签订耕地流转合同份数/万份	签订流转合同	
		面积/万亩	占比/%		面积/万亩	签订率/%
丹阳	39.57	22.21	56.14	4.31	35.39	89.45
句容	28.79	2.80	9.71	5.79	24.88	86.42
扬中	5.32	2.83	53.17	1.71	4.05	76.16
辖区	24.94	5.12	20.51	3.32	10.38	41.61
镇江市	98.88	32.96	33.34	15.14	74.71	75.56

资料来源：根据江苏省农业委员会提供的 2013 年《江苏省农村集体财务、资产与农经统计年报资料汇编》整理。

③农村土地承包及流转纠纷

表 2-63 显示，2013 年镇江市单位承包面积纠纷数由低到高依次为丹阳市(1.29 件/万亩)、扬中市(1.90 件/万亩)、句容市(2.20 件/万亩)、市辖区(3.08 件/万亩)；与此相反，单位流转面积纠纷数由低到高依次为市辖区(1.40 件/万亩)、句容市(3.65 件/万亩)、扬中市(4.32 件/万亩)和丹阳市(4.37 件/万亩)。

表 2-63　2013 年镇江市各区县农村土地承包及流转纠纷情况

区域	耕地承包纠纷数/件	家庭承包经营的耕地面积/万亩	单位承包面积的纠纷数/(件/万亩)	耕地流转纠纷数/件	家庭承包耕地流转总面积/万亩	单位流转面积的纠纷数/(件/万亩)
丹阳	77	59.49	1.29	173	39.57	4.37
句容	124	56.38	2.20	105	28.79	3.65
扬中	20	10.52	1.90	23	5.32	4.32
辖区	98	31.78	3.08	35	24.94	1.40
镇江市	319	158.80	2.01	336	98.88	3.40

资料来源：根据江苏省农业委员会提供的 2013 年《江苏省农村集体财务、资产与农经统计年报资料汇编》整理。

(6) 南通市各区县农村土地承包及流转比较

①农村土地承包

表 2-64 显示，2013 年南通市户均承包经营耕地面积最高的是启东市，为 4.03 亩/户；最低的是海门市，为 2.36 亩/户。南通市各区县家庭承包合同签订率和土地承包经营权证颁发率都处于较高水平。

表 2-64　2013 年南通市各区县农村土地承包情况

区域	家庭承包经营的耕地面积/万亩	机动地面积/万亩	家庭承包经营的农户数/万户	户均承包经营耕地面积/(亩/户)	家庭承包合同		颁发土地承包经营权证	
					数量/万份	合同签订率/%	数量/万份	颁发率/%
海安	66.47	0.00	23.06	2.88	22.99	99.68	22.20	96.28
如皋	104.22	0.02	34.68	3.01	34.43	99.27	33.75	97.33
如东	120.25	0.11	30.68	3.92	30.65	99.91	30.63	99.83
海门	65.67	0.04	27.81	2.36	27.57	99.11	26.15	94.02
启东 [a]	99.27	0.02	24.60	4.03	35.33	143.58	31.36	127.47
辖区	102.62	0.00	41.05	2.50	40.99	99.86	40.64	99.00
南通市	558.49	0.26	195.84	2.85	191.95	98.01	184.73	94.33

资料来源：根据江苏省农业委员会提供的 2013 年《江苏省农村集体财务、资产与农经统计年报资料汇编》整理。

a.需要注意的是，启东家庭承包经营的农户数从 2012 年的 34.98 万户大幅下降到 2013 年的 24.60 万户，使得启东市户均承包耕地面积、家庭承包合同签订率和土地承包经营权证颁发率数值显著上升。

②农村土地承包经营权流转

土地承包经营权流转总体情况。由表 2-65 可知, 2013 年市辖区家庭承包耕地流转比例最高, 达 61.48%, 海安县最低, 为 32.95%; 启东市流转出承包耕地的农户比重最大, 达 67.14%, 海安县最低, 为 38.12%。

表 2-65　2013 年南通市各区县土地承包经营权流转总体情况

区域	家庭承包经营的耕地面积/万亩	家庭承包耕地流转		家庭承包经营的农户数/万户	流转出承包耕地的农户	
		面积/万亩	比例/%		户数/万户	比重/%
海安	66.47	21.90	32.95	23.06	8.79	38.12
如皋	104.22	60.35	57.91	34.68	20.82	60.05
如东	120.25	51.63	42.93	30.68	12.89	42.03
海门	65.67	26.49	40.34	27.81	10.77	38.71
启东	99.27	40.46	40.76	24.60	16.52	67.14
辖区	102.62	63.09	61.48	41.05	23.95	58.36
南通市	558.49	263.92	47.26	195.84	93.75	47.87

资料来源: 根据江苏省农业委员会提供的 2013 年《江苏省农村集体财务、资产与农经统计年报资料汇编》整理。

家庭承包耕地流转形式。2013 年南通市各区县家庭承包耕地主要流转形式存在差异。海安县主要流转形式依次为股份合作社流转(36.38%)、出租(27.76%)、转让(12.49%)和转包(12.09%); 如皋市依次为股份合作社流转(57.84%)和出租(33.55%); 如东县依次为出租(44.07%)、股份合作社流转(20.20%)和转包(19.66%); 海门市依次为出租(30.61%)、股份合作社流转(21.36%)、转包(16.68%)和转让(14.59%); 启东市依次为转包(41.50%)和出租(29.67%); 市辖区依次为出租(31.38%)和股份合作社流转(24.59%)。从具体流转形式看, 启东市转包(41.50%)比重最大, 海门市转让(14.59%)比重最大, 如东县出租(44.07%)比重最大, 如皋市股份合作社流转(57.84%)比重最大(表2-66)。

表 2-66　2013 年南通市各区县家庭承包耕地不同形式流转面积及比重

区域	家庭承包耕地流转总面积/万亩	转包		转让		互换	
		面积/万亩	占比/%	面积/万亩	占比/%	面积/万亩	占比/%
海安	21.90	2.65	12.09	2.74	12.49	1.31	6.00
如皋	60.35	1.67	2.76	2.28	3.78	1.09	1.80
如东	51.63	10.15	19.66	2.64	5.11	5.66	10.96
海门	26.49	4.42	16.68	3.86	14.59	1.69	6.39
启东	40.46	16.79	41.50	2.56	6.32	4.14	10.24
辖区	63.09	9.14	14.48	7.11	11.27	3.53	5.59
南通市	263.92	44.81	16.98	21.19	8.03	17.42	6.60

区域	家庭承包耕地流转总面积/万亩	出租		股份合作社流转		其他形式流转	
		面积/万亩	占比/%	面积/万亩	占比/%	面积/万亩	占比/%
海安	21.90	6.08	27.76	7.97	36.38	1.16	5.28
如皋	60.35	20.25	33.55	34.91	57.84	0.16	0.27
如东	51.63	22.75	44.07	10.43	20.20	—	—
海门	26.49	8.11	30.61	5.66	21.36	2.75	10.36
启东	40.46	12.01	29.67	4.21	10.41	0.75	1.86
辖区	63.09	19.80	31.38	15.51	24.59	8.01	12.69
南通市	263.92	88.99	33.72	78.69	29.81	12.82	4.86

资料来源：根据江苏省农业委员会提供的 2013 年《江苏省农村集体财务、资产与农经统计年报资料汇编》整理。

家庭承包耕地流转去向。如表 2-67 所示，2013 年南通市家庭承包耕地主要流向农户和专业合作社。流转入农户的面积比例在如皋市(19.41%)最低，而在启东市(51.91%)最高，表明启东市耕地流转去向仍以传统农户为主；值得注意的是，流转入专业合作社的面积比例在如皋市(65.67%)最高，海安和如东两县比例也在 40.00%以上，这与如皋市、海安县和如东县股份合作社流转形式占主导的结果相一致。

家庭承包耕地流转其他情况。2013 年，除了如皋市(24.92%)，南通市其他区县家庭承包耕地流转用于种植粮食作物的面积比重均在 30.00%以上，其

表 2-67　2013 年南通市各区县家庭承包耕地流转去向

区域	家庭承包耕地流转总面积/万亩	流转入农户		流转入专业合作社		流转入企业		流转入其他主体	
		面积/万亩	比重/%	面积/万亩	比重/%	面积/万亩	比重/%	面积/万亩	比重/%
海安	21.90	4.76	21.73	9.08	41.47	3.73	17.04	4.33	19.76
如皋	60.35	11.71	19.41	39.63	65.67	6.32	10.47	2.69	4.45
如东	51.63	17.04	33.02	25.13	48.68	2.72	5.27	6.73	13.04
海门	26.49	10.09	38.09	6.27	23.66	2.26	8.52	7.87	29.73
启东	40.46	21.00	51.91	9.38	23.19	1.40	3.47	8.67	21.43
辖区	63.09	17.87	28.32	14.21	22.53	9.78	15.50	21.23	33.65
南通市	263.92	82.48	31.25	103.71	39.30	26.21	9.93	51.52	19.52

资料来源：根据江苏省农业委员会提供的 2013 年《江苏省农村集体财务、资产与农经统计年报资料汇编》整理。

中如东市(65.07%)和海门市(52.24%)一半以上的流转耕地仍然种植粮食作物。海安县家庭承包耕地流转合同签订率最高(95.60%)，启东市最低(52.39%)，表明南通市各区县耕地流转规范程度差异较大(表 2-68)。

表 2-68　2013 年南通市各区县家庭承包耕地流转其他情况

区域	家庭承包耕地流转总面积/万亩	流转用于种植粮食作物		签订耕地流转合同份数/万份	签订流转合同	
		面积/万亩	占比/%		面积/万亩	签订率/%
海安	21.90	7.16	32.67	8.69	20.94	95.60
如皋	60.35	15.04	24.92	19.50	46.58	77.19
如东	51.63	33.59	65.07	10.92	41.74	80.86
海门	26.49	13.84	52.24	9.25	21.82	82.39
启东	40.46	18.26	45.14	11.73	21.20	52.39
辖区	63.09	19.33	30.63	23.50	54.07	85.71
南通市	263.92	107.22	40.62	83.59	206.37	78.19

资料来源：根据江苏省农业委员会提供的 2013 年《江苏省农村集体财务、资产与农经统计年报资料汇编》整理。

③农村土地承包及流转纠纷

由表2-69可知,南通市各区县农村土地承包及流转纠纷差异较大。2013年,海门市单位承包面积纠纷数和单位流转面积纠纷数均最高,分别为 10.10 和 11.82 件/万亩；海安县均最低,分别为 0.54 和 1.73 件/万亩。

表 2-69　2013 年南通市各区县农村土地承包及流转纠纷情况

区域	耕地承包纠纷数/件	家庭承包经营的耕地面积/万亩	单位承包面积的纠纷数/(件/万亩)	耕地流转纠纷数/件	家庭承包耕地流转总面积/万亩	单位流转面积的纠纷数/(件/万亩)
海安	36	66.47	0.54	38	21.90	1.73
如皋	224	104.22	2.15	181	60.35	3.00
如东	180	120.25	1.50	185	51.63	3.58
海门	663	65.67	10.10	313	26.49	11.82
启东	314	99.27	3.16	437	40.46	10.80
辖区	388	102.62	3.78	284	63.09	4.50
南通市	1 805	558.49	3.23	1 438	263.92	5.45

资料来源：根据江苏省农业委员会提供的2013年《江苏省农村集体财务、资产与农经统计年报资料汇编》整理。

(7) 扬州市各区县农村土地承包及流转比较

①农村土地承包

2013 年扬州市户均承包经营耕地面积最多的是高邮市,为 5.31 亩/户；最少的是市辖区,仅 2.79 亩/户。扬州市各区县家庭承包合同签订率均在 96.00%以上,土地承包经营权证颁发率均在 90.00%以上,表明扬州市土地承包整体较为规范(表 2-70)。

②农村土地承包经营权流转

土地承包经营权流转总体情况。由表 2-71 可知, 2013 年高邮市家庭承包耕地流转比例最高,达 64.83%,宝应县最低,为 48.34%；仪征市流转出承包耕地的农户比重最大，为 50.23%，市辖区最低，为 36.10%。

表 2-70　2013 年扬州市各区县农村土地承包情况

区域	家庭承包经营的耕地面积/万亩	机动地面积/万亩	家庭承包经营的农户数/万户	户均承包经营耕地面积/(亩/户)	家庭承包合同		颁发土地承包经营权证	
					数量/万份	合同签订率/%	数量/万份	颁发率/%
高邮	85.89	0.61	16.19	5.31	16.02	98.96	14.85	91.76
宝应	80.87	0.58	17.56	4.61	17.56	100.00	17.55	99.97
江都	73.45	0.38	22.30	3.29	21.44	96.15	22.21	99.60
仪征	40.09	0.18	10.67	3.76	10.36	97.12	10.24	95.96
辖区	38.50	0.71	13.78	2.79	13.56	98.40	12.71	92.25
扬州市	318.80	2.47	80.49	3.96	78.94	98.07	77.57	96.36

　　资料来源：根据江苏省农业委员会提供的 2013 年《江苏省农村集体财务、资产与农经统计年报资料汇编》整理。

表 2-71　2013 年扬州市各区县土地承包经营权流转总体情况

区域	家庭承包经营的耕地面积/万亩	家庭承包耕地流转		家庭承包经营的农户数/万户	流转出承包耕地的农户	
		面积/万亩	比例/%		户数/万户	比重/%
高邮	85.89	55.68	64.83	16.19	6.13	37.88
宝应	80.87	39.09	48.34	17.56	6.90	39.31
江都	73.45	40.26	54.82	22.30	10.71	48.03
仪征	40.09	24.55	61.25	10.67	5.36	50.23
辖区	38.50	20.23	52.55	13.78	4.97	36.10
扬州市	318.80	179.82	56.41	80.93	34.08	42.34

　　资料来源：根据江苏省农业委员会提供的 2013 年《江苏省农村集体财务、资产与农经统计年报资料汇编》整理。

　　家庭承包耕地流转形式。从总体上看，2013 年扬州市各区县家庭承包耕地以股份合作社流转为主，其中最高的是江都区，达 78.33%；最低的是市辖区，但也已达 59.54%；表明扬州市股份合作社发展水平较高。从具体流转形式看，宝应县转包比重最高(25.39%)，市辖区出租比重最高(23.57%)，各区县转让和互换比重均较小(表2-72)。

表2-72　2013年扬州市各区县家庭承包耕地不同形式流转面积及比重

区域	家庭承包耕地流转总面积/万亩	转包		转让		互换	
		面积/万亩	占比/%	面积/万亩	占比/%	面积/万亩	占比/%
高邮	55.68	9.38	16.85	0.93	1.66	3.85	6.92
宝应	39.09	9.92	25.39	1.92	4.92	0.64	1.63
江都	40.26	4.33	10.77	0.77	1.92	0.58	1.44
仪征	24.55	1.47	5.99	0.83	3.38	0.51	2.06
辖区	20.23	2.74	13.54	0.24	1.16	0.03	0.16
扬州市	179.82	27.85	15.49	4.69	2.61	5.61	3.12

区域	家庭承包耕地流转总面积/万亩	出租		股份合作社流转		其他形式流转	
		面积/万亩	占比/%	面积/万亩	占比/%	面积/万亩	占比/%
高邮	55.68	5.04	9.06	35.46	63.69	1.01	1.81
宝应	39.09	2.35	6.01	24.17	61.84	0.08	0.21
江都	40.26	2.56	6.35	31.54	78.33	0.48	1.19
仪征	24.55	4.21	17.13	17.52	71.36	0.02	0.08
辖区	20.23	4.77	23.57	12.05	59.54	0.41	2.03
扬州市	179.82	18.93	10.52	120.74	67.15	2.00	1.11

资料来源：根据江苏省农业委员会提供的2013年《江苏省农村集体财务、资产与农经统计年报资料汇编》整理。

家庭承包耕地流转去向。表2-73显示，2013年扬州市各区县家庭承包耕地以流转入专业合作社为主，比重均超出60.00%；其中，江都区最高，达78.03%，这与江都区股份合作社流转比重最高的情况一致。此外，宝应县传统农户(35.87%)仍然是仅次于专业合作社的最主要的耕地流转去向。

家庭承包耕地流转其他情况。2013年扬州市各区县家庭承包耕地流转用于种植粮食作物的面积比重由大到小依次为宝应县(73.71%)、江都区(60.44%)、市辖区(48.80%)、仪征市(38.77%)、高邮市(37.58%)。扬州市各区县家庭承包耕地流转合同签订率差异明显，仪征市最高，达 99.87%，高邮市最低，为 63.56%(表 2-74)。

表 2-73 2013 年扬州市各区县家庭承包耕地流转去向

区域	家庭承包耕地流转总面积/万亩	流转入农户		流转入专业合作社		流转入企业		流转入其他主体	
		面积/万亩	比重/%	面积/万亩	比重/%	面积/万亩	比重/%	面积/万亩	比重/%
高邮	55.68	14.57	26.18	37.22	66.84	0.51	0.92	3.38	6.06
宝应	39.09	14.02	35.87	23.69	60.60	0.79	2.03	0.59	1.51
江都	40.26	6.36	15.80	31.42	78.03	1.05	2.61	1.43	3.56
仪征	24.55	3.06	12.45	17.39	70.82	4.10	16.69	0.01	0.03
辖区	20.23	2.34	11.58	12.97	64.10	1.37	6.79	3.55	17.53
扬州市	179.82	40.36	22.44	122.68	68.23	7.83	4.35	8.95	4.98

资料来源：根据江苏省农业委员会提供的 2013 年《江苏省农村集体财务、资产与农经统计年报资料汇编》整理。

表 2-74 2013 年扬州市各区县家庭承包耕地流转其他情况

区域	家庭承包耕地流转总面积/万亩	流转用于种植粮食作物		签订耕地流转合同份数/万份	签订流转合同	
		面积/万亩	占比/%		面积/万亩	签订率/%
高邮	55.68	20.92	37.58	3.20	35.39	63.56
宝应	39.09	28.81	73.71	4.20	34.11	87.26
江都	40.26	24.34	60.44	10.35	34.85	86.55
仪征	24.55	9.52	38.77	5.25	24.52	99.87
辖区	20.23	9.87	48.80	4.21	16.57	81.89
扬州市	179.82	93.47	51.98	27.22	145.44	80.88

资料来源：根据江苏省农业委员会提供的 2013 年《江苏省农村集体财务、资产与农经统计年报资料汇编》整理。

③农村土地承包及流转纠纷

2013 年市辖区单位承包面积纠纷数和单位流转面积纠纷数均最高，分别为 4.31 和 8.80 件/万亩;其他区县差异不大,其中江都区单位承包面积纠纷数最低, 仅 0.44 件/万亩；仪征市单位流转面积纠纷数最低，为 1.14 件/万亩(表 2-75)。

表 2-75　　2013 年扬州市各区县农村土地承包及流转纠纷情况

区域	耕地承包纠纷数/件	家庭承包经营的耕地面积/万亩	单位承包面积的纠纷数/(件/万亩)	耕地流转纠纷数/件	家庭承包耕地流转总面积/万亩	单位流转面积的纠纷数/(件/万亩)
高邮	86	85.89	1.00	68	55.68	1.22
宝应	90	80.87	1.11	50	39.09	1.28
江都	32	73.45	0.44	93	40.26	2.31
仪征	43	40.09	1.07	28	24.55	1.14
辖区	166	38.50	4.31	178	20.23	8.80
扬州市	417	318.80	1.31	417	179.82	2.32

资料来源：根据江苏省农业委员会提供的 2013 年《江苏省农村集体财务、资产与农经统计年报资料汇编》整理。

(8) 泰州市各区县农村土地承包及流转比较

①农村土地承包

表 2-76 显示，2013 年泰州市户均承包经营耕地面积最高的兴化市，为 4.11 亩/户；最低的是市辖区，为 2.42 亩/户。各区县家庭承包合同签订率均在 94.00%以上；土地承包经营权证颁发率均在 89.00%以上；值得注意的是，靖江市均已达到 100.00%。

表 2-76　　2013 年泰州市各区县农村土地承包情况

区域	家庭承包经营的耕地面积/万亩	机动地面积/万亩	家庭承包经营的农户数/万户	户均承包经营耕地面积/(亩/户)	家庭承包合同		颁发土地承包经营权证	
					数量/万份	合同签订率/%	数量/万份	颁发率/%
泰兴	71.30	0.38	29.00	2.46	28.63	98.73	26.86	92.64
姜堰	57.38	0.23	18.46	3.11	18.14	98.26	16.79	90.97
兴化	147.28	2.52	35.82	4.11	33.96	94.81	29.51	82.40
靖江	34.69	0.01	12.57	2.76	12.57	100.00	12.57	100.00
辖区	28.66	0.36	11.84	2.42	11.44	96.63	10.56	89.23
泰州市	339.31	3.50	107.68	3.15	104.73	97.26	96.30	89.43

资料来源：根据江苏省农业委员会提供的 2013 年《江苏省农村集体财务、资产与农经统计年报资料汇编》整理。

②农村土地承包经营权流转

土地承包经营权流转总体情况。由表 2-77 可知，2013 年市辖区家庭承包耕地流转比例最大(50.27%)，泰兴市最小(41.12%)；姜堰区流转出承包耕地的农户比重最高(51.58%)，兴化市最低(36.51%)。

表 2-77　2013 年泰州市各区县土地承包经营权流转总体情况

区域	家庭承包经营的耕地面积/万亩	家庭承包耕地流转		家庭承包经营的农户数/万户	流转出承包耕地的农户	
		面积/万亩	比例/%		户数/万户	比重/%
泰兴	71.30	29.32	41.12	29.00	13.43	46.33
姜堰	57.38	27.72	48.31	18.46	9.52	51.58
兴化	147.28	66.44	45.11	35.82	13.08	36.51
靖江	34.69	16.20	46.69	12.57	6.13	48.80
辖区	28.66	14.41	50.27	11.84	5.75	48.63
泰州市	339.31	154.08	45.41	107.68	47.92	44.50

资料来源：根据江苏省农业委员会提供的 2013 年《江苏省农村集体财务、资产与农经统计年报资料汇编》整理。

家庭承包耕地流转形式。从总体上看，2013 年泰州市家庭承包耕地都以转包、出租和股份合作社流转为主，但是不同区县主要流转形式存在差异。靖江市、泰兴市和市辖区的主要流转形式均为出租和股份合作社流转，两者之和分别为 100.00%、95.27%和 84.55%；姜堰区依次为出租(38.98%)、股份合作社流转(31.29%)和转包(26.34%)；而兴化市依次为出租(56.08%)、转包(24.20%)和股份合作社流转(19.01%)。从具体的流转形式看，姜堰区转包和股份合作社流转两种形式比重最大，分别为 26.34%和 31.29%，靖江市出租形式比重最大(84.50%)，各区县转让和互换形式比重均较小(表 2-78)。

表 2-78　2013 年泰州市各区县家庭承包耕地不同形式流转面积及比重

区域	家庭承包耕地流转总面积/万亩	转包		转让		互换	
		面积/万亩	占比/%	面积/万亩	占比/%	面积/万亩	占比/%
泰兴	29.32	1.16	3.97	0.13	0.45	0.06	0.22
姜堰	27.72	7.30	26.34	0.09	0.34	0.03	0.09
兴化	66.44	16.07	24.20	—	—	—	—
靖江	16.20	—	—	—	—	—	—
辖区	14.41	1.75	12.11	0.01	0.08	0.01	0.09
泰州市	154.08	26.28	17.06	0.24	0.15	0.10	0.07

续表

区域	家庭承包耕地流转总面积/万亩	出租		股份合作社流转		其他	
		面积/万亩	占比/%	面积/万亩	占比/%	面积/万亩	占比/%
泰兴	29.32	21.27	72.55	6.66	22.72	0.03	0.09
姜堰	27.72	10.81	38.98	8.67	31.29	0.82	2.97
兴化	66.44	37.25	56.08	12.63	19.01	0.48	0.71
靖江	16.20	13.69	84.50	2.51	15.50	—	—
辖区	14.41	8.84	61.33	3.34	23.22	0.46	3.17
泰州市	154.08	91.86	59.61	33.82	21.95	1.78	1.16

资料来源：根据江苏省农业委员会提供的 2013 年《江苏省农村集体财务、资产与农经统计年报资料汇编》整理。

家庭承包耕地流转去向。如表 2-79 所示，2013 年靖江市流转入农户的面积比重最大(79.62%)，表明其耕地流转去向仍以传统农户为主；兴化市流转入专业合作社的面积比重最大(32.06%)；而市辖区流转入企业的面积比重最大(17.66%)。

表 2-79 2010~2012 年泰州市各区县家庭承包耕地流转去向

区域	家庭承包耕地流转总面积/万亩	流转入农户		流转入专业合作社		流转入企业		流转入其他主体	
		面积/万亩	比重/%	面积/万亩	比重/%	面积/万亩	比重/%	面积/万亩	比重/%
泰兴	29.32	13.83	47.16	7.57	25.82	1.48	5.05	6.44	21.97
姜堰	27.72	10.12	36.52	5.16	18.61	2.51	9.07	9.92	35.80
兴化	66.44	31.43	47.30	21.30	32.06	3.26	4.90	10.45	15.74
靖江	16.20	12.90	79.62	2.51	15.50	0.54	3.31	0.25	1.57
辖区	14.41	2.12	14.70	3.54	24.59	2.54	17.66	6.20	43.04
泰州市	154.08	70.39	45.68	40.09	26.02	10.33	6.71	33.28	21.60

资料来源：根据江苏省农业委员会提供的 2013 年《江苏省农村集体财务、资产与农经统计年报资料汇编》整理。

家庭承包耕地流转其他情况。如表 2-80 所示，2013 年家庭承包耕地流转用于种植粮食作物的面积占比最高的为靖江市(56.94%)，最低的为兴化市

(27.48%)。家庭承包耕地流转合同签订率最高的是靖江市(100.00%)，最低的兴化市也达到 80.38%，表明泰州市耕地流转规范程度普遍较高。

表 2-80　2013 年泰州市各区县家庭承包耕地流转其他情况

区域	家庭承包耕地流转总面积/万亩	流转用于种植粮食作物		签订耕地流转合同份数/万份	签订流转合同	
		面积/万亩	占比/%		面积/万亩	签订率/%
泰兴	29.32	8.60	29.33	13.43	29.16	99.45
姜堰	27.72	8.83	31.84	9.47	26.76	96.54
兴化	66.44	18.25	27.48	10.52	53.40	80.38
靖江	16.20	9.22	56.94	6.13	16.20	100.00
辖区	14.41	5.33	37.01	4.45	12.51	86.81
泰州市	154.08	50.24	32.60	44.00	138.03	89.58

资料来源：根据江苏省农业委员会提供的 2013 年《江苏省农村集体财务、资产与农经统计年报资料汇编》整理。

③农村土地承包及流转纠纷

如表 2-81 所示，2013 年，单位承包面积纠纷数最高的是靖江市(2.80 件/万亩)，最低的是兴化市(1.06 件/万亩)；单位流转面积纠纷数最高的也是靖江市(5.68 件/万亩)，最低的是姜堰区(2.31 件/万亩)。

表 2-81　2013 年泰州市各区县农村土地承包及流转纠纷情况

区域	耕地承包纠纷数/件	家庭承包经营的耕地面积/万亩	单位承包面积的纠纷数/(件/万亩)	耕地流转纠纷数/件	家庭承包耕地流转总面积/万亩	单位流转面积的纠纷数/(件/万亩)
泰兴	161	71.30	2.26	105	29.32	3.58
姜堰	64	57.38	1.12	64	27.72	2.31
兴化	156	147.28	1.06	156	66.44	2.35
靖江	97	34.69	2.80	92	16.20	5.68
辖区	32	28.66	1.12	56	14.41	3.89
泰州市	510	339.31	1.50	473	154.08	3.07

资料来源：根据江苏省农业委员会提供的 2013 年《江苏省农村集体财务、资产与农经统计年报资料汇编》整理。

(9) 淮安市各区县农村土地承包及流转比较

①农村土地承包

2013 年, 淮安市户均承包经营耕地面积最高的是盱眙县, 为 7.77 亩/户; 最低的是市辖区, 为 4.06 亩/户。各区县家庭承包合同签订率均在 90.00%以上, 其中涟水、洪泽、盱眙和金湖四县均已接近甚至达到 100.00%; 各区县土地承包经营权证颁发率差异较大, 最高的洪泽县(99.97%)比最低的淮阴区(63.03%)高出 36.94 个百分点(表 2-82)。

表 2-82　2013 年淮安市各区县农村土地承包情况

区域	家庭承包经营的耕地面积/万亩	机动地面积/万亩	家庭承包经营的农户数/万户	户均承包经营耕地面积/(亩/户)	家庭承包合同		颁发土地承包经营权证	
					数量/万份	合同签订率/%	数量/万份	颁发率/%
涟水	106.44	1.53	19.93	5.34	19.92	99.97	18.09	90.78
洪泽	44.84	0.03	6.92	6.48	6.92	100.00	6.92	99.97
盱眙	107.42	1.19	13.83	7.77	13.83	100.00	13.01	94.10
金湖	51.47	0.18	7.01	7.34	7.00	99.87	6.43	91.78
淮阴	77.44	0.23	16.81	4.61	15.25	90.72	10.59	63.03
淮安	92.87	0.02	21.49	4.32	20.26	94.31	18.03	83.92
辖区	21.87	0.04	5.38	4.06	5.21	96.74	3.97	73.75
淮安市	502.34	3.23	91.36	5.50	88.39	96.75	77.05	84.33

资料来源：根据江苏省农业委员会提供的 2013 年《江苏省农村集体财务、资产与农经统计年报资料汇编》整理。

②农村土地承包经营权流转

土地承包经营权流转总体情况。由表 2-83 可知, 2013 年淮安市各区县家庭承包耕地流转差异显著。家庭承包耕地流转比例最大的是淮安区(83.78%), 最小的是市辖区(19.40%); 流转出承包耕地的农户占比最多的是金湖县(43.80%), 最少的是市辖区(12.51%)。

表 2-83　2013 年淮安市各区县土地承包经营权流转总体情况

区域	家庭承包经营的耕地面积/万亩	家庭承包耕地流转		家庭承包经营的农户数/万户	流转出承包耕地的农户	
		面积/万亩	比例/%		户数/万户	比重/%
涟水	106.44	38.07	35.76	19.93	5.46	27.42
洪泽	44.84	23.39	52.16	6.92	1.76	25.44
盱眙	107.42	45.23	42.11	13.83	4.10	29.68
金湖	51.47	27.39	53.22	7.01	3.07	43.80
淮阴	77.44	30.63	39.56	16.81	4.92	29.25
淮安	92.87	77.81	83.78	21.49	8.69	40.43
辖区	21.87	4.24	19.40	5.38	0.67	12.51
淮安市	502.34	246.76	49.12	91.36	28.68	31.39

资料来源：根据江苏省农业委员会提供的 2013 年《江苏省农村集体财务、资产与农经统计年报资料汇编》整理。

　　家庭承包耕地流转形式。2013 年淮安市各区县家庭承包耕地都以转包和出租这两种传统流转形式为主，两者比例之和都接近或超过 80.00%，市辖区甚至高达 93.71%。从具体流转形式看，金湖县转包比重最大(66.78%)，其他区县也都超过了 35.00%；市辖区出租比重最高(51.87%)；涟水县股份合作社流转比重最大(11.28%)，其他区县都低于 5.50%，表明淮安市股份合作社发展比较缓慢(表 2-84)。

表 2-84　2013 年淮安市各区县家庭承包耕地不同形式流转面积及比重

区域	家庭承包耕地流转总面积/万亩	转包		转让		互换	
		面积/万亩	占比/%	面积/万亩	占比/%	面积/万亩	占比/%
涟水	38.07	13.94	36.63	0.64	1.68	2.03	5.34
洪泽	23.39	10.11	43.22	1.34	5.73	0.74	3.15
盱眙	45.23	23.06	50.99	0.87	1.93	1.41	3.11
金湖	27.39	18.29	66.78	1.27	4.64	0.08	0.29
淮阴	30.63	14.73	48.09	0.72	2.36	2.11	6.89
淮安	77.81	35.83	46.05	4.13	5.31	5.32	6.84
辖区	4.24	1.77	41.84	0.02	0.47	0.01	0.24
淮安市	246.76	117.74	47.72	8.99	3.64	11.70	4.74

续表

区域	家庭承包耕地流转总面积/万亩	出租		股份合作社流转		其他形式流转	
		面积/万亩	占比/%	面积/万亩	占比/%	面积/万亩	占比/%
涟水	38.07	16.54	43.45	4.29	11.28	0.62	1.63
洪泽	23.39	9.97	42.62	1.23	5.28	—	—
盱眙	45.23	18.44	40.76	1.34	2.96	0.11	0.25
金湖	27.39	6.70	24.46	1.04	3.79	0.01	0.03
淮阴	30.63	11.46	37.41	1.02	3.34	0.58	1.90
淮安	77.81	25.77	33.12	1.87	2.40	4.89	6.28
辖区	4.24	2.20	51.87	—	—	0.24	5.59
淮安市	246.76	91.08	36.91	10.80	4.37	6.45	2.61

资料来源：根据江苏省农业委员会提供的 2013 年《江苏省农村集体财务、资产与农经统计年报资料汇编》整理。

家庭承包耕地流转去向。2013 年淮安市各区县流转入农户的面积比例都较高，市辖区除外的其他区县都超过了 40.00%，金湖县甚至高达 77.37%，这与淮安市家庭承包耕地主要以转包和出租流转为主相关；值得注意的是，涟水县、市辖区和洪泽县流转入专业合作社的面积比例都超过了 25.00%，表明这些区县的专业合作社已有所发展(表 2-85)。

表 2-85　2013 年淮安市各区县家庭承包耕地流转去向

区域	家庭承包耕地流转总面积/万亩	流转入农户		流转入专业合作社		流转入企业		流转入其他主体	
		面积/万亩	比重/%	面积/万亩	比重/%	面积/万亩	比重/%	面积/万亩	比重/%
涟水	38.07	15.67	41.17	13.25	34.81	3.47	9.11	5.68	14.91
洪泽	23.39	14.60	62.42	6.49	27.74	0.88	3.76	1.42	6.08
盱眙	45.23	25.04	55.36	4.45	9.83	4.46	9.85	11.29	24.96
金湖	27.39	21.19	77.37	4.16	15.19	1.06	3.86	0.98	3.58
淮阴	30.63	15.30	49.94	8.78	28.65	2.40	7.85	4.15	13.56
淮安	77.81	53.22	68.40	9.61	12.36	3.55	4.57	11.42	14.68
辖区	4.24	1.06	25.08	1.25	29.47	0.36	8.46	1.57	36.99
淮安市	246.76	146.09	59.20	47.99	19.45	16.18	6.56	36.51	14.80

资料来源：根据江苏省农业委员会提供的 2013 年《江苏省农村集体财务、资产与农经统计年报资料汇编》整理。

家庭承包耕地流转其他情况。如表 2-86 所示，2013 年洪泽县、金湖县、盱眙县和淮安区都有近 60.00%或以上的流转耕地用于种植粮食作物。淮安市各区县耕地流转规范程度差异明显，家庭承包耕地流转合同签订率最高的金湖县(95.27%)比最低的淮安区(43.93%)高出 51.34 个百分点。

表 2-86　2013 年淮安市各区县家庭承包耕地流转其他情况

区域	家庭承包耕地流转总面积/万亩	流转用于种植粮食作物		签订耕地流转合同份数/万份	签订流转合同	
		面积/万亩	占比/%		面积/万亩	签订率/%
涟水	38.07	17.16	45.09	4.55	23.80	62.52
洪泽	23.39	17.79	76.07	1.37	18.25	78.02
盱眙	45.23	31.58	69.82	3.42	30.61	67.68
金湖	27.39	20.71	75.61	2.74	26.10	95.27
淮阴	30.63	11.28	36.83	4.54	16.04	52.37
淮安	77.81	46.67	59.98	4.81	34.18	43.93
辖区	4.24	0.98	23.08	0.34	2.08	48.97
淮安市	246.76	146.18	59.24	21.76	151.05	61.22

资料来源：根据江苏省农业委员会提供的 2013 年《江苏省农村集体财务、资产与农经统计年报资料汇编》整理。

③农村土地承包及流转纠纷

2013 年，淮阴区单位承包面积纠纷数和单位流转面积纠纷数均最高，分别为 2.27 和 5.19 件/万亩；淮安区均最低，分别为 0.03 和 0.06 件/万亩(图 2-87)。

表 2-87　2013 年淮安市各区县农村土地承包及流转纠纷情况

区域	耕地承包纠纷数/件	家庭承包经营的耕地面积/万亩	单位承包面积的纠纷数/(件/万亩)	耕地流转纠纷数/件	家庭承包耕地流转总面积/万亩	单位流转面积的纠纷数/(件/万亩)
涟水	82	106.44	0.77	107	38.07	2.81
洪泽	36	44.84	0.80	3	23.39	0.13
盱眙	95	107.42	0.88	66	45.23	1.46
金湖	45	51.47	0.87	35	27.39	1.28
淮阴	176	77.44	2.27	159	30.63	5.19
淮安	3	92.87	0.03	5	77.81	0.06
辖区	2	21.87	0.09	—	4.24	—
淮安市	439	502.34	0.87	375	246.76	1.52

资料来源：根据江苏省农业委员会提供的 2013 年《江苏省农村集体财务、资产与农经统计年报资料汇编》整理。

(10) 盐城市各区县农村土地承包及流转比较

①农村土地承包

表 2-88 显示，2013 年盐城市户均承包经营耕地面积最高的是射阳县，为 5.61 亩/户；最低的是盐都区，为 3.91 亩/户。各区县家庭承包合同签订率差异不大，在 91.68%~100.00%之间；土地承包经营权证颁发率差异较大，大丰市最高，达 100.00%；滨海县最低，为 76.65%。

表 2-88　2013 年盐城市各区县农村土地承包情况

区域	家庭承包经营的耕地面积/万亩	机动地面积/万亩	家庭承包经营的农户数/万户	户均承包经营耕地面积/(亩/户)	家庭承包合同		颁发土地承包经营权证	
					数量/万份	合同签订率/%	数量/万份	颁发率/%
响水	59.20	0.41	11.15	5.31	11.06	99.17	10.39	93.15
滨海	104.67	0.47	25.22	4.15	23.12	91.68	19.33	76.65
阜宁	96.30	0.64	21.28	4.53	21.28	100.00	20.97	98.58
射阳	122.18	3.48	21.79	5.61	21.81	100.08	19.57	89.81
建湖	71.67	0.94	16.90	4.24	16.75	99.11	13.44	79.54
大丰	112.60	0.31	20.26	5.56	20.26	100.00	20.26	100.00
东台	138.85	0.15	32.52	4.27	31.23	96.06	28.69	88.22
盐都	64.90	0.23	16.61	3.91	15.60	93.92	16.11	96.99
辖区	42.68	0.99	9.00	4.74	8.81	97.84	8.11	90.11
盐城市	813.05	7.61	174.72	4.65	169.91	97.25	156.86	89.78

资料来源：根据江苏省农业委员会提供的 2013 年《江苏省农村集体财务、资产与农经统计年报资料汇编》整理。

②农村土地承包经营权流转

土地承包经营权流转总体情况。由表 2-89 可知，2013 年家庭承包耕地流转比例最大的是阜宁县(86.86%)，最小的是射阳县(50.12%)；各区县流转出承包耕地的农户比重差异较大，阜宁县最高，达 55.00%；东台市最低，仅 17.01%。

表 2-89　2013 年盐城市各区县土地承包经营权流转总体情况

区域	家庭承包经营的耕地面积/万亩	家庭承包耕地流转		家庭承包经营的农户数/万户	流转出承包耕地的农户	
		面积/万亩	比例/%		户数/万户	比重/%
响水	59.20	42.39	71.60	11.15	6.13	54.98
滨海	104.67	73.42	70.15	25.22	13.53	53.65
阜宁	96.30	83.65	86.86	21.28	11.70	55.00
射阳	122.18	61.24	50.12	21.79	10.89	49.96
建湖	71.67	47.62	66.45	16.90	3.35	19.84
大丰	112.60	91.21	81.00	20.26	10.52	51.93
东台	138.85	82.66	59.53	32.52	5.53	17.01
盐都	64.90	48.95	75.42	16.61	7.35	44.25
辖区	42.68	36.49	85.50	9.00	4.70	52.23
盐城市	813.05	567.62	69.81	174.72	73.70	42.18

　　资料来源：根据江苏省农业委员会提供的 2013 年《江苏省农村集体财务、资产与农经统计年报资料汇编》整理。

　　家庭承包耕地流转形式。2013 年盐城市家庭承包耕地都以转包、出租和股份合作社流转为主，但不同区县主要流转形式存在差异。响水县和大丰市的主要流转形式依次为转包和出租，两者比重之和分别为 90.96%和 84.28%；滨海县则以转包(81.98%)和股份合作社流转(12.37%)为主；阜宁县、射阳县和东台市的主要流转形式依次为转包、出租和股份合作社流转，三者比重之和分别为 83.65%、88.49%和 91.68%；建湖县、盐都区和市辖区的主要流转形式依次为出租、转包和股份合作社流转，三者比重之和分别为 96.39%、94.18%和 97.40%。从具体的流转形式看，滨海县转包比重最高(81.98%)；阜宁县转让比重最高(6.99%)；射阳县互换比重最高(10.84%)；盐都区出租比重最高(71.05%)；而建湖县股份合作社流转比重最高(19.80%)，表明盐城市股份合作社发展整体比较缓慢(表 2-90)。

表 2-90　2013 年盐城市各区县家庭承包耕地不同形式流转面积及比重

区域	家庭承包耕地流转总面积/万亩	转包		转让		互换	
		面积/万亩	占比/%	面积/万亩	占比/%	面积/万亩	占比/%
响水	42.39	28.38	66.97	0.20	0.48	0.02	0.05
滨海	73.42	60.19	81.98	1.03	1.40	1.02	1.38
阜宁	83.65	47.36	56.62	5.85	6.99	5.11	6.11
射阳	61.24	26.84	43.83	0.41	0.67	6.64	10.84
建湖	47.62	11.09	23.28	0.63	1.32	0.69	1.45
大丰	91.21	43.13	47.29	2.20	2.41	4.60	5.04
东台	82.66	31.91	38.60	1.49	1.81	1.49	1.81
盐都	48.95	7.38	15.08	1.20	2.45	1.10	2.25
辖区	36.49	8.50	23.31	0.39	1.07	0.37	1.02
盐城市	567.62	264.79	46.65	13.40	2.36	21.05	3.71

区域	家庭承包耕地流转总面积/万亩	出租		股份合作社流转		其他形式流转	
		面积/万亩	占比/%	面积/万亩	占比/%	面积/万亩	占比/%
响水	42.39	10.17	23.99	3.61	8.51	—	—
滨海	73.42	1.62	2.21	9.08	12.37	0.49	0.67
阜宁	83.65	13.09	15.64	9.53	11.39	2.71	3.24
射阳	61.24	20.91	34.14	6.44	10.52	—	—
建湖	47.62	25.39	53.31	9.43	19.80	0.40	0.83
大丰	91.21	33.74	36.99	7.54	8.27	—	—
东台	82.66	28.92	34.99	14.95	18.09	3.89	4.71
盐都	48.95	34.78	71.05	3.94	8.05	0.55	1.12
辖区	36.49	20.69	56.71	6.34	17.38	0.19	0.52
盐城市	567.62	189.30	33.35	70.86	12.48	8.22	1.45

资料来源：根据江苏省农业委员会提供的 2013 年《江苏省农村集体财务、资产与农经统计年报资料汇编》整理。

　　家庭承包耕地流转去向。如表 2-91 所示，2013 年流转入农户的面积比例在滨海县最高(77.59%)，在东台市最低，但也有 52.54%，表明盐城市耕地流转去向仍以传统农户为主。流转入专业合作社的面积比例最高的是东台市(36.84%)，最低的是盐都区(6.99%)。流转入企业的面积比例最高的是大丰市(15.15%)，其他区县都低于 10.00%。

表 2-91　2013 年盐城市各区县家庭承包耕地流转去向

区域	家庭承包耕地流转总面积/万亩	流转入农户		流转入专业合作社		流转入企业		流转入其他主体	
		面积/万亩	比重/%	面积/万亩	比重/%	面积/万亩	比重/%	面积/万亩	比重/%
响水	42.39	27.96	65.96	7.78	18.37	2.37	5.58	4.28	10.09
滨海	73.42	56.97	77.59	9.97	13.58	2.68	3.65	3.80	5.18
阜宁	83.65	51.76	61.87	10.49	12.54	0.75	0.90	20.65	24.68
射阳	61.24	40.85	66.70	11.37	18.57	0.94	1.53	8.08	13.19
建湖	47.62	32.92	69.12	7.412	15.56	4.24	8.90	3.05	6.41
大丰	91.21	66.09	72.46	7.54	8.27	13.82	15.15	3.76	4.12
东台	82.66	43.43	52.54	30.45	36.84	3.58	4.33	5.20	6.29
盐都	48.95	31.84	65.05	3.42	6.99	1.56	3.19	12.13	24.78
辖区	36.49	26.07	71.44	6.21	17.03	1.32	3.62	2.89	7.91
盐城市	567.62	377.88	66.57	94.65	16.68	31.26	5.51	63.84	11.25

资料来源：根据江苏省农业委员会提供的 2013 年《江苏省农村集体财务、资产与农经统计年报资料汇编》整理。

家庭承包耕地流转其他情况。 2013 年盐城市各区县家庭承包耕地流转用于种植粮食作物的面积占比由大到小依次为市辖区(92.56%)、东台市(73.17%)、滨海县(57.89%)、射阳县(45.64%)、响水县(42.83%)、阜宁县(39.93%)、大丰市(35.06%)、建湖县(21.54%)和盐都区(11.28%)。各区县家庭承包耕地流转合同签订率存在较大差异，阜宁县和大丰市最高，达 100.00%；而东台市最低，仅为 27.86%，表明该市耕地流转规范程度较低(表 2-92)。

表 2-92　2013 年盐城市各区县家庭承包耕地流转其他情况

区域	家庭承包耕地流转总面积/万亩	流转用于种植粮食作物		签订耕地流转合同份数/万份	签订流转合同	
		面积/万亩	占比/%		面积/万亩	签订率/%
响水	42.39	18.16	42.83	13.90	29.94	70.63
滨海	73.42	42.51	57.89	10.39	46.87	63.83
阜宁	83.65	33.40	39.93	11.43	83.65	100.00
射阳	61.24	27.95	45.64	9.58	41.04	67.02
建湖	47.62	10.26	21.54	2.48	18.49	38.82
大丰	91.21	31.98	35.06	10.52	91.21	100.00
东台	82.66	60.48	73.17	6.74	23.03	27.86
盐都	48.95	5.52	11.28	6.98	28.13	57.47
辖区	36.49	33.77	92.56	4.60	35.78	98.06
盐城市	567.62	264.02	46.51	76.60	398.12	70.14

资料来源：根据江苏省农业委员会提供的 2013 年《江苏省农村集体财务、资产与农经统计年报资料汇编》整理。

③农村土地承包及流转纠纷

由表2-93可知，2013年盐城市单位承包面积纠纷数最高的为射阳县(1.91件/万亩)，最低的是阜宁县(0.23件/万亩)；单位流转面积纠纷数最高的是盐都区(3.49件/万亩)，最低的也是阜宁县(0.20件/万亩)。阜宁县单位承包面积纠纷数和单位流转面积纠纷数都最低可能与其土地承包经营权证颁发率(98.58%)和家庭承包耕地流转合同签订率(100.00%)都很高相关(见表 2-88 和表2-92)，表明提高农村土地产权安全性和耕地流转规范程度有利于减少农村土地承包及流转纠纷的发生。

表 2-93　2013 年盐城市各区县农村土地承包及流转纠纷情况

区域	耕地承包纠纷数/件	家庭承包经营的耕地面积/万亩	单位承包面积的纠纷数/(件/万亩)	耕地流转纠纷数/件	家庭承包耕地流转总面积/万亩	单位流转面积的纠纷数/(件/万亩)
响水	31	59.20	0.52	31	42.39	0.73
滨海	73	104.67	0.70	183	73.42	2.49
阜宁	22	96.30	0.23	17	83.65	0.20
射阳	233	122.18	1.91	168	61.24	2.74
建湖	20	71.67	0.28	21	47.62	0.44
大丰	191	112.60	1.70	270	91.21	2.96
东台	181	138.85	1.30	121	82.66	1.46
盐都	52	64.90	0.80	171	48.95	3.49
辖区	23	42.68	0.54	16	36.49	0.44
盐城市	826	813.05	1.02	998	567.62	1.76

　　资料来源：根据江苏省农业委员会提供的2013年《江苏省农村集体财务、资产与农经统计年报资料汇编》整理。

(11) 宿迁市各区县农村土地承包及流转比较

①农村土地承包

2013 年，宿迁市户均承包经营耕地面积最高的是泗洪县，为 7.39 亩/户；

最低的是泗阳县，为 4.15 亩/户。各区县家庭承包合同签订率均在 98.00%以上；泗洪县土地承包经营权证颁发率最高(98.62%)，沭阳县(97.76%)和市辖区(97.74%)其次，泗阳县最低(88.48%)(表 2-94)。

表 2-94　2013 年宿迁市各区县农村土地承包情况

区域	家庭承包经营的耕地面积/万亩	机动地面积/万亩	家庭承包经营的农户数/万户	户均承包经营耕地面积/(亩/户)	家庭承包合同		颁发土地承包经营权证	
					数量/万份	合同签订率/%	数量/万份	颁发率/%
沭阳	157.58	1.53	33.82	4.66	33.46	98.95	33.06	97.76
泗阳	75.52	0.01	18.19	4.15	18.13	99.64	16.10	88.48
泗洪	133.35	0.05	18.05	7.39	18.60	103.05	17.80	98.62
辖区	124.28	0.38	26.91	4.62	26.82	99.68	26.30	97.74
宿迁市	490.73	1.96	96.97	5.06	97.01	100.05	93.26	96.17

资料来源：根据江苏省农业委员会提供的 2013 年《江苏省农村集体财务、资产与农经统计年报资料汇编》整理。

②农村土地承包经营权流转

土地承包经营权流转总体情况。由表 2-95 可知，2013 年家庭承包耕地流转比例最大的是泗阳县(62.44%)，最小的是沭阳县(44.81%)；流转出承包耕地的农户占比最大的是泗洪县(47.50%)，最小的是市辖区(36.08%)。

表 2-95　2012~2013 年宿迁市各区县土地承包经营权流转总体情况

区域	家庭承包经营的耕地面积/万亩	家庭承包耕地流转		家庭承包经营的农户数/万户	流转出承包耕地的农户	
		面积/万亩	比例/%		户数/万户	比重/%
沭阳	157.58	70.61	44.81	33.82	13.44	39.73
泗阳	75.52	47.15	62.44	18.19	8.26	45.40
泗洪	133.35	79.35	59.50	18.05	8.57	47.50
辖区	124.28	56.77	45.68	26.91	9.71	36.08
宿迁市	490.73	253.88	51.73	96.97	39.98	41.23

资料来源：根据江苏省农业委员会提供的 2013 年《江苏省农村集体财务、资产与农经统计年报资料汇编》整理。

家庭承包耕地流转形式。2013 年宿迁市各区县家庭承包耕地都以传统的转包和出租流转为主，两者比重之和由大到小依次为泗洪县(94.95%)、沭阳县(88.24%)、市辖区(87.91%)、泗阳县(75.36%)；各区县股份合作社流转比重都低于 10.00%，说明宿迁市股份合作社发展较为缓慢(表 2-96)。

表 2-96　2013 年宿迁市各区县家庭承包耕地不同形式流转面积及比重

区域	家庭承包耕地流转总面积/万亩	转包		转让		互换	
		面积/万亩	占比/%	面积/万亩	占比/%	面积/万亩	占比/%
沭阳	70.61	24.73	35.01	2.61	3.69	1.68	2.38
泗阳	47.15	17.71	37.57	2.77	5.87	2.07	4.38
泗洪	79.35	35.29	44.47	1.07	1.35	0.82	1.03
辖区	56.77	31.83	56.07	0.58	1.02	0.53	0.94
宿迁市	253.88	109.56	43.15	7.02	2.77	5.09	2.01

区域	家庭承包耕地流转总面积/万亩	出租		股份合作社流转		其他形式流转	
		面积/万亩	占比/%	面积/万亩	占比/%	面积/万亩	占比/%
沭阳	70.61	37.59	53.23	2.99	4.23	1.03	1.45
泗阳	47.15	17.82	37.79	2.44	5.17	4.35	9.23
泗洪	79.35	40.06	50.48	1.50	1.89	0.62	0.78
辖区	56.77	18.07	31.84	5.08	8.95	0.67	1.18
宿迁市	253.88	113.54	44.72	12.01	4.73	6.66	2.62

资料来源：根据江苏省农业委员会提供的 2013 年《江苏省农村集体财务、资产与农经统计年报资料汇编》整理。

家庭承包耕地流转去向。如表 2-97 所示，2013 年流入农户的面积比例在沭阳县最高(51.73%)，在泗洪县最低(32.21%)；流入专业合作社的面积比例在 14.42%~33.29% 之间；流转入企业的面积比例在 10.22%~19.66% 之间。这表明宿迁市家庭承包耕地流转去向仍以传统农户为主，转入专业合作社和企业的面积较少。

表 2-97　　2013 年宿迁市各区县家庭承包耕地流转去向

区域	家庭承包耕地流转总面积/万亩	流转入农户		流转入专业合作社		流转入企业		流转入其他主体	
		面积/万亩	比重/%	面积/万亩	比重/%	面积/万亩	比重/%	面积/万亩	比重/%
沭阳	70.61	36.53	51.73	11.99	16.98	13.88	19.66	8.21	11.63
泗阳	47.15	21.05	44.65	10.87	23.05	6.44	13.66	8.79	18.64
泗洪	79.35	25.56	32.21	11.44	14.42	8.11	10.22	34.23	43.14
辖区	56.77	19.75	34.79	18.90	33.29	9.25	16.29	8.87	15.62
宿迁市	253.88	102.90	40.53	53.20	20.95	37.68	14.84	60.10	23.67

资料来源：根据江苏省农业委员会提供的 2013 年《江苏省农村集体财务、资产与农经统计年报资料汇编》整理。

家庭承包耕地流转其他情况。2013 年宿迁市各区县家庭承包耕地流转用于种植粮食作物的面积占比均在 45.00% 以上。市辖区家庭承包耕地流转合同签订率最高，为 90.42%，泗阳县最低，为 76.17%（表 2-98）。

表 2-98　　2013 年宿迁市各区县家庭承包耕地流转其他情况

区域	家庭承包耕地流转总面积/万亩	流转用于种植粮食作物		签订耕地流转合同份数/万份	签订流转合同	
		面积/万亩	占比/%		面积/万亩	签订率/%
沭阳	70.61	33.89	47.99	8.85	62.20	88.08
泗阳	47.15	24.52	52.00	5.94	35.91	76.17
泗洪	79.35	44.46	56.03	8.79	67.96	85.65
辖区	56.77	30.18	53.16	4.15	51.33	90.42
宿迁市	253.88	133.04	52.40	27.72	217.40	85.63

资料来源：根据江苏省农业委员会提供的 2013 年《江苏省农村集体财务、资产与农经统计年报资料汇编》整理。

③农村土地承包及流转纠纷

如表 2-99 所示，2013 年宿迁市单位承包面积纠纷数由低到高依次为泗洪县(0.09 件/万亩)、沭阳县(0.29 件/万亩)、市辖区(1.54 件/万亩)、泗阳县(1.58 件/万亩)；单位流转面积纠纷数由低到高依次为沭阳县(0.68 件/万亩)、泗洪县(0.69 件/万亩)、市辖区(1.44 件/万亩)、泗阳县(1.74 件/万亩)。泗洪和沭阳两县单位承包面积纠纷数和单位流转面积纠纷数都较低与其土地承包经营权证颁发率和家庭承包耕地流转合同签订率都较高相关(表 2-94 和表 2-98)。

表 2-99　2013 年宿迁市各区县农村土地承包及流转纠纷情况

区域	耕地承包纠纷数/件	家庭承包经营的耕地面积/万亩	单位承包面积的纠纷数/(件/万亩)	耕地流转纠纷数/件	家庭承包耕地流转总面积/万亩	单位流转面积的纠纷数/(件/万亩)
沭阳	45	157.58	0.29	48	70.61	0.68
泗阳	119	75.52	1.58	82	47.15	1.74
泗洪	12	133.35	0.09	55	79.35	0.69
辖区	191	124.28	1.54	82	56.77	1.44
宿迁市	367	490.73	0.75	267	253.88	1.05

资料来源：根据江苏省农业委员会提供的 2013 年《江苏省农村集体财务、资产与农经统计年报资料汇编》整理。

(12) 徐州市各区县农村土地承包及流转比较

①农村土地承包

表 2-100 显示，2013 年徐州市户均承包经营耕地面积最多的是丰县，为 4.92 亩/户；最少的是市辖区，为 2.04 亩/户。丰县、铜山区、睢宁县、贾汪区和邳州市等区县家庭承包合同签订率均已接近甚至达到 100.00%，但市辖区仅为 78.97%；各区县土地承包经营权证颁发率存在较大差异，铜山区已达 100.00%，而丰县仅 4.81%。

表 2-100　2013 年徐州市各区县农村土地承包情况

区域	家庭承包经营的耕地面积/万亩	机动地面积/万亩	家庭承包经营的农户数/万户	户均承包经营耕地面积/(亩/户)	家庭承包合同		颁发土地承包经营权证	
					数量/万份	合同签订率/%	数量/万份	颁发率/%
丰县	118.19	—	24.03	4.92	24.03	100.00	1.16	4.81[a]
沛县	91.67	0.06	22.12	4.14	21.79	98.50	20.71	93.61
睢宁	131.50	—	27.40	4.80	27.34	99.77	21.83	79.67
邳州	144.58	0.06	33.09	4.37	32.91	99.46	31.01	93.72
新沂	91.06	1.08	19.51	4.67	18.76	96.17	18.57	95.20
贾汪	33.70	0.14	8.71	3.87	8.68	99.64	8.58	98.54
铜山	119.96	0.07	27.22	4.41	27.22	100.00	27.22	100.00
辖区	10.83	0.14	5.32	2.04	4.20	78.97	3.36	63.27
徐州市	741.50	1.55	167.40	4.43	164.92	98.52	162.45	97.04

资料来源：根据江苏省农业委员会提供的 2013 年《江苏省农村集体财务、资产与农经统计年报资料汇编》整理。

a.此处是按照资料汇编中原数据计算的结果，可能存在偏差。

②农村土地承包经营权流转

土地承包经营权流转总体情况。由表 2-101 可知，2013 年徐州市各区县家庭承包耕地流转比例差异较大，最高的沛县(80.10%)比最低的市辖区(19.05%)高出 61.05 个百分点；同样，沛县流转出承包耕地的农户比重也最高(57.69%)，市辖区也最低(21.31%)。

表 2-101　2013 年徐州市各区县土地承包经营权流转总体情况

区域	家庭承包经营的耕地面积/万亩	家庭承包耕地流转		家庭承包经营的农户数/万户	流转出承包耕地的农户	
		面积/万亩	比例/%		户数/万户	比重/%
丰县	118.19	37.80	31.98	24.03	12.35	51.42
沛县	91.67	73.43	80.10	22.12	12.76	57.69
睢宁	131.50	33.76	25.67	27.40	7.21	26.33
邳州	144.58	69.33	47.95	33.09	13.53	40.88
新沂	91.06	31.22	34.28	19.51	6.23	31.96
贾汪	33.70	18.64	55.32	8.71	3.42	39.30
铜山	119.96	63.53	52.96	27.22	11.28	41.44
辖区	10.83	2.06	19.05	5.32	1.13	21.31
徐州市	741.50	329.77	44.47	167.40	67.93	40.58

资料来源：根据江苏省农业委员会提供的 2013 年《江苏省农村集体财务、资产与农经统计年报资料汇编》整理。

家庭承包耕地流转形式。2013 年徐州市家庭承包耕地都以转包、出租和股份合作社流转为主，但不同区县主要流转形式存在差异。丰县、沛县、睢宁县和铜山区以出租和转包为主，两者比重之和分别为 75.47%、80.21%、92.95%和85.17%；邳州市主要流转形式依次为转包和出租，两者比重之和为82.27%；新沂市以出租(45.15%)、股份合作社流转(25.00%)和转包(24.84%)为主；贾汪区主要流转形式依次为出租(42.21%)、转包(20.79%)和互换(20.03%)；而市辖区则以出租占主导，其比重高达 91.80%。从具体的流转形式看，邳州市转包比重最高(64.73%)；丰县转让比重最大(6.64%)；贾汪区互换比重最高(20.03%)；市辖区出租比重最大(91.80%)；新沂市股份合作社流转比重最高

(25.00%)(表 2-102)。

表 2-102　2013 年徐州市各区县家庭承包耕地不同形式流转面积及比重

区域	家庭承包耕地流转总面积/万亩	转包		转让		互换	
		面积/万亩	占比/%	面积/万亩	占比/%	面积/万亩	占比/%
丰县	37.80	8.40	22.22	2.51	6.64	3.76	9.95
沛县	73.43	18.81	25.61	2.49	3.38	3.48	4.74
睢宁	33.76	9.70	28.75	1.08	3.21	0.51	1.52
邳州	69.33	44.87	64.73	1.14	1.65	3.78	5.46
新沂	31.22	7.76	24.84	0.16	0.51	0.74	2.38
贾汪	18.64	3.88	20.79	0.16	0.84	3.73	20.03
铜山	63.53	26.22	41.28	1.21	1.90	3.32	5.22
辖区	2.06	0.15	7.07	—	—	0.01	0.24
徐州市	329.77	119.79	36.32	8.74	2.65	19.34	5.86

区域	家庭承包耕地流转总面积/万亩	出租		股份合作社流转		其他形式流转	
		面积/万亩	占比/%	面积/万亩	占比/%	面积/万亩	占比/%
丰县	37.80	20.13	53.25	3.00	7.94	—	—
沛县	73.43	40.09	54.60	8.05	10.97	0.52	0.70
睢宁	33.76	21.67	64.20	0.29	0.85	0.50	1.47
邳州	69.33	12.16	17.54	6.15	8.87	1.22	1.76
新沂	31.22	14.10	45.15	7.80	25.00	0.66	2.11
贾汪	18.64	7.87	42.21	1.25	6.71	1.76	9.41
铜山	63.53	27.88	43.89	3.59	5.65	1.31	2.07
辖区	2.06	1.89	91.80	—	—	0.02	0.89
徐州市	329.77	145.80	44.21	30.13	9.14	5.97	1.81

　　资料来源：根据江苏省农业委员会提供的 2013 年《江苏省农村集体财务、资产与农经统计年报资料汇编》整理。

　　家庭承包耕地流转去向。如表 2-103 所示，2013 年市辖区除外的其他各区县流转入农户的面积比重都超过了 30.00%，邳州市甚至高达 72.06%，表明邳州市耕地流转去向仍以传统农户为主；丰县、沛县、睢宁县和新沂市流转入专业合作社的面积比例都超过了 30.00%，表明这些区县的专业合作社都有所发展。

表 2-103　2013 年徐州市各区县家庭承包耕地流转去向

区域	家庭承包耕地流转总面积/万亩	流转入农户		流转入专业合作社		流转入企业		流转入其他主体	
		面积/万亩	比重/%	面积/万亩	比重/%	面积/万亩	比重/%	面积/万亩	比重/%
丰县	37.80	12.56	33.23	11.64	30.79	8.52	22.54	5.08	13.44
沛县	73.43	39.25	53.45	24.05	32.75	5.34	7.28	4.79	6.53
睢宁	33.76	10.45	30.96	12.51	37.07	5.00	14.82	5.79	17.15
邳州	69.33	49.96	72.06	10.92	15.75	4.90	7.07	3.54	5.11
新沂	31.22	16.83	53.90	10.61	33.98	1.26	4.03	2.53	8.09
贾汪	18.64	8.97	48.10	3.68	19.74	0.37	1.99	5.63	30.17
铜山	63.53	36.15	56.90	10.53	16.57	9.50	14.95	7.35	11.57
辖区	2.06	0.22	10.63	0.18	8.83	0.27	13.13	1.39	67.41
徐州市	329.77	174.38	52.88	84.12	25.51	35.17	10.66	36.10	10.95

资料来源：根据江苏省农业委员会提供的 2013 年《江苏省农村集体财务、资产与农经统计年报资料汇编》整理。

家庭承包耕地流转其他情况。如表 2-104 所示，2013 年徐州市家庭承包耕地流转用于种植粮食作物的面积占比最高的是丰县，达 79.89%；最低的铜山区，仅有 15.04%，表明铜山区耕地流转"非粮化"现象突出。各区县耕地流转规范程度差异较大，家庭承包耕地流转合同签订率最高的丰县(100.00%)比最低的铜山区(75.44%)高 24.56 个百分点。

表 2-104　2013 年徐州市各区县家庭承包耕地流转其他情况

区域	家庭承包耕地流转总面积/万亩	流转用于种植粮食作物		签订耕地流转合同份数/万份	签订流转合同	
		面积/万亩	占比/%		面积/万亩	签订率/%
丰县	37.80	30.20	79.89	12.65	37.80	100.00
沛县	73.43	27.04	36.82	12.59	64.44	87.76
睢宁	33.76	8.97	26.57	5.99	29.47	87.29
邳州	69.33	19.40	27.98	15.66	62.71	90.45
新沂	31.22	6.63	21.25	6.96	24.98	80.03
贾汪	18.64	4.96	26.61	3.07	14.47	77.62
铜山	63.53	9.56	15.04	11.13	47.93	75.44
辖区	2.06	1.03	49.86	0.62	1.86	90.07
徐州市	329.77	107.78	32.68	68.68	283.65	86.02

资料来源：根据江苏省农业委员会提供的 2013 年《江苏省农村集体财务、资产与农经统计年报资料汇编》整理。

③农村土地承包及流转纠纷

2013 年，单位承包面积纠纷数最高的是睢宁县(1.38 件/万亩)，最低的是铜山区(0.08 件/万亩)；单位流转面积纠纷数最高的也是睢宁县(4.18 件/万亩)，最低的是贾汪区(0.21 件/万亩)(表 2-105)。

表 2-105　2013 年徐州市各区县农村土地承包及流转纠纷情况

区域	耕地承包纠纷数/件	家庭承包经营的耕地面积/万亩	单位承包面积的纠纷数/(件/万亩)	耕地流转纠纷数/件	家庭承包耕地流转总面积/万亩	单位流转面积的纠纷数/(件/万亩)
丰县	36	118.19	0.30	33	37.80	0.87
沛县	—	91.67	—	—	73.43	—
睢宁	181	131.50	1.38	141	33.76	4.18
邳州	79	144.58	0.55	48	69.33	0.69
新沂	10	91.06	0.11	15	31.22	0.48
贾汪	18	33.70	0.53	4	18.64	0.21
铜山	9	119.96	0.08	—	63.53	—
辖区	3	10.83	0.28	2	2.06	0.97
徐州市	336	741.50	0.45	243	329.77	0.74

资料来源：根据江苏省农业委员会提供的 2013 年《江苏省农村集体财务、资产与农经统计年报资料汇编》整理。

(13) 连云港市各区县农村土地承包及流转比较

①农村土地承包

2013 年，连云港市户均承包经营耕地面积最多的是东海县，为 5.52 亩/户；最低的是赣榆县，为 3.37 亩/户。各区县家庭承包合同签订率均在 90.00%以上；但土地承包经营权证颁发率差异明显，最高的灌云县(99.06%)比最低的市辖区(68.90%)高 30.16 个百分点(表 2-106)。

表 2-106　2013 年连云港市各区县农村土地承包情况

区域	家庭承包经营的耕地面积/万亩	机动地面积/万亩	家庭承包经营的农户数/万户	户均承包经营耕地面积/(亩/户)	家庭承包合同		颁发土地承包经营权证	
					数量/万份	合同签订率/%	数量/万份	颁发率/%
赣榆	74.42	2.33	22.10	3.37	22.31	100.96	20.87	94.46
东海	126.05	2.13	22.86	5.52	22.83	99.91	20.66	90.41
灌云	89.43	0.02	19.22	4.65	19.04	99.06	19.04	99.06
灌南	67.31	0.08	15.62	4.31	15.31	98.02	14.68	94.02
辖区	30.51	0.50	6.83	4.47	6.19	90.65	4.71	68.90
连云港市	387.73	5.06	86.61	4.48	85.68	98.92	79.96	92.32

资料来源：根据江苏省农业委员会提供的 2013 年《江苏省农村集体财务、资产与农经统计年报资料汇编》整理。

②农村土地承包经营权流转

土地承包经营权流转总体情况。由表 2-107 可知，2013 年家庭承包耕地流转比例最高的东海县(75.94%)与最低的市辖区(30.07%)相差 45.87 个百分点，表明连云港市各区县耕地流转差异较大；流转出承包耕地的农户占比最高的是灌云县(45.35%)，最低的依然是市辖区(21.77%)。

表 2-107　2013 年连云港市各区县土地承包经营权流转总体情况

区域	家庭承包经营的耕地面积/万亩	家庭承包耕地流转		家庭承包经营的农户数/万户	流转出承包耕地的农户	
		面积/万亩	比例/%		户数/万户	比重/%
赣榆	74.42	48.30	64.90	22.10	7.99	36.16
东海	126.05	95.72	75.94	22.86	6.72	29.40
灌云	89.43	60.20	67.32	19.22	8.72	45.35
灌南	67.31	30.46	45.26	15.62	5.73	36.67
辖区	30.51	9.17	30.07	6.83	1.49	21.77
连云港市	387.73	243.86	62.89	86.61	30.64	35.37

资料来源：根据江苏省农业委员会提供的 2013 年《江苏省农村集体财务、资产与农经统计年报资料汇编》整理。

家庭承包耕地流转形式。从总体来看，2013年连云港市家庭承包耕地都以转包和出租流转为主。赣榆县、灌云县和灌南县主要流转形式依次为转包和出租，两者比重之和分别为96.26%、91.56%和90.99%；而东海县和市辖区主要流转形式依次为出租和转包，两者比重之和分别为92.38%和85.78%。从具体的流转形式看，灌云县转包比重最高(61.56%)；东海县出租比重最大(62.96%)；各区县转让、互换和股份合作社流转比重都较小(表2-108)。

表2-108　2013年连云港市各区县家庭承包耕地不同形式流转面积及比重

区域	家庭承包耕地流转总面积/万亩	转包		转让		互换	
		面积/万亩	占比/%	面积/万亩	占比/%	面积/万亩	占比/%
赣榆	48.30	26.12	54.08	—	—	—	—
东海	95.72	28.16	29.42	1.83	1.91	0.71	0.74
灌云	60.20	37.06	61.56	1.23	2.05	1.74	2.89
灌南	30.46	18.05	59.26	0.31	1.03	0.87	2.85
辖区	9.17	3.08	33.58	0.34	3.75	0.14	1.48
连云港市	243.86	112.47	46.12	3.72	1.52	3.45	1.42

区域	家庭承包耕地流转总面积/万亩	出租		股份合作社流转		其他形式流转	
		面积/万亩	占比/%	面积/万亩	占比/%	面积/万亩	占比/%
赣榆	48.30	20.38	42.18	0.29	0.59	1.52	3.15
东海	95.72	60.26	62.96	3.48	3.63	1.29	1.34
灌云	60.20	18.06	30.00	1.23	2.04	0.88	1.46
灌南	30.46	9.67	31.73	1.44	4.72	0.13	0.42
辖区	9.17	4.79	52.20	0.65	7.09	0.17	1.90
连云港市	243.86	113.16	46.40	7.08	2.90	3.99	1.64

资料来源：根据江苏省农业委员会提供的2013年《江苏省农村集体财务、资产与农经统计年报资料汇编》整理。

家庭承包耕地流转去向。如表2-109所示，2013年流转入农户的面积比重最大的是灌云县(66.31%)，最小的是东海县(39.40%)；流转入专业合作社的面积比重最大的是市辖区(23.91%)，最小的是赣榆县，仅8.20%，表明连云港市专业合作社发展水平整体较低。

表 2-109 2013 年连云港市各区县家庭承包耕地流转去向

区域	家庭承包耕地流转总面积/万亩	流转入农户		流转入专业合作社		流转入企业		流转入其他主体	
		面积/万亩	比重/%	面积/万亩	比重/%	面积/万亩	比重/%	面积/万亩	比重/%
赣榆	48.30	28.92	59.87	3.96	8.20	6.78	14.03	8.64	17.89
东海	95.72	37.71	39.40	17.96	18.76	22.75	23.76	17.30	18.08
灌云	60.20	39.92	66.31	12.22	20.30	3.87	6.42	4.20	6.97
灌南	30.46	17.31	56.82	4.29	14.07	4.70	15.42	4.17	13.70
辖区	9.17	3.75	40.87	2.19	23.91	1.44	15.69	1.79	19.53
连云港市	243.86	127.61	52.33	40.62	16.66	39.53	16.21	36.11	14.81

资料来源：根据江苏省农业委员会提供的 2013 年《江苏省农村集体财务、资产与农经统计年报资料汇编》整理。

家庭承包耕地流转其他情况。2013 年，连云港市各区县家庭承包耕地流转用于种植粮食作物的面积占比最大的是灌南县(58.33%)，最小的是市辖区(24.17%)。各区县耕地流转规范程度差异较大，家庭承包耕地流转合同签订率最高的灌南县(79.20%)与最低的东海县(22.55%)相差 56.65 个百分点，而且后者尚不足 25.00%，表明东海县耕地流转规范程度有待提高(表 2-110)。

表 2-110 2013 年连云港市各区县家庭承包耕地流转其他情况

区域	家庭承包耕地流转总面积/万亩	流转用于种植粮食作物		签订耕地流转合同份数/万份	签订流转合同	
		面积/万亩	占比/%		面积/万亩	签订率/%
赣榆	48.30	20.80	43.07	7.47	37.98	78.64
东海	95.72	32.07	33.50	4.11	21.59	22.55
灌云	60.20	30.07	49.95	5.68	22.91	38.05
灌南	30.46	17.77	58.33	4.99	24.13	79.20
辖区	9.17	2.22	24.17	1.93	6.89	75.15
连云港市	243.86	102.93	42.21	24.18	113.50	46.54

资料来源：根据江苏省农业委员会提供的 2013 年《江苏省农村集体财务、资产与农经统计年报资料汇编》整理。

③农村土地承包及流转纠纷

如表2-111所示，2013年，灌南县单位承包面积纠纷数最高(1.43件/万亩)，东海县最低(0.07件/万亩)；灌南县单位流转面积纠纷数也最高(0.95件/万亩)，赣榆县最低(0.02件/万亩)，均低于1件/万亩。

表 2-111　2013 年连云港市各区县农村土地承包及流转纠纷情况

区域	耕地承包纠纷数/件	家庭承包经营的耕地面积/万亩	单位承包面积的纠纷数/(件/万亩)	耕地流转纠纷数/件	家庭承包耕地流转总面积/万亩	单位流转面积的纠纷数/(件/万亩)
赣榆	17	74.42	0.23	1	48.30	0.02
东海	9	126.05	0.07	17	95.72	0.18
灌云	103	89.43	1.15	54	60.20	0.90
灌南	96	67.31	1.43	29	30.46	0.95
辖区	12	30.51	0.39	6	9.17	0.65
连云港市	237	387.73	0.61	107	243.86	0.44

资料来源：根据江苏省农业委员会提供的 2013 年《江苏省农村集体财务、资产与农经统计年报资料汇编》整理。

第三章　江苏农业生产经营主体发展报告

一、农业生产经营主体发展新动向

目前，江苏省正处于农业现代化转型发展的关键时期。坚持农村基本经营制度和家庭经营在农业中的基础性地位，推进家庭经营、集体经营、合作经营、企业经营等共同发展，创新农业经营方式和体制机制，构建一般农户集约化生产、新型经营主体规模化经营和农业社会化服务为特征的现代农业经营体系，是当前以及今后一个时期江苏省建设现代农业的发展方向。

一是支持专业大户、家庭农场、合作组织、农业企业等新型农业经营主体发展。鼓励土地向种田能手、职业农民适度集中，成为专业大户、家庭农场，并积极探索研究不同生产领域专业大户、家庭农场的认定标准，分类统计、建档立卡，建立示范性专业大户、家庭农场名录制度；鼓励以专业大户、家庭农场为成员组建或改造农民专业合作社，完善农民合作社登记和示范社动态监测制度；鼓励农民合作社组建联合社，发展农产品加工、贮运、销售，使之成为以农民为主体的产业化经营者、发展混合所有制农业产业化龙头企业；支持农业龙头企业通过多种方式组建大型企业集团。坚持在家庭经营的基础上，充分发挥专业大户、家庭农场在生产环节的管理优势，专业合作社在服务环节的组织优势，以及社会化服务企业在产前种苗、产后加工流通等环节上的资本技术优势和市场优势，最终真正实现农民平等参与农业现代化、共享农业现代化成果。

二是加快农业人才队伍建设，提升新型经营主体竞争力。鼓励大中专院校毕业生在现代农业领域创业，制定支持青壮年农村劳动力务农和培育职业农民的专门计划；引导新型经营主体与就业的青壮年劳动力签订劳动合同，落实社会保障措施；继续加强农业职业技能培训、农业创业培训和农业实用技术普及性培训，加大持证职业农民培养力度，加快培养适应新型经营主体的新型职业农民，成为农业现代化建设的主力军；对于涉农法规政策培训发生的场租、教材及授课劳务费等方面支出给予财政资金支持，减轻农民负担。

三是建立产权市场，完善产权交易制度和交易办法。依托县、乡农经机构或已有的产权市场、土地流转等平台，加快推进江苏省 13 个县(市、区)建立农村产权交易市场，制定产权交易制度和办法；鼓励农民土地承包经营权在公开市场上向新型经营主体流转，推动交易公开公正规范运行；把握土地承包经营权流转、集中经营的适度规模，专业大户、家庭农场土地经营规模一般不超过 300 亩；合理确定流转年限，推广实物计价货币结算、租金动态调整、入股保底分红等利益分配方式。

四是推动商业金融扶持新型农业经营主体，引导和支持金融机构开发适应不同产业特点的金融产品和农产品全产业链金融服务。建立新型农业经营主体信用档案制度、完善信用评定机制；支持农业发展银行、农业银行、邮储银行、农村信用社以乡镇为单位，与专业大户、家庭农场、合作社和农业龙头企业开展对口支持，创设金融支持的绿色通道，提供定制式的金融服务套餐；探索建立农民专业合作社信用合作和家庭农场金融扶持政策。

二、农业生产经营主体发展现状

与 2012 年相比，2013 年江苏省小农户继续减少，其他农业生产经营主体，如农民专业合作社、农业龙头企业和家庭农场等继续增加，江苏省新型农业生产经营主体呈现良好发展势头。如表 3-1 所示，2013 年，江苏省小农户数量 1 279.96 万户，家庭农场工商登记数量 7 675 家，省级以上农业龙头企业 607 家，农民专业合作社 7.14 万家[①] 。

表 3-1　2012~2013 年江苏省各类农业生产经营主体总体情况

年份	小农户/万户	家庭农场ª/家	省级以上农业龙头企业/家	农民专业合作社/万家
2012	1 288.40	—	443	5.90
2013	1 279.96	7 675	607	7.14

资料来源：根据 2012、2013 年《江苏省农村集体财务、资产与农经统计年报资料汇编》，以及江苏省农业委员会农业产业化处、农村经济体制与经营管理处、合作社指导处、江苏省工商局提供的资料计算。

a. 经工商部门登记的家庭农场数量。

江苏省各类农业生产经营主体占比在不同区域略有差异，苏南新型农业生产经营主体发展更为突出。苏北小农户最多，为 617.06 万户，占全省总量的 48.21%；苏南最少，为 278.89 万户，占 21.79%。除了属省农垦的 13 家、属省直的 12 家外，苏北省级以上农业龙头企业最多，有 236 家，占全省总量的 38.88%；苏中最少，有 149 家，占 24.55%。苏北"名录内"合作社也最多，有 7 593 家，占全省总量的 45.67%；苏中最少，有 3 777 家，占 22.72%(表3-2)。

表 3-2　2013 年江苏省及三大区域各类农业生产经营主体总体情况

区域	小农户/万户	家庭农场/家	省级以上农业龙头企业/家	"名录内"合作社/家
苏南	278.89	—	197	5 255
苏中	384.01	—	149	3 777
苏北	617.06	—	236	7 593
全省	1 279.96	7 675	607	16 625

资料来源：根据 2013 年《江苏省农村集体财务、资产与农经统计年报资料汇编》，以及江苏省农业委员会农业产业化处、农村经济体制与经营管理处、合作社指导处、江苏省工商局提供的资料计算。

---

① 本发展报告仅对农民专业合作社的数量进行简单介绍，关于江苏省农民专业合作社发展的详细内容请参见《江苏农民专业合作组织发展报告 2014》。

1. 小农户发展现状

如表 3-3 所示，与 2012 年相比，2013 年江苏省小农户数减少 8.40 万户，家庭承包经营耕地面积减少 26.43 万亩，家庭承包经营户均耕地面积增加 0.01 亩。截至 2013 年年底，江苏省家庭承包经营农户数为 1 279.96 万户，经营耕地面积 5 077.67 万亩，户均耕地面积 3.97 亩。

表 3-3　2012~2013 年江苏省小农户及其家庭承包经营耕地情况

年份	小农户/万户	家庭承包经营耕地面积/万亩	户均承包经营耕地面积/亩
2012	1 288.40	5 104.10	3.96
2013	1 279.96	5 077.67	3.97

资料来源：根据 2012 年、2013 年《江苏省农村集体财务、资产与农经统计年报资料汇编》整理。

表 3-4 为 2013 年江苏省三大区域小农户及其家庭承包经营耕地情况。2013 年，苏南、苏中和苏北小农户数分别为 278.89 万户、384.01 万户和 617.06 万户。苏北小农户户均承包经营耕地面积 4.76 亩，明显高于苏中和苏南。

表 3-4　2013 年江苏省三大区域小农户及其家庭承包经营耕地情况

区域	小农户/万户	家庭承包经营耕地总面积/万亩	户均承包经营耕地面积/亩
苏南	278.89	925.72	3.32
苏中	384.01	1 216.60	3.17
苏北	617.06	2 935.35	4.76
全省	1 279.96	5 077.67	3.97

资料来源：根据 2013 年《江苏省农村集体财务、资产与农经统计年报资料汇编》整理。

2. 农业龙头企业发展现状

如表 3-5 所示，与 2012 年相比，2013 年江苏省省级以上农业龙头企业增加 164 家。2013 年，江苏省省级以上农业龙头企业数为 607 家，其中国家级 61 家，占全省总量的 10.05%；省级 546 家，占 89.95%。

表 3-5　2012~2013 年江苏省省级以上农业龙头企业基本情况

年份	总数/家	国家级		省级	
		数量/家	占比/%	数量/家	占比/%
2012	443	61	13.77	382	86.23
2013	607	61	10.05	546	89.95

资料来源：根据 2012 年《江苏各地农业龙头企业发展情况汇编》及江苏省农业委员会产业化处提供的资料整理。

表 3-6 是 2013 年江苏省三大区域省级以上农业龙头企业基本情况。苏北省级以上农业龙头企业最多，达 236 家，占全省总量的 38.88%；苏中最少，为 149 家，占 24.55%。苏南国家级农业龙头企业数量最多，有 23 家，占全省总量的 37.70%；苏北次之，有 20 家，占 32.79%；苏中最少，仅 14 家，占 22.95%。苏北省级农业龙头企业数量最多，有 216 家，占全省总量的 39.56%；苏南其次，有 174 家，占 31.87%；苏中最少，仅 135 家，占 24.73%。

表 3-6　2013 年江苏省三大区域省级以上农业龙头企业基本情况

区域	总数/家	国家级		省级	
		数量/家	占比/%	数量/家	占比/%
苏南	197	23	37.70	174	31.87
苏中	149	14	22.95	135	24.73
苏北	236	20	32.79	216	39.56
农垦	13	2	3.28	11	2.01
省直	12	2	3.28	10	1.83
全省	607	61	100.00	546	100.00

资料来源：根据江苏省农业委员会产业化处提供的资料整理。

如表 3-7 所示，与 2012 年相比，2013 年江苏省省级以上农业龙头企业数量有明显增加的是畜禽业、粮棉油行业和果蔬行业，分别增加了 48 家、39 家和 33 家；唯一减少的是批发市场类，减少了 4 家。2013 年，江苏省省级以上农业龙头企业数量最多的为粮棉油行业，有 134 家，占全省总数的 22.07%；其次是畜禽业，有 123 家，占 20.26%；第三位是果蔬行业，有 93 家，占 15.32%。省级以上农业龙头企业还广泛分布在水产、其他(综合)、批发市场、园艺、林木、饲料、桑蚕茧和乳品行业，分别有 57 家、51 家、44 家、33 家、28 家、16 家、16 家和 12 家(图 3-1)。

表 3-7　2012~2013 年江苏省省级以上农业龙头企业从事行业分布状况　(单位：家)

年份	果蔬	园艺	畜禽	水产	粮棉油	林木	市场	乳品	桑蚕茧	饲料	其他(综合)	合计
2012	60	20	75	48	95	20	48	12	14	14	37	443
2013	93	33	123	57	134	28	44	12	16	16	51	607

资料来源：根据江苏省农业委员会产业化处提供的资料整理。

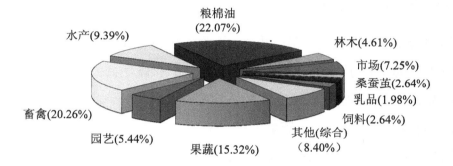

图 3-1　2013 年江苏省省级以上农业龙头企业从事行业分布状况

资料来源：根据江苏省农业委员会产业化处提供的资料整理。

表 3-8　2013 年江苏省三大区域省级以上农业龙头企业从事行业分布状况

行业	苏南		苏中		苏北	
	数量/家	占比/%	数量/家	占比/%	数量/家	占比/%
果蔬	26	13.20	19	12.75	45	19.07
园艺	20	10.15	5	3.36	6	2.54
畜禽	35	17.77	39	26.17	46	19.49
水产	13	6.60	18	12.08	26	11.02
粮棉油	35	17.77	33	22.15	53	22.46
林木	10	5.08	3	2.01	15	6.36
市场	20	10.15	8	5.37	13	5.51
乳品	6	3.05	2	1.34	4	1.69
桑蚕茧	4	2.03	5	3.36	6	2.54
饲料	1	0.51	6	4.03	9	3.81
其他(综合)	27	13.71	11	7.38	13	5.51
合计	197	100.00	149	100.00	236	100.00

资料来源：根据江苏省农业委员会产业化处提供的资料整理。

表 3-8 显示了 2013 年江苏省三大区域省级以上农业龙头企业从事行业分布状况。苏南、苏中和苏北省级以上农业龙头企业都较多涉及畜禽、粮棉油和果蔬行业。苏南农业龙头企业从事畜禽和粮棉油行业的最多，均为 35 家，占苏南总数的 35.54%；苏中从事畜禽行业的最多，达 39 家，占苏中总数的 26.17%；苏北从事粮棉油行业的最多，有 53 家，占苏北总数的 22.46%。苏南、苏中和苏北的农业龙头企业都较少涉及桑蚕茧、林木、乳品和饲料行业。

3. 家庭农场发展现状[①]

2013 年,江苏省农业委员会发布了《关于积极稳妥发展家庭农场的通知》,江苏省工商局出台了《充分发挥工商注册登记职能做好家庭农场登记工作意见的通知》,指导各地开展家庭农场认定建档工作。

江苏省农业委员会关于家庭农场的统计口径为：从事稻谷、小麦、玉米等谷物种植的，土地经营规模应为 100 亩以上；从事蔬菜、水果、园艺作物或其他农作物种植的，土地经营规模应为 30 亩以上；从事水产养殖的，土地经营规模应为 50 亩以上；从事种养相结合的，土地经营规模应当达到上述标准下限的 70% 以上。根据上述统计口径，江苏省农业委员会认定家庭农场共 1.9 万家。111 家家庭农场进入了《2014 年省级示范家庭农场名录》，其中苏南 36 家，苏中 27 家，苏北 48 家(表 3-9)。

表 3-9　2014 年江苏省省级示范家庭农场名录

序号	家庭农场名称	所在市县
1	南京市江宁区蔡家新家庭农场	南京江宁区
2	南京市江宁区徐松家庭农场	南京江宁区
3	南京开平家庭农场	南京浦口区
4	南京市浦口区高宗宝家庭农场	南京浦口区

[①] 家庭农场统计数据与去年相比有较大的变化，主要原因是江苏省农业委员会对家庭农场的统计口径进行了调整。

续表

序号	家庭农场名称	所在市县
5	南京市六合区春华家庭农场	南京六合区
6	南京市溧水区地利家庭农场	南京溧水区
7	南京市溧水区宏旺家庭农场	南京溧水区
8	高淳区桠溪新龙家庭农场	南京高淳区
9	南京川盛花卉苗木家庭农场	南京栖霞区
10	无锡市锡山区先锋家庭农场	无锡市锡山区
11	无锡市锡山区周小江稻麦家庭农场	无锡市锡山区
12	无锡市阳山镇周记家庭农场	无锡市惠山区
13	江阴市绿地家庭农场	无锡市江阴市
14	江阴市登峰家庭农场	无锡市江阴市
15	宜兴市百年家庭农场	无锡市宜兴市
16	宜兴市梦珠生态种养家庭农场	无锡市宜兴市
17	铜山区顺发家庭农场	徐州市铜山区
18	徐州市贾汪区天顺家庭农场	徐州市贾汪区
19	徐州市晟润园家庭农场	徐州市泉山区
20	丰县东旺果蔬种植家庭农场	徐州市丰县
21	沛县国芳家庭农场	徐州市沛县
22	沛县贾庙晓花谷物种植家庭农场	徐州市沛县
23	睢宁县明坤布祥谷物种植家庭农场	徐州市睢宁县
24	新沂市同创园艺家庭农场	徐州市新沂市
25	新沂市鹏程家庭农场	徐州市新沂市
26	邳州市墨兰轩家庭农场	徐州市邳州市
27	武进区邹区天晴家庭农场	常州市武进区
28	溧阳市社渚镇传国家庭农场	常州市溧阳市
29	溧阳市财荣粮食种植家庭农场	常州市溧阳市
30	金坛市金城镇小林家庭农场	常州市金坛市
31	吴中区东山东湖家庭农场	苏州市吴中区
32	吴江震泽镇农耕家庭农场	苏州市吴中区
33	常熟市古里镇田娘家庭农场	苏州市常熟市
34	常熟市碧溪吉礼葡萄家庭农场	苏州市常熟市
35	张家港市维良家庭农场	苏州市张家港市
36	张家港市庆桂家庭农场	苏州市张家港市

序号	家庭农场名称	所在市县
37	昆山市伟宏家庭农场	苏州市昆山市
38	太仓友其粮食种植家庭农场	苏州市太仓市
39	太仓农禾粮食种植家庭农场	苏州市太仓市
40	通州区石港镇大顺家庭农场	南通市通州区
41	通州区骑岸松华家庭农场	南通市通州区
42	海安昌银家庭农场	南通市海安县
43	南通市南龙家庭农场	南通市海安县
44	如东县仁和家庭农场	南通市如东县
45	如东长兵家庭农场	南通市如东县
46	启东市冬娟家庭农场	南通市启东市
47	启东市姚成庙家庭农场	南通市启东市
48	如皋市欣欣家庭农场	南通市如皋市
49	海门市欢乐成长家庭农场	南通市海门市
50	新浦区浦南镇王健家庭农场	连云港市新浦区
51	海州区兴坝家庭农场	连云港市海州区
52	赣榆县海头镇鑫垒家庭农场	连云港市赣榆县
53	赣榆县盛东粮食种植家庭农场	连云港市赣榆县
54	东海县平明镇强春种植家庭农场	连云港市东海县
55	东海县亿丰种植家庭农场	连云港市东海县
56	灌南县汤沟镇爱心家庭农场	连云港市灌南县
57	灌南县天地广谷物种植家庭农场	连云港市灌南县
58	清浦区和平惠丰家庭农场	淮安市清浦区
59	淮安市敏青食用菌家庭农场	淮安市淮阴区
60	金禾粮食种植家庭农场	淮安市涟水县
61	洪泽县四洲家庭农场	淮安市洪泽县
62	洪泽县仁和镇广祥家庭农场	淮安市洪泽县
63	盱眙县维桥德珍稻麦种植家庭农场	淮安市盱眙县
64	金湖一品葡萄种植家庭农场	淮安市金湖县
65	金湖县黎明家庭农场	淮安市金湖县
66	盐城市盐都区楼王镇高峰农场	盐城市盐都区
67	盐城市盐都区大纵湖镇加龙家庭农场	盐城市盐都区
68	盐城市亭湖区树东家庭农场	盐城市亭湖区

续表

序号	家庭农场名称	所在市县
69	盐城市亭湖区南洋镇李宝荣家庭农场	盐城市亭湖区
70	响水县陈家港金穗粮食种植家庭农场	盐城市响水县
71	滨海县陈国左家庭农场	盐城市滨海县
72	滨海惠丰家庭农场	盐城市滨海县
73	阜宁县金沙半岛生态家庭农场	盐城市阜宁县
74	阜宁县羊寨镇木子美家庭农场	盐城市阜宁县
75	射阳县张氏家庭农场	盐城市射阳县
76	射阳县兴桥镇元明家庭农场	盐城市射阳县
77	建湖县高作镇大成水产品养殖家庭农场	盐城市建湖县
78	东台市梁垛镇希望粮食种植家庭农场	盐城市东台市
79	东台市安丰镇宇丰园艺作物种植家庭农场	盐城市东台市
80	江都区武坚镇万年红农产品种植家庭农场	扬州市江都区
81	扬州市江都区兴明粮食种植家庭农场	扬州市江都区
82	广陵区自强粮食种植家庭农场	扬州市广陵区
83	邗江区龙军家庭农场	扬州市邗江区
84	宝应县沈大粮食种植家庭农场	扬州市宝应县
85	宝应县氾水镇其奎粮食种植家庭农场	扬州市宝应县
86	仪征市恒大谷物种植家庭农场	扬州市仪征市
87	仪征市大仪镇吴广宏粮食种植家庭农场	扬州市仪征市
88	高邮市钻友家庭农场	扬州市高邮市
89	高邮市民乐谷物种植家庭农场	扬州市高邮市
90	镇江市润州区江之鲜渔业家庭农场	镇江市润州区
91	丹阳市延陵镇煜棋家庭农场	镇江市丹阳市
92	丹阳市延陵镇宝林志南家庭农场	镇江市丹阳市
93	扬中市八桥镇正宏种植家庭农场	镇江市扬中市
94	扬中市油坊镇鸣发家庭农场	镇江市扬中市
95	句容市后白镇喜美家庭农场	镇江市句容市
96	句容市华阳镇道银家庭农场	镇江市句容市
97	海陵区俊国家庭农场	泰州市海陵区
98	田野家庭农场	泰州市高港区
99	姜堰区桥头镇曙光种植家庭农场	泰州市姜堰区
100	姜堰区河横村汉土家庭农场	泰州市姜堰区

序号	家庭农场名称	所在市县
101	靖江市枫林家庭农场	泰州市靖江市
102	靖江市华玲家庭农场	泰州市靖江市
103	泰兴市山明家庭农场	泰州市泰兴市
104	宿迁市宿城区龙辉家庭农场	宿迁市宿城区
105	宿豫区羽姬家庭农场	宿迁市宿豫区
106	宿豫区书龙稻麦种植家庭农场	宿迁市宿豫区
107	宿迁市湖滨新城永乐家庭农场	宿迁市湖滨新区
108	沭阳县韩山红叶家庭农场	宿迁市沭阳县
109	泗阳县从邦粮食种植家庭农场	宿迁市泗阳县
110	泗洪县杜维梅粮食种植家庭农场	宿迁市泗洪县
111	泗洪县孙月红家庭农场	宿迁市泗洪县

资料来源：根据江苏农业网资料整理。

截止 2013 年底，江苏省经工商部门登记的家庭农场共 7 675 家，总注册资本(金)为 66.63 亿元。经营范围涉及粮食种植、蔬菜及特种经济作物种植、养殖业，兼营农产品加工、销售和农场休闲观光等农业综合经营。苏北家庭农场数量最多，达 5 502 户，注册资本(金)41.93 亿元，分别占全省相应总量的 71.69% 和 62.93%。

三、农业生产经营主体区域比较

1. 苏南各市农业生产经营主体比较

(1) 各类农业生产经营主体总体情况

表 3-10 是 2013 年苏南各市各类农业生产经营主体的总体情况。苏州市小农户数量最多，达 69.99 万户；无锡市最少，为 48.04 万户。苏州市省级以上农业龙头企业数量最多，达 49 家；镇江市最少，仅 34 家。苏南五市"名录内"合作社数量差异较大，苏州市最多，共 1 785 家，占苏南总数的 33.97%；

常州市最少，仅651家，略超出苏州市的三分之一。

表 3-10　2013 年苏南各市各类农业生产经营主体总体情况

生产经营主体	全省	苏南	南京	无锡	常州	苏州	镇江
小农户/万户	1 279.96	278.89	58.64	48.04	54.06	69.99	48.17
省级以上农业龙头企业/家	607	197	40	37	49	37	34
"名录内"合作社/家	16 625	5 255	1 178	670	1 785	651	971

资料来源：根据 2013 年《江苏省农村集体财务、资产与农经统计年报资料汇编》，以及江苏省农业委员会农业产业化处、农村经济体制与经营管理处、合作社指导处提供的资料计算。

(2) 各市小农户发展现状

表 3-11 是 2013 年苏南各市小农户及其家庭承包经营耕地情况。南京市、无锡市、常州市、苏州市和镇江市的小农户数分别为 58.64、48.04、54.06、69.99 和 48.17 万户。南京市户均承包经营耕地面积最高，为 4.01 亩；无锡市最低，仅为 2.94 亩。除南京市，苏南其他四市户均承包经营耕地面积均低于苏南和全省平均水平。

表 3-11　2013 年苏南各市小农户及其家庭承包经营耕地情况

区域	小农户/万户	家庭承包经营的耕地/万亩	户均承包经营耕地面积/亩
南京	58.64	234.98	4.01
无锡	48.04	141.40	2.94
常州	54.06	169.95	3.14
苏州	69.99	220.57	3.15
镇江	48.17	158.80	3.30
苏南	278.89	925.72	3.32
全省	1 279.96	5 077.67	3.97

资料来源：根据 2013 年《江苏省农村集体财务、资产与农经统计年报资料汇编》整理。

(3) 各市农业龙头企业发展现状

表 3-12 是 2013 年苏南各市省级以上农业龙头企业基本情况。苏南五市省级以上农业龙头企业数量分布相当；其中苏州市略多，为 49 家，占苏南总量的 24.87%；镇江市略少，为 34 家，占 17.26%。南京市国家级农业龙头企业数量最多，为 8 家，占苏南总数的 34.78%；常州市最少，为 3 家，仅占 13.04%。苏州市省级农业龙头企业数量最多，达 45 家，占苏南总数的 25.86%；其余四市数量相差不大。

表 3-12　2013 年苏南各市省级以上农业龙头企业基本情况

区域	总数/家	国家级		省级	
		数量/家	占比/%	数量/家	占比/%
南京	40	8	34.78	32	18.39
无锡	37	4	17.39	33	18.97
常州	37	3	13.04	34	19.54
苏州	49	4	17.39	45	25.86
镇江	34	4	17.39	30	17.24
苏南	197	23	100.00	174	100.00
全省	607	61	—	546	—

资料来源：根据江苏省农业委员会农业产业化处提供的资料整理。

表 3-13 是 2013 年苏南各市省级以上农业龙头企业行业分布情况。南京市从事畜禽、果蔬和粮棉油行业的农业龙头企业较多，分别为 12 家、10 家和 6 家；无锡市从事综合、果蔬和园艺行业的较多，分别为 10 家、7 家和 6 家；常州市从事畜禽和粮棉油行业的较多，均为 8 家；苏州市从事综合、水产、畜禽和粮棉油行业的较多，分别为 11 家、8 家、6 家和 6 家；镇江市从事粮棉油行业的最多，达 13 家。

表 3-13 2013 年苏南各市省级以上农业龙头企业行业分布状况

行业	数量·占比	全省	苏南	南京	无锡	常州	苏州	镇江
果蔬	数量/家	93	26	10	7	3	4	2
	占比/%	15.32	13.20	25.00	18.92	8.11	8.16	5.88
园艺	数量/家	33	20	2	6	4	4	4
	占比/%	5.44	10.15	5.00	16.22	10.81	8.16	11.76
畜禽	数量/家	123	35	12	5	8	6	4
	占比/%	20.26	17.77	30.00	13.51	21.62	12.24	11.76
水产	数量/家	57	13	3	0	1	8	1
	占比/%	9.39	6.60	7.50	0.00	2.70	16.33	2.94
粮棉油	数量/家	134	35	6	2	8	6	13
	占比/%	22.08	17.77	15.00	5.41	21.62	12.24	38.24
林木	数量/家	28	10	1	3	1	1	4
	占比/%	4.61	5.08	2.50	8.11	2.70	2.04	11.76
市场	数量/家	44	20	3	4	5	5	3
	占比/%	7.25	10.15	7.50	10.81	13.51	10.20	8.82
乳品	数量/家	12	6	1	0	2	2	1
	占比/%	1.98	3.05	2.50	0.00	5.41	4.08	2.94
桑蚕茧	数量/家	16	4	1	0	1	2	0
	占比/%	2.64	2.03	2.50	0.00	2.70	4.08	0.00
饲料	数量/家	16	1	1	0	0	0	0
	占比/%	2.64	0.51	2.50	0.00	0.00	0.00	0.00
综合	数量/家	51	27	0	10	4	11	2
	占比/%	8.40	13.71	0.00	27.03	10.81	22.45	5.88
合计	数量/家	607	197	40	37	37	49	34
	占比/%	100	100	100	100	100	100	100

资料来源：根据江苏省农业委员会农业产业化处提供的资料整理。

2. 苏中各市农业生产经营主体比较

(1) 各类农业生产经营主体总体情况

表 3-14 是 2013 年苏中各市各类农业生产经营主体的总体情况。南通市小农户数量最多，达 195.84 万户；扬州市最少，仅为 80.49 万户。南通市省

级以上农业龙头企业数量最多，达 58 家；扬州市最少，为 43 家。南通市"名录内"合作社数量最多，共 1 754 家；扬州市最少，为 948 家。

表 3-14　2013 年苏中各市各类农业生产经营主体总体情况

生产经营主体	全省	苏中	南通	扬州	泰州
小农户/万户	1 279.96	384.01	195.84	80.49	107.68
省级以上农业龙头企业/家	607	149	58	43	48
"名录内"合作社/家	16 625	3 777	1 754	948	1 075

资料来源：根据 2013 年《江苏省农村集体财务、资产与农经统计年报资料汇编》，以及江苏省农业委员会农业产业化处、农村经济体制与经营管理处、合作社指导处提供的资料计算。

(2) 各市小农户发展现状

表 3-15 是 2013 年苏中各市小农户及其家庭承包经营耕地情况。南通市、扬州市和泰州市的小农户数分别为 195.84、80.49 和 107.68 万户。扬州市户均承包经营耕地面积最大，为 3.96 亩，接近全省平均水平；南通市最小，仅为 2.85 亩。

表 3-15　2013 年苏中各市小农户及其家庭承包经营耕地情况

区域	小农户/万户	家庭承包经营的耕地/万亩	户均承包经营耕地面积/亩
南通	195.84	558.49	2.85
扬州	80.49	318.80	3.96
泰州	107.68	339.31	3.15
苏中	384.01	1 216.60	3.17
全省	1 279.96	5 077.67	3.97

资料来源：根据 2013 年《江苏省农村集体财务、资产与农经统计年报资料汇编》整理。

(3) 各市农业龙头企业发展现状

表 3-16 显示的是 2013 年苏中各市省级以上农业龙头企业基本情况。苏中三市省级以上农业龙头企业数量差不多。其中南通市略多，为 58 家；泰州市居中，为 48 家；扬州市较少，为 43 家。南通市国家级农业龙头企业数量

最多，为 7 家，占苏中总数的一半；泰州市最少，为 3 家，占 21.43%。南通市省级农业龙头企业数量也最多，达 51 家，占苏中总数的 37.78%；扬州市最少，为 39 家，占 28.89%。

表 3-16　2013 年苏中各市省级以上农业龙头企业基本情况

区域	总数/家	国家级		省级	
		数量/家	占比/%	数量/家	占比/%
南通	58	7	50.00	51	37.78
扬州	43	4	28.57	39	28.89
泰州	48	3	21.43	45	33.33
苏中	149	14	100.00	135	100.00
全省	607	61	—	546	—

资料来源：根据江苏省农业委员会农业产业化处提供的资料整理。

表 3-17 是 2013 年苏中各市省级以上农业龙头企业行业分布情况。南通市农业龙头企业分布最多的三个行业为畜禽、水产和粮棉油，分别为 16 家、11 家和 10 家；扬州市超过一半分布在畜禽和粮棉油行业，分别为 13 家和 11 家；泰州市从事粮棉油和畜禽行业的较多，分别为 12 家和 10 家。

表 3-17　2013 年苏中各市省级以上农业龙头企业行业分布状况

行业	数量·占比	全省	苏中	南通	扬州	泰州
果蔬	数量/家	93	19	8	5	6
	占比/%	15.32	12.75	13.79	11.63	12.50
园艺	数量/家	33	5	2	1	2
	占比/%	5.44	3.36	3.45	2.33	4.17
畜禽	数量/家	123	39	16	13	10
	占比/%	20.26	26.17	27.59	30.23	20.83
水产	数量/家	57	18	11	2	5
	占比/%	9.39	12.08	18.97	4.65	10.42
粮棉油	数量/家	134	33	10	11	12
	占比/%	22.08	22.15	17.24	25.58	25.00
林木	数量/家	28	3	0	2	1
	占比/%	4.61	2.01	0.00	4.65	2.08

续表

行业	数量·占比	全省	苏中	南通	扬州	泰州
市场	数量/家	44	8	4	3	1
	占比/%	7.25	5.37	6.90	6.98	2.08
乳品	数量/家	12	2	0	1	1
	占比/%	1.98	1.34	0.00	2.33	2.08
桑蚕茧	数量/家	16	5	3	0	2
	占比/%	2.64	3.36	5.17	0.00	4.17
饲料	数量/家	16	6	3	1	2
	占比/%	2.64	4.03	5.17	2.33	4.17
综合	数量/家	51	11	1	4	6
	占比/%	8.40	7.38	1.72	9.30	12.50
合计	数量/家	607	149	58	43	48
	占比/%	100	100	100	100	100

资料来源：根据江苏省农业委员会农业产业化处提供的资料整理。

3. 苏北各市农业生产经营主体比较

(1) 各类农业生产经营主体总体情况

表 3-18 是 2013 年苏北各市各类农业生产经营主体的总体情况。盐城市和徐州市小农户数量最多，分别为 174.72 和 167.40 万户；其余三市数量相差不大，约为 90 万户左右。盐城市和徐州市省级以上农业龙头企业数量也最多，分别为 61 家和 57 家；连云港市和宿迁市最少，均为 39 家。苏北五市"名录内"合作社数量相差不大，盐城市、徐州市、宿迁市、淮安市和连云港市分别有 1 717 家、1 529 家、1 470 家、1 442 家和 1 435 家。

表 3-18　2013 年苏北各市各类农业生产经营主体总体情况

生产经营主体	全省	苏北	徐州	连云港	淮安	盐城	宿迁
小农户/万户	1 279.96	617.06	167.40	86.61	91.36	174.72	96.97
省级以上农业龙头企业/家	607	236	57	39	40	61	39
"名录内"合作社/家	16 625	7 593	1 529	1 435	1 442	1 717	1 470

资料来源：根据 2013 年《江苏省农村集体财务、资产与农经统计年报资料汇编》，以及江苏省农业委员会农业产业化处、农村经济体制与经营管理处、合作社指导处提供的资料计算。

(2) 各市小农户发展现状

表 3-19 是 2013 年苏北各市小农户家庭承包经营耕地情况。徐州市、连云港市、淮安市、盐城市和宿迁市的小农户数分别为 167.40 万户、86.61 万户、91.36 万户、174.72 万户和 96.97 万户。淮安市户均承包经营耕地面积最大，为 5.50 亩；徐州市最小，为 4.43 亩。苏北五市户均承包经营耕地面积均超过全省平均水平(3.97亩)。

表 3-19　2013 年苏北各市小农户及其家庭承包经营耕地情况

区域	小农户/万户	家庭承包经营的耕地/万亩	户均承包经营耕地面积/亩
徐州	167.40	741.5	4.43
连云港	86.61	387.73	4.48
淮安	91.36	502.34	5.50
盐城	174.72	813.05	4.65
宿迁	96.97	490.73	5.06
苏北	617.06	2 935.35	4.76
全省	1 279.96	5 077.67	3.97

资料来源：根据 2013 年《江苏省农村集体财务、资产与农经统计年报资料汇编》整理。

(3) 各市农业龙头企业发展现状

表 3-20 显示的是 2013 年苏北各市省级以上农业龙头企业基本情况。苏北五市省级以上农业龙头企业数量分布相当；其中盐城市略多，为 61 家，占苏北总量的 25.85%；连云港市和宿迁市略少，均为 39 家，占 16.53%。盐城市和徐州市国家级农业龙头企业数量最多，均为 5 家，占苏北总数的 25.00%；连云港市最少，为 2 家，仅占 10.00%。盐城市省级农业龙头企业数量最多，达 56 家，占苏北总数的 25.93%；徐州市其次，为 52 家，占 24.07%；其余三市数量基本相当。

表 3-20　2013 年苏北各市省级以上农业龙头企业基本情况

区域	总数/家	国家级		省级	
		数量/家	占比/%	数量/家	占比/%
徐州	57	5	25.00	52	24.07
连云港	39	2	10.00	37	17.13
淮安	40	4	20.00	36	16.67
盐城	61	5	25.00	56	25.93
宿迁	39	4	20.00	35	16.20
苏北	236	20	100.00	216	100.00
全省	607	61	—	546	—

资料来源：根据江苏省农业委员会农业产业化处提供的资料整理。

表 3-21 是 2013 年苏北各市省级以上农业龙头企业行业分布情况。徐州市从事畜禽和果蔬行业的农业龙头企业较多，分别为 15 家和 14 家；连云港市从事果蔬行业的最多，达 17 家；淮安市从事粮棉油行业的最多，有 14 家；盐城市从事粮棉油、水产和综合行业的较多，分别为 16 家、14 家和 12 家；宿迁市从事粮棉油行业的最多，达 11 家。

表 3-21　2013 年苏北各市省级以上农业龙头企业行业分布状况

行业	数量·占比	全省	苏北	徐州	连云港	淮安	盐城	宿迁
果蔬	数量/家	93	45	14	17	5	3	6
	占比/%	15.32	19.07	24.56	43.59	12.50	4.92	15.38
园艺	数量/家	33	6	2	1	0	0	3
	占比/%	5.44	2.54	3.51	2.56	0.00	0.00	7.69
畜禽	数量/家	123	46	15	7	8	9	7
	占比/%	20.26	19.49	26.32	17.95	20.00	14.75	17.95
水产	数量/家	57	26	1	6	2	14	3
	占比/%	9.39	11.02	1.75	15.38	5.00	22.95	7.69
粮棉油	数量/家	134	53	9	3	14	16	11
	占比/%	22.08	22.46	15.79	7.69	35.00	26.23	28.21

续表

行业	数量·占比	全省	苏北	徐州	连云港	淮安	盐城	宿迁
林木	数量/家	28	15	7	2	1	0	5
	占比/%	4.61	6.36	12.28	5.13	2.50	0.00	12.82
市场	数量/家	44	13	5	2	2	3	1
	占比/%	7.25	5.51	8.77	5.13	5.00	4.92	2.56
乳品	数量/家	12	4	3	0	1	0	0
	占比/%	1.98	1.69	5.26	0.00	2.50	0.00	0.00
桑蚕茧	数量/家	16	6	0	0	0	4	2
	占比/%	2.64	2.54	0.00	0.00	0.00	6.56	5.13
饲料	数量/家	16	9	1	1	7	0	0
	占比/%	2.64	3.81	1.75	2.56	17.50	0.00	0.00
综合	数量/家	51	13	0	0	0	12	1
	占比/%	8.40	5.51	0.00	0.00	0.00	19.67	2.56
合计	数量/家	607	236	57	39	40	61	39
	占比/%	100	100	100	100	100	100	100

资料来源：根据江苏省农业委员会农业产业化处提供的资料整理。

第四章　江苏农产品生产发展报告

一、农产品生产新动向

2013 年，江苏省紧紧围绕粮食增产、农业增效和农民增收，认真落实各项强农惠农政策，加强农业基础设施建设，深入开展粮食稳定增产行动计划，农业农村经济运行形势总体良好。

一是扎实推进农业现代化工程。江苏省政府决定在 2013~2017 年间组织实施农业现代化工程十项行动计划，稳步提升粮食综合生产能力，扎实推进优质粮食产业结构调整、设施装备建设和粮食生产科技创新。

二是加强蔬菜基地建设。2013 年江苏省全面启动 100 个"菜篮子"工程蔬菜基地建设，建成 40 万亩蔬菜基地，验收 30 个左右"江苏省蔬菜标准化生产示范区"。在满足大中城市蔬菜自给的基础上，实现基地基础设施、生产装备、品牌质量、生产效益水平的"四个提升"。

三是完善支农惠农补贴政策。①农作物良种补贴政策。2013 年江苏省农作物良种补贴主要包括小麦、水稻、玉米、棉花等。补助标准为：根据农作物实际种植面积，按照小麦、玉米每亩 10 元及水稻、棉花每亩 15 元的标准，通过财政涉农补贴"一折通"将补贴款直接发放给生产中使用农作物良种的农民(含农场职工)。②农机具购置补贴政策。2013 年江苏省财政安排农机具购置补贴资金 1.5 亿元，同时争取中央财政支持，对农民购买农机具实施财政补贴，重点补贴农作物生产环节急需的农业机械，同时围绕现代高效农业，扩大对资源节约型和环境友好型等农业机械的补贴范围。③粮食直补和农资综合补贴政策。2013 年，江苏省粮食直补和农资综合补贴均按照核定到户的面积进行补贴，水稻直补每亩补贴 20 元，农资综合直补每亩补贴 103.4 元。种粮补贴坚持谁种地补给谁的原则，承包地转包给他人的，按承包协议处理；抛荒地和非农业征(占)用的耕地不予补贴；补贴不得用于高效农业，成片粮田转为设施农业常年不种粮的，不予补贴。补贴资金通过"中国农民补贴网"软件兑付到农户"一折通"专用存折，严禁截留、挤占、挪用补贴资金，严禁虚报面积冒领补贴资金，严禁干部收回农户专用存折代领补贴资金，严禁用补贴资金抵扣农户上交费用。④农业保险财政保费补贴政策。政府对各地开展的农业保险实行保费补贴政策。中央确定的主要种植业：水稻、小麦、棉花、玉米和油菜保险，财政补贴不低于 70%，其中，中央财政补贴 35%，省级财政补贴 25%，差额由市县级财政补贴。江苏省确定的其他种、养殖业：种鸡、养蚕、林木、蔬菜大棚(棚内作物)、莲藕等保险，省级财政补贴标准为：苏南 20%，苏中 30%，苏北 50%。江苏省开办的农机具、兼用型拖拉机交强险、联合收割机安责险、运输型拖拉机交强险、驾驶员意外险，各级财政保费补贴不低于 50%。其中，省级财政补贴标准为：苏南 20%，苏中 30%，苏北 50%，差额由市县财政补贴。

四是加快农业科技创新和推广。2013 年江苏省财政安排农业三新工程资金 3.7 亿元，重点推广 50 项农业重大技术，推进重大技术推广全覆盖。实施农业科技入户工程、挂县强农富民工程，开展基层农技人员业务培训。安排农业科技自主创新资金 1.45 亿元，重点支持规模生态养殖、设施蔬菜(番茄、辣椒)、秸秆高效利用、广适性水稻和盐土农业五大产业技术体系研究。为推进农技推广服务体系发展，2013 年江苏省财政安排 4.14 亿元，支持粮食高产创建，农业信息工程，农作物病虫害防治，农村经营管理服务体系建设，"五有"乡镇农技推广综合服务中心建设，海洋与渔业服务体系建设，农机服务体系建设。

五是保障农资供应和市场监管。搞好各种农业生产资料的生产、调运和储备，优化电力调度，保障种子、化肥、农药、柴油等物资供应和农业生产用电需要。加强化肥农药等农资价格监测和市场调控，及时发布供求信息，推进产销衔接,依法打击坑农害农价格违法行为,保持农资市场和价格基本稳定。

六是推进农产品质量安全建设。2013 年江苏省财政安排 2.05 亿元,重点用于农产品质量安全体系建设。①对农产品检测、监测的补助;②扶持推广农产品标准化生产基地建设,制定统一的产地、产品编码,完善农产品生产记录档案,对生产中的施肥、用药、采收、销售等过程如实记录;③对获得"三证"的企业(单位)给予奖励;④对农产品质量建设工作扎实推进、效果显著的市县,经省考核,实行以奖代补;⑤建设农产品质量可追溯体系,实现农产品从田头到餐桌的全程监控管理及可追溯。此外,深入开展农资打假专项治理行动,严厉查处肥料和农药生产经营中的不法行为。

七是支持农田灌溉基础设施项目建设。2013 年江苏省财政安排省水利重点工程资金 30 亿元,重点支持新一轮治淮、沿海水利建设、长江治理、中小河流治理、大型灌区改造等工程建设;省财政安排小农水建设资金 9.5 亿元,以县为单位,以规划为引导,整县推进小型农田水利建设;省财政安排农村河道疏浚整治资金 5.3 亿元,以整治农村水环境、改善农民群众生产生活条件为目标,实行集中连片治理,整乡整村推进,提高和恢复河道功能,同时,加快建立健全河道管护机制,确保工程长期发挥效益。

八是推进现代高效设施农业发展。2013~2017 年,江苏省每年新增高效设施农业面积 80 万亩,其中设施蔬菜面积 60 万亩。2013 年省财政安排高效设施农业专项资金 16 亿元,同时争取中央现代农业生产资金,重点围绕优质稻米、高效园艺、畜禽养殖和特色水产四大主导产业,加快推动江苏省现代农业生产发展,提高农业综合生产能力。主要支持农产品出口基地建设,永久性蔬菜基地、畜禽规模养殖小区。

二、农产品生产发展现状

与 2012 年相比,2013 年江苏省农业总产值继续保持增长,农作物总播种面积也继续增加，种植结构略有调整，农作物单产总体呈上升趋势，现代化农业稳定发展，高效设施农业规模继续扩大，各项指标表明江苏省农业生产呈现良好发展状态。

1. 农业总产值

如表 4-1 所示，2013 年江苏省农业总产值较 2012 年有所提升，其占农林牧渔业总产值的比重也增加了 0.36 个百分点。2013 年，江苏省农业总产值为 3 063.89 亿元，占农林牧渔业总产值的比重为 51.43%。

表 4-1　2012~2013 年江苏省农业总产值(以 2012 年当年价格计算)

年份	农林牧渔业总产值/亿元	农业总产值	
		数量/亿元	占比/%
2012	5 808.81	2 966.72	51.07
2013	5 956.93	3 063.89	51.43

资料来源：根据《江苏省农村统计年鉴》(2013~2014 年)整理。

表 4-2 呈现了 2013 年江苏省三大区域农业总产值情况。2013 年，苏南、苏中和苏北的农业总产值分别为 718.35 亿元、639.78 亿元和 1 731.58 亿元。从农业总产值占农林牧渔业总产值的比值来看，苏南、苏中和苏北分别为 51.35%、47.63% 和 53.88%。苏北的农业总产值占全省农业总产值的比重为 56.04%，表明农业在苏北依然很重要。

表 4-2　2013 年江苏省三大区域农业总产值(2013 年当年价)

区域	农林牧渔业总产值/亿元	农业总产值	
		数值/亿元	占比/%
苏南	1 398.82	718.35	51.35
苏中	1 343.29	639.78	47.63
苏北	3 213.78	1 731.58	53.88
全省 [a]	5 955.89	3 089.71	51.88

资料来源：根据《江苏省农村统计年鉴》(2014 年)整理。

a.此处全省数据为各市相加之和，表 4-1 的全省数据为核算数据，故二者不相等。

2. 农作物播种面积与产量

　　如表 4-3 所示，2012~2013 年江苏省农作物总播种面积有所增加，2013 年为 7 683.64 千公顷。具体到各主要农作物品种，与 2012 年相比，2013 年江苏省粮食作物的播种面积和总产量均有小幅上升；棉花的播种面积和总产量则大幅下降；而油料作物的播种面积和总产量却大幅上升。2013 年粮食、棉花和油料作物的播种面积分别为 5 360.78 千公顷、155.22 千公顷和 518.28 千公顷，总产量分别为 3 422.98 万吨、20.93 万吨和 150.37 万吨。

　　与 2012 年相比，2013 年江苏省蔬菜和瓜类农作物的播种面积和总产量略有上升；麻类、糖料、烟叶的播种面积和总产量则略有下降。2013 年江苏省蔬菜、瓜类、麻类、糖料和烟叶的播种面积分别为 1 354.94 千公顷、145.28 千公顷、0.72 千公顷、1.59 千公顷和 0.02 千公顷，总产量分别为 5 237.78 万吨、539.61 万吨、0.19 万吨、9.56 万吨和 0.003 4 万吨(表 4-4)。

表 4-3　2012~2013 年江苏省主要农作物播种面积与总产量

年份	播种面积/千公顷	粮食		棉花(皮棉)		油料	
		播种面积/千公顷	总产量/万吨	播种面积/千公顷	总产量/万吨	播种面积/千公顷	总产量/万吨
2012	7 651.57	5 336.57	3 372.48	527.67	146.95	170.63	22.04
2013	7 683.64	5 360.78	3 422.98	155.22	20.93	518.28	150.37

资料来源：根据《江苏省农村统计年鉴》(2013~2014 年)整理。

表 4-4　2012~2013 年江苏省其他农作物播种面积与总产量

年份	蔬菜(含菜用瓜)		瓜类(果用瓜)		麻类		糖料		烟叶	
	播种面积/千公顷	总产量/万吨	播种面积/千公顷	总产量/万吨	播种面积/千公顷	总产量/万吨	播种面积/千公顷	总产量/万吨	播种面积/千公顷	总产量/万吨
2012	1 323.41	4 984.60	143.47	514.75	0.73	0.20	1.65	9.75	0.04	0.01
2013	1 354.94	5 237.78	145.28	539.61	0.72	0.19	1.59	9.56	0.02	0.003 4

资料来源：根据《江苏省农村统计年鉴》(2013~2014 年)整理。

与 2012 年相比，除麻类和烟叶外，2013 年江苏省各类农作物单位面积产量均有所提升。2013 年粮食、棉花、油料、蔬菜、瓜类、麻类、糖料和烟叶的单产分别为 6 385、1 349、2 901、38 657、37 143、2 644、60 122 和 1 700 公斤/公顷(表 4-5)。

表 4-5 2012~2013 年江苏省农作物单位面积产量 （单位：公斤/公顷）

年份	粮食	棉花(皮棉)	油料	蔬菜(含菜用瓜)	瓜类(果用瓜)	麻类	糖料	烟叶
2012	6 320	1 292	2 785	37 665	35 879	2 758	59 110	2 025
2013	6 385	1 349	2 901	38 657	37 143	2 644	60 122	1 700

资料来源：根据《江苏省农村统计年鉴》(2013~2014 年)整理。

表 4-6 和表 4-7 呈现的是 2013 年江苏省三大区域农作物播种面积与总产量情况。江苏省苏南、苏中和苏北农作物播种面积分别为 1 222.38 千公顷、1 936.12 千公顷和 4 720.59 千公顷。苏北的农作物播种面积最高，占全省农作物播种总面积的 59.91%，其次是苏中，最少的是苏南。从农作物的品种来看，苏北粮食、棉花、蔬菜和瓜果类作物播种面积和总产量都远比苏中和苏南高，占全省的 60.00% 以上。苏南粮食、棉花和油料作物的播种面积和总产量都是全省最低的，其中粮食作物的播种面积和总产量仅占全省相应总量的 13.56% 和 14.26%，棉花的播种面积和总产量仅占全省相应总量的 3.74% 和 3.17%，油料作物的播种面积和总产量占全省相应总量的 20.00% 和 15.78%。苏南蔬菜和瓜果类作物的播种面积和总产量介于苏中和苏北之间。

表 4-6 2013 年江苏省三大区域农作物播种面积与总产量(一)

区域	播种面积/千公顷	粮食		棉花(皮棉)		油料	
		播种面积/千公顷	总产量/万吨	播种面积/千公顷	总产量/万吨	播种面积/千公顷	总产量/万吨
苏南	1 222.38	754.64	549.22	5.80	0.68	102.17	24.16
苏中	1 936.12	1 377.99	972.34	53.17	6.93	204.76	60.70
苏北	4 720.59	3 431.11	2 329.38	96.17	13.87	203.92	68.20
全省 [a]	7 879.09	5 563.74	3 850.93	155.14	21.48	510.85	153.06

资料来源：根据《江苏省农村统计年鉴》(2014 年)整理。
a.此处全省数据为各市相加之和，表 4-3 的省级数据为抽样调查直接推算数，故二者不相等。

表 4-7　　2013 年江苏省三大区域农作物播种面积与总产量(二)

区域	蔬菜(含菜用瓜)		瓜果类	
	播种面积/千公顷	总产量/万吨	播种面积/千公顷	总产量/万吨
苏南	266.42	864.48	26.74	82.82
苏中	250.60	844.82	19.16	68.42
苏北	837.92	3 528.48	99.38	388.37
全省 a	1 354.94	5 237.78	145.28	539.61

资料来源：根据《江苏省农村统计年鉴》(2014 年)整理。

a.此处全省数据为各市相加之和，表 4-3 的省级数据为抽样调查直接推算数，故二者不相等。

　　表 4-8 反映的是 2013 年江苏省三大区域农作物单位面积产量情况。2013 年粮食单产最高的是苏南，为 7 278 公斤/公顷；苏中和苏北分别为 7 056 公斤/公顷和 6 789 公斤/公顷。棉花单产最低的是苏南，为 1 179 公斤/公顷，可能与其种植面积较少，没有形成规模有关(表 4-6)；最高的是苏北，为 1 442 公斤/公顷；苏中居中，为 1 304 公斤/公顷。油料单产最高的是苏北，为 3 344 公斤/公顷；最低的是苏南，为 2 365 公斤/公顷；苏中介于两者之间，为 2 964 公斤/公顷。蔬菜、瓜果类单产最高的也是苏北，分别为 42 110 公斤/公顷和 39 079 公斤/公顷；最低的是苏南，分别为 32 448 公斤/公顷和 30 971 公斤/公顷。

表 4-8　　2013 年江苏省三大区域农作物单位面积产量　　　　(单位：公斤/公顷)

区域	粮食	棉花(皮棉)	油料	蔬菜 (含菜用瓜)	瓜果类
苏南	7 278	1 179	2 365	32 448	30 971
苏中	7 056	1 304	2 964	33 712	35 711
苏北	6 789	1 442	3 344	42 110	39 079
全省 a	7 041	1 308	2 891	36 090	35 254

资料来源：根据《江苏省农村统计年鉴》(2014 年)整理。

a.此处全省数据计算依据为各市相加之和，表 4-6 和表 4-7 的省级数据为抽样调查直接推算数，故二者不相等。

3. 农业现代化

(1) 农业机械化水平

与 2012 年相比，2013 年江苏省机耕、机播和机械收获面积及其占播种面积的比值均有所上升，表明江苏省农业机械化水平有所提高。2013 年江苏省机耕、机播和机械收获面积分别为 5 948.30、4 372.16 和 5 114.39 千公顷，占播种面积的比值分别为 77.42%、56.90%和 66.56%(表 4-9)。

表 4-9　2012~2013 年江苏省农业机械化水平

年份	播种面积/千公顷	机耕		机播		机械植保		机械收获	
		面积/千公顷	占比/%	面积/千公顷	占比/%	面积/千公顷	占比/%	面积/千公顷	占比/%
2012	7 651.57	5 845.67	76.40	3 887.94	50.81	5 400.50	70.58	4 896.87	64.00
2013	7 683.64	5 948.30	77.42	4 372.16	56.90	—	—	5 114.39	66.56

资料来源：根据《江苏省农村统计年鉴》(2014 年)整理。

注：《江苏省农村统计年鉴》(2014 年)中有关农业机械化数据存在如下偏差，①连云港市辖区和灌云县机械植保面积以及灌南县机械收获面积均大于其全年播种面积；②淮安市金湖县机耕和机械植保面积大于其全年播种面积；③盐城市射阳县机耕和机械植保面积以及东台市机耕面积均大于其全年播种面积；④南通市辖区机耕和机械植保面积大于其全年播种面积；⑤泰州市辖区机械收获面积大于其全年播种面积。其中，连云港市辖区机械植保面积偏差过大，对连云港市、苏北和江苏省的机械植保面积影响很大；而其他市区县的农业机械化数据偏差较小，从而影响也较小。因此，本发展报告在描述 2013 年江苏省、苏北各市农业机械化水平时不考虑机械植保的情况。

表 4-10　2013 年江苏省三大区域农业机械化水平

区域	全年播种面积/千公顷	机耕		机播		机械收获	
		面积/千公顷	占比/%	面积/千公顷	占比/%	面积/千公顷	占比/%
苏南	1 222.38	867.20	70.94	641.15	52.45	720.72	58.96
苏中	1 936.12	1 329.08	68.65	976.73	50.45	1 192.47	61.59
苏北	4 720.59	3 752.03	79.48	2 754.29	58.35	3 201.20	67.81
全省[a]	7 879.09	5 948.31	75.49	4 372.17	55.49	5 114.39	64.91

资料来源：根据《江苏省农村统计年鉴》(2014 年)整理。

a.此处全省数据计算依据为各市相加之和,表4-9的省级数据为抽样调查直接推算数,故二者不相等。

　　表 4-10 呈现的是 2013 年江苏省三大区域农业机械化水平。2013 年，苏北机耕、机播和机械收获面积占播种面积的比值在全省都是最高的，分别为 79.48%、58.35% 和 67.81%；苏中机耕和机播面积占播种面积的比值在全省是最低的，分别为 68.65% 和 50.45%；而苏南机械收获面积占播种面积的比值在全省是最低的，为 58.96%。

　　(2) 农业化学化水平

　　与 2012 年相比，2013 年江苏省农村用电、农用薄膜、农用柴油的使用总量和单位播种面积使用量均有所增加，这与农业机械化水平的变化是一致的；而农药和化肥的使用总量和单位播种面积使用量均有所减少。2013 年江苏省农村用电、农用薄膜、农用柴油、农药和化肥的使用量分别为 1 801.86 亿千瓦时、11.68 万吨、106.80 万吨、8.12 万吨和 326.82 万吨，单位播种面积使用量分别为 0.24 亿千瓦时/千公顷、15.20 吨/千公顷、139.00 吨/千公顷、10.57 吨/千公顷和 425.35 吨/千公顷(表 4-11 和表 4-12)。

表 4-11　2012~2013 年江苏省农业化学化水平(一)

年份	播种面积/千公顷	农村用电		农用薄膜		农用柴油	
		使用量/亿千瓦时	单位面积用量/(亿千瓦时/千公顷)	使用量/万吨	单位面积用量/(吨/千公顷)	使用量/万吨	单位面积用量/(吨/千公顷)
2012	7 651.57	1 696.41	0.22	11.26	14.72	102.97	134.57
2013	7 683.64	1 801.86	0.24	11.68	15.20	106.80	139.00

资料来源：根据《江苏省农村统计年鉴》(2014 年)整理。

表 4-12　2012~2013 年江苏省农业化学化水平(二)

年份	播种面积/千公顷	农药		化肥(折纯量)	
		使用量/万吨	单位面积用量/(吨/千公顷)	使用量/万吨	单位面积用量/(吨/千公顷)
2012	7 651.57	8.37	10.94	330.94	432.51
2013	7 683.64	8.12	10.57	326.82	425.35

资料来源：根据《江苏省农村统计年鉴》(2014 年)整理。

表 4-13 和表 4-14 说明的是 2013 年江苏省三大区域农业化学化水平。2013 年，苏南单位播种面积农村用电量、农用薄膜用量和农药用量分别为 1.03 亿千瓦时/千公顷、21.43 吨/千公顷和 12.03 吨/千公顷，明显高于苏中和苏北；而苏北单位播种面积农用柴油用量和化肥施用量分别为 144.13 吨/千公顷和 491.44 吨/千公顷，明显高于苏中和苏南。

表 4-13　2013 年江苏省三大区域农业化学化水平(一)

| 区域 | 全年播种面积/千公顷 | 农村用电 | | 农用薄膜 | | 农用柴油 | |
		使用量/亿千瓦时	单位面积用量/(亿千瓦时/千公顷)	使用量/万吨	单位面积用量/(吨/千公顷)	使用量/万吨	单位面积用量/(吨/千公顷)
苏南	1 222.38	1 253.25	1.03	2.62	21.43	12.91	105.61
苏中	1 936.12	326.69	0.17	2.12	10.95	25.84	133.46
苏北	4 720.59	221.92	0.05	6.94	14.70	68.04	144.13
全省[a]	7 879.09	1 801.86	0.23	11.68	14.82	106.79	135.54

资料来源：根据《江苏省农村统计年鉴》(2014 年)整理。

a.此处全省数据计算依据为各市相加之和，表 4-11 和表 4-12 的省级数据为抽样调查直接推算数，故二者不相等。

表 4-14　2013 年江苏省三大区域农业化学化水平(二)

| 区域 | 全年播种面积/千公顷 | 农药 | | 化肥(折纯量) | |
		使用量/万吨	单位面积用量/(吨/千公顷)	使用量/万吨	单位面积用量/(吨/千公顷)
苏南	1 222.38	1.47	12.03	33.90	277.33
苏中	1 936.12	2.04	10.54	60.93	314.70
苏北	4 720.59	4.60	9.74	231.99	491.44
全省[a]	7 879.09	8.11	10.29	326.82	414.79

资料来源：根据《江苏省农村统计年鉴》(2014 年)整理。

a.此处全省数据计算依据为各市相加之和，表 4-11 和表 4-12 的省级数据为抽样调查直接推算数，故二者不相等。

(3) 农田灌溉情况

与 2012 年相比，2013 年江苏省农田有效灌溉面积有所下降，为 3 785.27

千公顷(表 4-15)。其中，苏南、苏中和苏北的有效灌溉面积分别为 688.31 千公顷、955.96 千公顷和 2 141.00 千公顷。

表 4-15　2012~2013 年江苏省农田灌溉情况

年份	耕地总面积/千公顷	有效灌溉面积	
		面积/千公顷	比例/%
2012	—	3 929.72	—
2013	—	3 785.27	—

资料来源：根据《江苏省农村统计年鉴》(2014 年)整理。因为土地二调数据暂未公开，暂无 2012 年后的耕地数据。

(4) 高效设施农业情况

2013 年江苏省共新增设施农业面积 90.4 万亩，总面积达到 1 050.4 万亩，占耕地面积的比重为 15.2%。

三、农产品生产区域比较

1. 江苏省农产品生产与全国的比较

(1) 农业总产值

2012 年江苏省农业总产值为 2 966.70 亿元，占全国农业总产值的比重为 6.32%。江苏省农业总产值占农林牧渔业总产值的比重为 51.07%，接近全国的平均水平(表 4-16)。

表 4-16　2012 年江苏省和全国农业总产值

区域	农林牧渔业总产值/亿元	农业总产值	
		数值/亿元	占比/%
江苏省	5 808.80	2 966.70	51.07
全国	89 453.00	46 940.50	52.48
占比/%	6.49	6.32	—

资料来源：根据《中国农业年鉴》(2013 年)整理。

(2) 农作物播种面积与产量

表 4-17 和表 4-18 说明的是 2012 年江苏省和全国主要农作物播种面积与总产量情况。江苏省主要农作物播种面积与总产量占全国的比重基本在 5.00% 左右。其中，棉花的播种面积与总产量占全国的比重最低，分别为 3.64%和 3.23%；蔬菜的播种面积与总产量占全国的比重最高，达到 6.50%和 7.03%。

表 4-17 2012 年江苏省和全国主要农作物播种面积与总产量(一)

区域	全年播种面积/千公顷	粮食		棉花(皮棉)		油料	
		播种面积/千公顷	总产量/万吨	播种面积/千公顷	总产量/万吨	播种面积/千公顷	总产量/万吨
江苏省	7 651.60	5 336.60	3 372.50	170.60	220 470.00	527.70	146.90
全国	163 415.70	111 204.60	58 958.00	4 688.10	6 835 975.00	13 929.80	3 436.90
占比/%	4.68	4.80	5.72	3.64	3.23	3.79	4.27

资料来源：根据《中国农业年鉴》(2013 年)整理。

表 4-18 2012 年江苏省和全国主要农作物播种面积与总产量(二)

区域	蔬菜(含菜用瓜)		瓜类	
	播种面积/千公顷	总产量/万吨	播种面积/千公顷	总产量/万吨
江苏省	1 323.40	4 984.60	143.50	514.80
全国	20 352.60	70 883.10	2 408.20	8 952.40
占比/%	6.50	7.03	5.96	5.75

资料来源：根据《中国农业年鉴》(2013 年)整理。

表 4-19 反映的是 2012 年江苏省和全国农作物单产情况。江苏省粮食、油料和蔬菜(含菜用瓜)的单位面积产量均高于全国平均水平，而棉花(皮棉)和瓜类均低于全国平均水平。

表 4-19 2012 年江苏省和全国主要农作物单位面积产量 (单位：公斤/公顷)

区域	粮食	棉花(皮棉)	油料	蔬菜(含菜用瓜)	瓜类
江苏省	6 320	1 292	2 785	37 665	35 879
全国	5 302	1 458	2 467	34 828	37 175

资料来源：根据《中国农业年鉴》(2013 年)整理。

(3) 农业现代化水平

表 4-20 呈现的是 2012 年江苏省和全国农业机械化水平。江苏省农业机械化水平明显高于全国平均水平，尤其是机械植保和机械收获远远高于全国平均水平。尽管江苏省播种面积只占全国播种面积的 4.68%，但机械植保面积占全国机械植保面积的 8.62%，机械收获面积占全国机械收获面积的 6.88%。

表 4-20　2012 年江苏省和全国农业机械化水平

区域	播种面积/千公顷	机耕		机播		机械植保		机械收获	
		面积/千公顷	占比/%	面积/千公顷	占比/%	面积/千公顷	占比/%	面积/千公顷	占比/%
江苏省	7 651.60	5 845.67	76.40	3 887.94	50.81	5 400.50	70.58	4 896.87	64.00
全国	163 415.70	110 284.83	67.49	76 794.16	46.99	62 637.16	38.33	71 168.88	43.55
占比/%	4.68	5.30	—	5.06	—	8.62	—	6.88	—

资料来源：根据《中国农业年鉴》(2013 年)整理。

表 4-21 和表 4-22 反映的是 2012 年江苏省和全国农业化学化水平。江苏省单位播种面积农村用电量为 2 217.07 亿千瓦时/千公顷，是全国平均水平(459.47 亿千瓦时/千公顷)的近 5 倍；单位播种面积化肥使用量为 432.51 吨/千公顷，高于全国平均水平(357.30 吨/千公顷)；单位播种面积农用薄膜使用量和农用柴油使用量均略高于全国平均水平；而单位播种面积农药使用量略低于全国平均水平。

表 4-21　2012 年江苏省和全国农业化学化水平(一)

区域	播种面积/千公顷	农村用电		农用薄膜		农用柴油	
		使用量/亿千瓦时	单位面积用量/(亿千瓦时/千公顷)	使用量/万吨	单位面积用量/(吨/千公顷)	使用量/万吨	单位面积用量/(吨/千公顷)
江苏省	7 651.60	1 696.41	2 217.07	11.26	14.72	102.97	134.57
全国	163 415.70	7 508.50	459.47	238.30	14.58	2 107.60	128.97
占比/%	4.68	22.59	—	4.73	—	4.89	—

资料来源：根据《江苏省农村统计年鉴》(2014 年)和《2013 年中国农村统计年鉴》整理。

表 4-22　2012 年江苏省和全国农业化学化水平(二)

区域	播种面积/千公顷	农药		化肥(折纯量)	
		使用量/万吨	单位面积用量/(吨/千公顷)	使用量/万吨	单位面积用量/(吨/千公顷)
江苏省	7 651.60	8.37	10.94	330.94	432.51
全国	163 415.70	180.60	11.05	5 838.80	357.30
占比/%	4.68	4.63	—	5.67	—

资料来源：根据《江苏省农村统计年鉴》(2014 年)和《2013 年中国农村统计年鉴》整理。

2. 苏南各市农产品生产比较

(1) 各市农业总产值

2013 年南京市农业总产值最高，达 205.23 亿元，镇江市最低，只有 107.28 亿元。从农业总产值占农林牧渔业总产值的比重来看，苏州市为 40.77%，明显低于苏南和全省平均水平；南京市为 58.42%，明显高于苏南和全省平均水平(表 4-23)。

表 4-23　2013 年苏南各市农业总产值

区域	农林牧渔业总产值/亿元	农业总产值	
		数值/亿元	占比/%
南京市	351.31	205.23	58.42
无锡市	241.43	125.32	51.91
常州市	240.11	129.73	54.03
苏州市	369.82	150.78	40.77
镇江市	196.14	107.28	54.70
苏南	1 398.82	718.35	51.35
全省 [a]	5 955.89	3 089.71	51.88

资料来源：根据《江苏省农村统计年鉴》(2014 年)整理。

a.此处全省数据为各市相加之和。

(2) 各市农作物播种面积与产量

表 4-24、表 4-25 说明的是 2013 年苏南各市农作物播种面积与总产量情况。除粮食外，南京市棉花(皮棉)、油料、蔬菜(含菜用瓜)和瓜类播种面积和总产量均为苏南最高，其中棉花(皮棉)总产量超出苏南的 50.00%；镇江市粮

食播种面积和总产量最高，但蔬菜(含菜用瓜)和瓜类播种面积和总产量最低；无锡市粮食、棉花(皮棉)和油料播种面积和总产量均为苏南最低。

表 4-24　2013 年苏南各市农作物播种面积与总产量(一)

区域	全年播种面积/千公顷	粮食		棉花(皮棉)		油料	
		播种面积/千公顷	总产量/万吨	播种面积/千公顷	总产量/万吨	播种面积/千公顷	总产量/万吨
南京市	324.47	161.35	116.95	2.87	0.42	44.65	10.79
无锡市	178.67	112.00	79.64	0.00	0.00	4.25	0.90
常州市	224.17	150.32	113.71	0.53	0.05	18.25	4.26
苏州市	257.63	154.27	113.12	0.96	0.10	9.26	2.42
镇江市	237.44	176.70	125.79	1.44	0.11	25.76	5.80
苏南	1 222.38	754.64	549.22	5.80	0.68	102.17	24.16
全省[a]	7 879.09	5 563.74	3 850.93	155.14	21.48	510.85	153.06

资料来源：根据《江苏省农村统计年鉴》(2014 年)整理。

a.此处全省数据为各市相加之和。

表 4-25　2013 年苏南各市农作物播种面积与总产量(二)

区域	蔬菜(含菜用瓜)		瓜类	
	播种面积/千公顷	总产量/万吨	播种面积/千公顷	总产量/万吨
南京市	87.65	306.24	8.55	29.49
无锡市	46.94	153.88	4.90	12.11
常州市	28.49	91.65	3.63	10.38
苏州市	77.23	226.90	6.45	22.71
镇江市	26.11	85.81	3.21	8.13
苏南	266.42	864.48	26.74	82.82
全省[a]	1 354.94	5 237.78	145.28	539.61

资料来源：根据《江苏省农村统计年鉴》(2014 年)整理。

a.此处全省数据为各市相加之和。

表 4-26 反映的是 2013 年苏南各市农作物单产情况。苏南五市粮食单产相差不大，均在 7 000 公斤/公顷以上。其中常州市最高，为 7 565 公斤/公顷；其次是苏州市，7 333 公斤/公顷；南京市、镇江市和无锡市均略低于苏南平均水平。无锡市没有种植棉花，其他四市棉花(皮棉)单产相差较大。其中，南京市最高，为 1 469 公斤/公顷，是苏南平均水平的 1.25 倍；镇江市最低，为

778 公斤/公顷，只有苏南平均水平的 65.00%；苏州市和常州市均低于苏南平均水平。与棉花一样，苏南五市油料单产相差也较大。其中，苏州市最高，达 2 614 公斤/公顷，是苏南平均水平的 1.11 倍；其次是南京市 2 416 公斤/公顷；无锡市最低，仅为 2 107 公斤/公顷。

苏南蔬菜(含菜用瓜)单产最低的是苏州市，仅为 29 380 公斤/公顷；其余四市均在 32 000 公斤/公顷以上，其中蔬菜单产最高的是南京市，达 34 939 公斤/公顷，其余依次为镇江市(32 865 公斤/公顷)、无锡市(32 781 公斤/公顷)和常州市(32 170 公斤/公顷)。瓜类单产苏州市和南京市较高，均大于 34 000 公斤/公顷，远超苏南平均水平(30 971 公斤/公顷)；常州、镇江和无锡三市均不足 30 000 公斤/公顷。

表 4-26　2013 年苏南各市农作物单位面积产量　(单位：公斤/公顷)

区域	粮食	棉花(皮棉)	油料	蔬菜(含菜用瓜)	瓜类
南京市	7 248	1 469	2 416	34 939	34 496
无锡市	7 111	—	2 107	32 781	24 718
常州市	7 565	872	2 333	32 170	28 587
苏州市	7 333	1 081	2 614	29 380	35 203
镇江市	7 119	778	2 252	32 865	25 320
苏南	7 278	1 179	2 365	32 448	30 971
全省 [a]	7 041	1 308	2 891	36 090	35 254

资料来源：根据《江苏省农村统计年鉴》(2014 年)整理。

a.此处全省数据为各市相加之和。

(3) 各市农业现代化水平

表 4-27 呈现的是 2013 年苏南各市农业机械化水平。镇江市农业机械化水平最高，机耕、机播、机械植保和机械收获面积占播种面积的比重分别为 73.39%、61.24%、75.91% 和 71.01%；南京市农业机械化水平较低，尤其是机播和机械收获，仅占播种面积的 40.12% 和 50.07%。

表 4-27　2013 年苏南各市农业机械化水平

区域	播种面积/千公顷	机耕		机播		机械植保		机械收获	
		面积/千公顷	占比/%	面积/千公顷	占比/%	面积/千公顷	占比/%	面积/千公顷	占比/%
南京市	324.47	232.23	71.57	130.17	40.12	202.91	62.54	162.45	50.07
无锡市	178.67	119.57	66.92	103.35	57.84	114.06	63.84	105.60	59.10
常州市	224.17	163.59	72.98	124.43	55.51	154.52	68.93	136.39	60.84
苏州市	257.63	177.55	68.92	137.80	53.49	173.63	67.40	147.67	57.32
镇江市	237.44	174.26	73.39	145.40	61.24	180.24	75.91	168.61	71.01
苏南	1 222.38	867.20	70.94	641.15	52.45	825.36	67.52	720.72	58.96
全省 [a]	7 879.09	5 948.31	75.49	4 372.17	55.49	6 732.05	85.44	5 114.39	64.91

资料来源：根据《江苏省农村统计年鉴》(2014 年)整理。

a.此处全省数据为各市相加之和。

表 4-28 和表 4-29 反映的是 2013 年苏南各市农业化学化水平。

单位播种面积农村用电量。苏南各市单位播种面积农村用电量差别非常大。其中，苏州市和无锡市最高，分别为 2.26 和 2.15 亿千瓦时/千公顷，是苏南平均水平的 2 倍以上；南京市最低，仅为 0.10 亿千瓦时/千公顷，还不到苏南平均水平的十分之一。

单位播种面积农用薄膜使用量。苏南各市单位播种面积农用薄膜使用量差别也很大。其中无锡市最高，达 68.28 吨/千公顷，是苏南平均水平的 3 倍以上；苏州市最低，仅为 11.26 吨/千公顷，约为苏南平均水平的一半。

单位播种面积农用柴油使用量。苏州市单位播种面积农用柴油使用量最高，达 130.03 吨/千公顷；南京市最低，仅为 72.43 吨/千公顷。

单位播种面积农药使用量。苏州市、常州市和无锡市单位播种面积农药使用量非常接近，均超过 15 吨/千公顷，高于苏南和全省平均水平；南京市最低，仅为 5.86 吨/千公顷，不及苏南平均水平的一半。

单位播种面积化肥使用量。无锡市和苏州市单位播种面积化肥使用量非常接近，分别为 321.26 吨/千公顷和 315.18 吨/千公顷，超出苏南平均水平(277.33 吨/千公顷)，但仅为全省平均水平的 76%左右；镇江市最低，仅为 240.90 吨/千公顷，是苏南平均水平的 86.86%，仅为全省平均水平的 58.08%。

表 4-28　2013 年苏南各市农业化学化水平(一)

区域	播种面积/千公顷	农村用电		农用薄膜		农用柴油	
		使用量刻/亿千瓦时	单位面积用量/(亿千瓦时/千公顷)	使用量/万吨	单位面积用量/(吨/千公顷)	使用量/万吨	单位面积用量/(吨/千公顷)
南京市	324.47	31.53	0.10	0.52	16.03	2.35	72.43
无锡市	178.67	384.97	2.15	1.22	68.28	2.22	124.25
常州市	224.17	176.25	0.79	0.29	12.94	2.72	121.34
苏州市	257.63	581.70	2.26	0.29	11.26	3.35	130.03
镇江市	237.44	78.81	0.33	0.31	13.06	2.28	96.02
苏南	1 222.38	1 253.25	1.03	2.62	21.43	12.91	105.61
全省[a]	7 879.09	1 801.86	0.23	11.68	14.82	106.79	135.54

资料来源：根据《江苏省农村统计年鉴》(2014 年)整理。

a.此处全省数据为各市相加之和。

表 4-29　2013 年苏南各市农业化学化水平(二)

区域	播种面积/千公顷	农药		化肥(折纯量)	
		使用量/万吨	单位面积用量/(吨/千公顷)	使用量/万吨	单位面积用量/(吨/千公顷)
南京市	324.47	0.19	5.86	8.05	248.1
无锡市	178.67	0.27	15.11	5.74	321.26
常州市	224.17	0.34	15.17	6.28	280.14
苏州市	257.63	0.40	15.53	8.12	315.18
镇江市	237.44	0.27	11.37	5.72	240.90
苏南	1 222.38	1.47	12.03	33.9	277.33
全省[a]	7 879.09	8.11	10.29	326.82	414.79

资料来源：根据《江苏省农村统计年鉴》(2014 年)整理。

a.此处全省数据为各市相加之和。

3. 苏中各市农产品生产比较

(1) 各市农业总产值

2013 年南通市、扬州市和泰州市的农业总产值分别为 263.62、188.43 和 187.72 亿元。从农业总产值占农林牧渔业总产值的比重来看，泰州市最高，达 54.48%，扬州市和南通市次之，分别为 46.65% 和 44.32%(表 4-30)。

表 4-30　2013 年苏中各市农业总产值

区域	农林牧渔业总产值/亿元	农业总产值	
		数量/亿元	占比/%
南通市	594.78	263.62	44.32
扬州市	403.93	188.43	46.65
泰州市	344.59	187.72	54.48
苏中	1 343.29	639.78	47.63
全省 a	5 955.89	3 089.71	51.88

资料来源：根据《江苏省农村统计年鉴》(2014 年)整理。
a.此处全省数据为各市相加之和。

(2) 各市农作物播种面积与产量

表 4-31、表 4-32 呈现的是 2013 年苏中各市农作物播种面积与总产量情况。2013 年，苏中粮食、棉花、油料、蔬菜和瓜类播种面积和总产量均以南通市为最高，扬州市为最低，因此南通市是苏中农作物主产区。

表 4-31　2013 年苏中各市农作物播种面积与总产量(一)

区域	播种面积/千公顷	粮食		棉花(皮棉)		油料	
		播种面积/千公顷	总产量/万吨	播种面积/千公顷	总产量/万吨	播种面积/千公顷	总产量/万吨
南通市	843.53	519.67	333.46	40.16	5.07	131.53	40.84
扬州市	510.27	419.80	312.19	3.20	0.46	28.05	7.57
泰州市	582.32	438.52	326.68	9.81	1.40	45.18	12.29
苏中	1 936.12	1 377.99	972.34	53.17	6.93	204.76	60.70
全省 a	7 879.09	5 563.74	3 850.93	155.14	21.48	510.85	153.06

资料来源：根据《江苏省农村统计年鉴》(2014 年)整理。
a.此处全省数据为各市相加之和。

表 4-32　2013 年苏中各市农作物播种面积与总产量(二)

区域	蔬菜(含菜用瓜)		瓜类	
	播种面积/千公顷	总产量/万吨	播种面积/千公顷	总产量/万吨
南通市	120.60	377.50	14.52	50.69
扬州市	48.04	179.92	2.04	7.40
泰州市	81.96	287.40	2.60	10.33
苏中	250.60	844.82	19.16	68.42
全省 a	1 354.94	5 237.78	145.28	539.61

资料来源：根据《江苏省农村统计年鉴》(2014 年)整理。
a.此处全省数据为各市相加之和。

表 4-33 说明的是 2013 年苏中各市农作物单产情况。2013 年，南通市油料单产最高，达 3 105 公斤/公顷；而粮食、棉花、蔬菜和瓜类单产均最低，其中粮食单产为 6 417 公斤/公顷，棉花单产为 1 261 公斤/公顷，蔬菜单产为 31 302 公斤/公顷，瓜类单产为 34 913 公斤/公顷。扬州市棉花和蔬菜单产最高，达 1 449 公斤/公顷和 37 451 公斤/公顷。泰州市粮食和瓜类单产最高，达 7 450 公斤/公顷和 39 741 公斤/公顷。

表 4-33　2013 年苏中各市农作物单位面积产量　（单位：公斤/公顷）

区域	粮食	棉花(皮棉)	油料	蔬菜(含菜用瓜)	瓜类
南通市	6 417	1 261	3 105	31 302	34 913
扬州市	7 437	1 449	2 700	37 451	36 252
泰州市	7 450	1 432	2 720	35 066	39 741
苏中	7 056	1 304	2 964	33 712	35 711
全省 [a]	7 041	1 308	2 891	36 090	35 254

资料来源：根据《江苏省农村统计年鉴》(2014 年)整理。

a.此处全省数据为各市相加之和。

(3) 各市农业现代化水平

表 4-34 呈现的是 2013 年苏中各市农业机械化水平。扬州市农业机械化水平最高，除机播外，机耕、机械植保和机械收获面积占播种面积的比重分别为 78.80%、77.14%和 77.29%；南通市农业机械化水平最低，机耕、机播、机械植保和机械收获面积占播种面积的比重分别为 60.23%、44.74%、66.58%和 45.16%。

表 4-34　2013 年苏中各市农业机械化水平

区域	播种面积/千公顷	机耕		机播		机械植保		机械收获	
		面积/千公顷	占比/%	面积/千公顷	占比/%	面积/千公顷	占比/%	面积/千公顷	占比/%
南通市	843.53	508.03	60.23	377.40	44.74	561.61	66.58	380.95	45.16
扬州市	510.27	402.10	78.80	260.89	51.13	393.63	77.14	394.38	77.29
泰州市	582.32	418.95	71.94	338.44	58.12	440.81	75.70	417.14	71.63
苏中	1 936.12	1 329.08	68.65	976.73	50.45	1 396.05	72.11	1 192.47	61.59
全省 [a]	7 879.09	5 948.31	75.49	4 372.17	55.49	6 732.05	85.44	5 114.39	64.91

资料来源：根据《江苏省农村统计年鉴》(2014 年)整理。

a.此处全省数据为各市相加之和。

　　表 4-35 和表 4-36 说明的是 2013 年苏中各市农业化学化水平。

表 4-35　2013 苏中各市农业化学化水平(一)

区域	播种面积/ 千公顷	农村用电		农用薄膜		农用柴油	
		使用量/ 亿千瓦时	单位面积用量/ (亿千瓦时/ 千公顷)	使用量/ 万吨	单位面积用量/ (吨/千公顷)	使用量/ 万吨	单位面积用量/ (吨/千公顷)
南通市	843.53	154.84	0.18	1.23	14.58	13.67	162.06
扬州市	510.27	57.63	0.11	0.48	9.41	6.87	134.63
泰州市	582.32	114.22	0.20	0.42	7.21	5.30	91.02
苏中	1 936.12	326.69	0.17	2.12	10.95	25.84	133.46
全省 [a]	7 879.09	1 801.86	0.23	11.68	14.82	106.79	135.54

　　资料来源：根据《江苏省农村统计年鉴》(2014 年)整理。
　　a.此处全省数据为各市相加之和。

表 4-36　2013 年苏中各市农业化学化水平(二)

区域	播种面积/千公顷	农药		化肥(折纯量)	
		使用量/万吨	单位面积用量/ (吨/千公顷)	使用量/万吨	单位面积用量/ (吨/千公顷)
南通市	843.53	1.05	12.45	23.49	278.47
扬州市	510.27	0.40	7.84	19.88	389.60
泰州市	582.32	0.59	10.13	17.56	301.55
苏中	1 936.12	2.04	10.54	60.93	314.70
全省 [a]	7 879.09	8.11	10.29	326.82	414.79

　　资料来源：根据《江苏省农村统计年鉴》(2014 年)整理。
　　a.此处全省数据为各市相加之和。

　　单位播种面积农村用电量。泰州市单位播种面积农村用电量最高，为 0.20 亿千瓦时/千公顷；扬州市最低，仅为 0.11 亿千瓦时/千公顷，是苏中平均水平的 64.71%。

　　单位播种面积农用薄膜使用量。南通市单位播种面积农用薄膜使用量最高，达 14.58 吨/千公顷；泰州市最低，为 7.21 吨/千公顷。

单位播种面积农用柴油使用量。南通市单位播种面积农用柴油使用量最多，达 162.06 吨/千公顷；泰州市最少，仅为 91.02 吨/千公顷。

单位播种面积农药使用量。南通市单位播种面积农药使用量最高，为 12.45 吨/千公顷；扬州市最低，仅为 7.84 吨/千公顷。

单位播种面积化肥使用量。扬州单位播种面积化肥使用量最高，为 389.60 吨/千公顷，远高于苏中平均水平(314.70 吨/千公顷)；南通市最低，为 278.47 吨/千公顷。

4. 苏北各市农产品生产比较

(1) 各市农业总产值

2013 年，苏北农业总产值最高的徐州市，达到 495.66 亿元；然后依次是盐城市、淮安市、宿迁市；最后是连云港市，为 227.58 亿元，不到徐州市的一半。从农业总产值占农林牧渔业总产值的比重来看，淮安市、徐州市和宿迁市都占到 60.00%左右，其中淮安市最高，为 63.33%(表 4-37)。

表 4-37　2013 年苏北各市农业总产值

区域	农林牧渔业总产值/亿元	农业总产值	
		数量/亿元	占比/%
徐州市	802.94	495.66	61.73
连云港市	474.24	227.58	47.99
淮安市	499.83	316.54	63.33
盐城市	991.66	430.43	43.40
宿迁市	445.10	261.37	58.72
苏北	3 213.78	1 731.58	53.88
全省 [a]	5 955.89	3 089.71	51.88

资料来源：根据《江苏省农村统计年鉴》(2014 年)整理。

a.此处全省数据为各市相加之和。

(2) 各市农作物播种面积与产量

表 4-38 和表 4-39 反映的是 2013 年苏北各市农作物播种面积与总产量情况。盐城市粮食生产占有绝对优势，其播种面积和总产量分别为 972.32 千公顷和 686.51 万吨；连云港市最少，分别为 498.68 千公顷和 354.73 万吨。棉花生产主要集中在盐城，播种面积 66.85 千公顷，总产量 9.75 万吨，分别占苏北棉花播种面积和总产量的 70.00%；其次是徐州市，播种面积和总产量分别为 25.68 千公顷和 3.63 万吨；其他三市棉花种植都很少，总播种面积不足 4 千公顷，总产量也只有 0.48 万吨。油料生产也主要集中在盐城，播种面积 104.88 千公顷，总产量 31.52 万吨；宿迁市最少，分别为 12.91 千公顷和 4.99 万吨。徐州市蔬菜播种面积最大，为 310.67 千公顷，盐城市蔬菜总产量最高，为 1 192.25 万吨；两市播种面积和总产量占苏北相应总量的 65.00% 以上。瓜类生产也主要集中在盐城和徐州两市，播种面积分别为 36.70 和 29.09 千公顷，总产量分别为 153.65 和 110.37 万吨；两市播种面积和总产量也大概占苏北相应总量的 65.00% 以上。

表 4-38　2013 年苏北各市农作物播种面积与总产量(一)

区域	播种面积/千公顷	粮食		棉花(皮棉)		油料	
		播种面积/千公顷	总产量/万吨	播种面积/千公顷	总产量/万吨	播种面积/千公顷	总产量/万吨
徐州市	1 126.58	729.75	451.13	25.68	3.63	25.47	9.96
连云港市	628.82	498.68	354.73	2.23	0.28	26.44	12.11
淮安市	799.26	657.65	461.02	0.16	0.01	34.22	9.62
盐城市	1 460.13	972.32	686.51	66.85	9.75	104.88	31.52
宿迁市	705.80	572.71	375.99	1.25	0.19	12.91	4.99
苏北	4 720.59	3 431.11	2 329.38	96.17	13.87	203.92	68.20
全省 [a]	7 879.09	5 563.74	3 850.93	155.14	21.48	510.85	153.06

资料来源：根据《江苏省农村统计年鉴》(2014 年)整理。

a.此处全省数据为各市相加之和。

表4-39 2013年苏北各市农作物播种面积与总产量(二)

区域	蔬菜(含菜用瓜)		瓜类	
	播种面积/千公顷	总产量/万吨	播种面积/千公顷	总产量/万吨
徐州市	310.67	1 141.95	29.09	110.37
连云港市	86.04	371.19	14.52	53.67
淮安市	94.63	376.51	7.18	27.03
盐城市	264.41	1 192.25	36.70	153.65
宿迁市	82.17	446.58	11.89	43.65
苏北	837.92	3 528.48	99.38	388.37
全省[a]	1 354.94	5 237.78	145.28	539.61

资料来源：根据《江苏省农村统计年鉴》(2014年)整理。

a.此处全省数据为各市相加之和。

表4-40说明的是2013年苏北各市农作物单产情况。苏北各市农作物单产差距较大。粮食单产最高的是连云港市，为7 113公斤/公顷，最低的是徐州市，为6 182公斤/公顷；棉花单产最高的是宿迁市，为1 506公斤/公顷，最低的是淮安市，仅为919公斤/公顷；油料单产最高的是连云港市，达到4 582公斤/公顷，是苏北和全省平均水平的1.37倍和1.58倍，最低的是淮安市，仅为2 811公斤/公顷；蔬菜单产最高的是宿迁市，为54 348公斤/公顷，是苏北和全省平均水平的1.29倍和1.51倍，最低的是徐州市，仅为36 758公斤/公顷；瓜类单产最高的是盐城市，为41 867公斤/公顷，最低的是宿迁市，为36 716公斤/公顷。

表4-40 2013年苏北各市农作物单位面积产量 (单位：公斤/公顷)

区域	粮食	棉花(皮棉)	油料	蔬菜(含菜用瓜)	瓜类
徐州市	6 182	1 413	3 909	36 758	37 939
连云港市	7 113	1 272	4 582	43 142	36 961
淮安市	7 010	919	2 811	39 787	37 647
盐城市	7 061	1 459	3 006	45 091	41 867
宿迁市	6 565	1 506	3 862	54 348	36 716
苏北	6 789	1 442	3 344	42 110	39 079
全省[a]	7 041	1 308	2 891	36 090	35 254

资料来源：根据《江苏省农村统计年鉴》(2014年)整理。

a.此处全省数据为各市相加之和。

(3) 各市农业现代化水平

表 4-41 呈现的是 2013 年苏北各市农业机械化水平。连云港市农业机械化水平最高,机耕、机播和机械收获面积占播种面积的比重分别为 87.61%、64.41%和 81.04%;徐州市机耕和机械收获面积占播种面积的比重最低;盐城市机播面积占播种面积的比重最低。

表 4-41　2013 苏北各市农业机械化水平

区域	播种面积/千公顷	机耕		机播		机械收获	
		面积/千公顷	占比/%	面积/千公顷	占比/%	面积/千公顷	占比/%
徐州市	1 126.58	739.25	65.62	624.32	55.42	662.53	58.81
连云港市	628.82	550.91	87.61	405.04	64.41	509.59	81.04
淮安市	799.26	632.96	79.19	486.45	60.86	599.04	74.95
盐城市	1 460.13	1 272.14	87.13	796.44	54.55	935.23	64.05
宿迁市	705.80	556.77	78.88	442.04	62.63	494.81	70.11
苏北	4 720.59	3 752.03	79.48	2 754.29	58.35	3 201.20	67.81
全省 [a]	7 879.09	5 948.31	75.49	4 372.17	55.49	5 114.39	64.91

资料来源:根据《江苏省农村统计年鉴》(2014 年)整理。

a.此处全省数据为各市相加之和。

表 4-42 和表 4-43 说明的是 2013 年苏北各市农业化学化水平。

单位播种面积农村用电量。苏北各市单位播种面积农村用电量差别不大,在 0.02 亿~0.06 亿千瓦时/千公顷之间。

单位播种面积农用薄膜使用量。盐城市单位播种面积农用薄膜使用量最高,为 20.48 吨/千公顷;淮安市最低,为 9.38 吨/千公顷。

单位播种面积农用柴油使用量。连云港市单位播种面积农用柴油使用量最多,达 259.06 吨/千公顷,是苏北平均水平的 1.8 倍;徐州市最少,仅为 75.45 吨/千公顷,是苏北平均水平的 52.35%。

单位播种面积农药使用量。苏北各市单位播种面积农药使用量相差不大,最高的是连云港市,为 11.13 吨/千公顷;最低的是淮安市,为 8.76 吨/千公顷。

单位播种面积化肥使用量。徐州市单位播种面积化肥使用量最高,为

576.61 吨/千公顷，远高于苏北平均水平(491.44 吨/千公顷)；盐城市最低，为 370.24 吨/千公顷，低于苏北和全省平均水平。

表 4-42　2013 苏北各市农业化学化水平(一)

区域	播种面积/千公顷	农村用电		农用薄膜		农用柴油	
		使用量/亿千瓦时	单位面积用量/(亿千瓦时/千公顷)	使用量/万吨	单位面积用量/(吨/千公顷)	使用量/万吨	单位面积用量/(吨/千公顷)
徐州市	1 126.58	63.38	0.06	1.33	11.81	8.50	75.45
连云港市	628.82	30.18	0.05	0.83	13.20	16.29	259.06
淮安市	799.26	13.48	0.02	0.75	9.38	8.42	105.35
盐城市	1 460.13	75.42	0.05	2.99	20.48	26.33	180.33
宿迁市	705.80	39.46	0.06	1.04	14.74	8.51	120.57
苏北	4 720.59	221.92	0.05	6.94	14.70	68.04	144.13
全省 [a]	7 879.09	1 801.86	0.23	11.68	14.82	106.79	135.54

资料来源：根据《江苏省农村统计年鉴》(2014 年)整理。

a.此处全省数据为各市相加之和。

表 4-43　2013 年苏北各市农业化学化水平(二)

区域	播种面积/千公顷	农药		化肥(折纯量)	
		使用量/万吨	单位面积用量/(吨/千公顷)	使用量/万吨	单位面积用量/(吨/千公顷)
徐州市	1 126.58	1.07	9.50	64.96	576.61
连云港市	628.82	0.70	11.13	34.23	544.35
淮安市	799.26	0.70	8.76	38.78	485.20
盐城市	1 460.13	1.41	9.66	54.06	370.24
宿迁市	705.80	0.72	10.20	39.96	566.17
苏北	4 720.59	4.60	9.74	231.99	491.44
全省 [a]	7 879.09	8.11	10.29	326.82	414.79

资料来源：根据《江苏省农村统计年鉴》(2014 年)整理。

a.此处全省数据为各市相加之和。

5. 江苏省区县级农产品生产比较

(1) 南京市各区农产品生产比较

①各区农业总产值

如表 4-44 所示,2013 年南京市各区农业总产值最高的是六合区,达 54.54 亿元,最低的是市辖区,只有 10.24 亿元。从农业总产值占农林牧渔业总产值的比重来看,除高淳区为 39.45%,其他各区均达 50.00%以上,其中市辖区最高,达 76.76%。

表 4-44　2013 年南京市各区农业总产值

区域	农林牧渔业总产值/亿元	农业总产值	
		数值/亿元	占比/%
浦口	59.79	33.53	56.08
江宁	81.65	49.79	60.98
六合	83.21	54.54	65.55
溧水	55.59	34.36	61.81
高淳	57.74	22.78	39.45
辖区	13.34	10.24	76.76
南京市	351.31	205.23	58.42

资料来源: 根据《江苏省农村统计年鉴》(2014 年)整理。

②各区农作物播种面积与产量

表 4-45 和表 4-46 说明的是 2013 年南京市各区农作物播种面积与总产量情况。六合区粮食、油料和蔬菜(含菜用瓜)播种面积和总产量均是全市最高的;江宁区棉花(皮棉)和瓜类播种面积和总产量最高,其中瓜类播种面积和总产量均超出南京市的 50%;市辖区没有种植棉花(皮棉),其粮食、油料和瓜类播种面积和总产量也为全市最低;高淳区蔬菜(含菜用瓜)播种面积和总产量全市最低。

表 4-45　2013 年南京市各区农作物播种面积与总产量(一)

区域	全年播种面积/千公顷	粮食		棉花(皮棉)		油料	
		播种面积/千公顷	总产量/万吨	播种面积/千公顷	总产量/万吨	播种面积/千公顷	总产量/万吨
浦口	37.59	16.40	11.28	0.24	0.04	4.94	1.25
江宁	65.20	30.93	24.15	1.03	0.15	9.83	2.19
六合	99.64	48.85	34.37	0.60	0.08	13.03	3.19
溧水	58.53	34.28	24.77	0.57	0.09	8.78	2.09
高淳	48.72	24.68	18.47	0.43	0.07	7.46	1.92
辖区	14.79	6.21	3.91	0.00	0.00	0.61	0.14
南京市	324.47	161.35	116.95	2.87	0.42	44.65	10.79

资料来源：根据《江苏省农村统计年鉴》(2014 年)整理。

表 4-46　2013 年南京市各区农作物播种面积与总产量(二)

区域	蔬菜(含菜用瓜)		瓜类	
	播种面积/千公顷	总产量/万吨	播种面积/千公顷	总产量/万吨
浦口	12.83	50.92	1.30	4.52
江宁	17.58	57.42	4.38	15.13
六合	32.00	112.20	0.63	2.05
溧水	11.73	43.87	1.94	6.91
高淳	5.87	26.08	0.16	0.51
辖区	7.64	15.75	0.14	0.38
南京市	87.65	306.24	8.55	29.49

资料来源：根据《江苏省农村统计年鉴》(2014 年)整理。

　　表 4-47 反映的是 2013 年南京市各区农作物单产情况。江宁区粮食单产最高，达 7 808 公斤/公顷；油料单产最低，为 2 231 公斤/公顷。高淳区油料和蔬菜(含菜用瓜)单产最高，分别达 2 580 和 44 435 公斤/公顷。浦口区棉花(皮棉)单产最高，为 1 642 公斤/公顷。溧水区瓜类单产最高，达 35 601 公斤/公顷。市辖区没有种植棉花(皮棉)，其粮食、蔬菜(含菜用瓜)和瓜类单产也均是全市最低的，分别只有 6 300 公斤/公顷、20 617 公斤/公顷和 27 093 公斤/公顷。

表 4-47　2013 年南京市各区农作物单位面积产量　　(单位：公斤/公顷)

区域	粮食	棉花(皮棉)	油料	蔬菜(含菜用瓜)	瓜类
浦口	6 877	1 642	2 521	39 684	34 741
江宁	7 808	1 421	2 231	32 663	34 549
六合	7 036	1 395	2 451	35 063	32 565
溧水	7 225	1 505	2 381	37 398	35 601
高淳	7 485	1 544	2 580	44 435	31 750
辖区	6 300	—	2 275	20 617	27 093
南京市	7 248	1 469	2 416	34 939	34 496

资料来源：根据《江苏省农村统计年鉴》(2014 年)整理。

③各区农业现代化水平

表 4-48 反映的是 2013 年南京市各区农业机械化水平。溧水区机耕面积占播种面积的比重最高，为 85.20%，其次是高淳区(83.15%)，浦口区最低，仅为 55.44%。江宁区机播面积占播种面积的比重最高，为 52.25%，其次是溧水区和高淳区，分别为 47.43%和 40.44%，六合区最低，只有 29.76%。市辖区机械植保面积占播种面积的比重最高，为 75.32%，江宁区其次(73.25%)，六合区最低，仅为 55.22%。江宁区机械收获面积占播种面积的比重最高，为 56.58%，溧水区其次(55.19%)，浦口区最低，仅为 36.53%。

表 4-48　2013 南京市各区农业机械化水平

区域	播种面积/千公顷	机耕		机播		机械植保		机械收获	
		面积/千公顷	占比/%	面积/千公顷	占比/%	面积/千公顷	占比/%	面积/千公顷	占比/%
浦口	37.59	20.84	55.44	13.46	35.81	20.84	55.44	13.73	36.53
江宁	65.20	45.61	69.95	34.07	52.25	47.76	73.25	36.89	56.58
六合	99.64	65.67	65.91	29.65	29.76	55.02	55.22	48.51	48.69
溧水	58.53	49.87	85.20	27.76	47.43	36.55	62.45	32.30	55.19
高淳	48.72	40.51	83.15	19.70	40.44	31.60	64.86	24.25	49.77
辖区	14.79	9.73	65.79	5.53	37.39	11.14	75.32	6.77	45.77
南京市	324.47	232.23	71.57	130.17	40.12	202.91	62.54	162.45	50.07

资料来源：根据《江苏省农村统计年鉴》(2014 年)整理。

表 4-49 和表 4-50 说明的是 2013 年南京市各区农业化学化水平。

表 4-49　2013 南京市各区农业化学化水平(一)

区域	播种面积/千公顷	农村用电		农用薄膜		农用柴油	
		使用量/亿千瓦时	单位面积用量/(亿千瓦时/千公顷)	使用量/万吨	单位面积用量/(吨/千公顷)	使用量/万吨	单位面积用量/(吨/千公顷)
浦口区	37.59	2.95	0.08	0.05	13.30	0.18	47.89
江宁区	65.20	10.84	0.17	0.07	10.74	0.29	44.48
六合区	99.64	5.27	0.05	0.10	10.04	0.57	57.21
溧水区	58.53	6.52	0.11	0.07	11.96	0.35	59.80
高淳区	48.72	3.56	0.07	0.06	12.32	0.92	188.83
辖区	14.79	2.39	0.16	0.17	114.94	0.04	27.05
南京市	324.47	31.53	0.10	0.52	16.03	2.35	72.43

资料来源：根据《江苏省农村统计年鉴》(2014 年)整理。

表 4-50　2013 年南京市各区农业化学化水平(二)

区域	播种面积/千公顷	农药		化肥(折纯量)	
		使用量/万吨	单位面积用量/(吨/千公顷)	使用量/万吨	单位面积用量/(吨/千公顷)
浦口	37.59	0.01	2.66	0.41	109.07
江宁	65.20	0.05	7.67	1.07	164.11
六合	99.64	0.03	3.01	2.95	296.07
溧水	58.53	0.04	6.83	1.08	184.52
高淳	48.72	0.03	6.16	1.80	369.46
辖区	14.79	0.03	20.28	0.74	500.34
南京市	324.47	0.19	5.86	8.05	248.10

资料来源：根据《江苏省农村统计年鉴》(2014 年)整理。

单位播种面积农村用电量。南京市各区单位播种面积农村用电量差别较大。其中江宁区最高，达 0.17 亿千瓦时/千公顷，六合区最低，为 0.05 亿千瓦时/千公顷。

单位播种面积农用薄膜使用量。市辖区单位播种面积农用薄膜使用量最高，为 114.94 吨/千公顷，超出全市平均水平的 7 倍；六合区最低，为 10.04 吨/千公顷，是全市平均水平的 62.63%。

单位播种面积农用柴油使用量。高淳区单位播种面积农用柴油使用量最多，达 188.83 吨/千公顷，是全市平均水平的 2.6 倍；市辖区最少，仅为 27.05 吨/千公顷，是全市平均水平的 37.35%。

单位播种面积农药使用量。市辖区单位播种面积农药使用量最高，为 20.28 吨/千公顷；浦口区最低，为 2.66 吨/千公顷，是全市平均水平的 45.39%。

单位播种面积化肥使用量。市辖区单位播种面积化肥使用量最高，为 500.34 吨/千公顷，是全市平均水平的 2.02 倍；浦口区最低，为 109.07 吨/千公顷，不到全市平均水平的二分之一。

(2) 无锡市各区县农产品生产比较

① 各区县农业总产值

如表 4-51 所示，2013 年无锡市各区县农业总产值最高的是宜兴市，达 45.38 亿元，最低的是锡山区，只有 16.86 亿元。从农业总产值占农林牧渔业总产值的比重来看，市辖区最高，为 62.97%；江阴市最低，为 43.25%。

表 4-51　2013 年无锡市各区县农业总产值

区域	农林牧渔业总产值/亿元	农业总产值	
		数值/亿元	占比/%
锡山	31.22	16.86	54.00
江阴	84.47	36.53	43.25
宜兴	83.58	45.38	54.30
辖区	42.16	26.55	62.97
无锡市	241.43	125.32	51.91

资料来源：根据《江苏省农村统计年鉴》(2014 年)整理。

② 各区县农作物播种面积与产量

表 4-52 和表 4-53 说明的是 2013 年无锡市各区县农作物播种面积与总产量情况。宜兴市粮食和油料播种面积和总产量最高，均超出全市的 50%；江

阴市瓜类播种面积和总产量最高；宜兴市蔬菜(含菜用瓜)播种面积最高，但江阴市总产量最高；市辖区粮食、油料和瓜类播种面积和总产量最低；锡山区蔬菜(含菜用瓜)播种面积和总产量最低。此外，无锡市没有种植棉花(皮棉)。

表 4-52 2013 年无锡市各区县农作物播种面积与总产量(一)

区域	全年播种面积/千公顷	粮食		棉花(皮棉)		油料	
		播种面积/千公顷	总产量/万吨	播种面积/千公顷	总产量/万吨	播种面积/千公顷	总产量/万吨
锡山	18.42	10.66	7.55	—	—	0.15	0.03
江阴	47.49	28.09	19.95	—	—	1.02	0.21
宜兴	93.59	67.55	48.00	—	—	3.05	0.65
辖区	19.17	5.70	4.14	—	—	0.03	0.01
无锡市	178.67	112.00	79.64	—	—	4.25	0.90

资料来源：根据《江苏省农村统计年鉴》(2014 年)整理。

表 4-53 2013 年无锡市各区县农作物播种面积与总产量(二)

区域	蔬菜(含菜用瓜)		瓜类	
	播种面积/千公顷	总产量/万吨	播种面积/千公顷	总产量/万吨
锡山	3.64	9.03	1.25	3.07
江阴	14.53	60.91	2.59	6.68
宜兴	16.34	55.69	0.85	1.70
辖区	12.43	28.24	0.21	0.67
无锡市	46.94	153.88	4.90	12.11

资料来源：根据《江苏省农村统计年鉴》(2014 年)整理。

表 4-54 反映的是 2013 年无锡市各区县农作物单产情况。市辖区粮食和瓜类单产均是无锡市最高的，分别为 7 262 和 31 767 公斤/公顷，但油料和蔬菜(含菜用瓜)单产则是无锡市最低的，远低于全市平均水平。锡山区油料单产全市最高，为 2 133 公斤/公顷，但粮食单产最低，只有 7 085 公斤/公顷。江阴市蔬菜(含菜用瓜)单产全市最高，且明显高于全市平均水平。宜兴市瓜类单产最低，只有 19 985 公斤/公顷，其他区县均在 24 000 公斤/公顷以上。

表 4-54　2013 年无锡市各区县农作物单位面积产量　（单位：公斤/公顷）

区域	粮食	棉花(皮棉)	油料	蔬菜(含菜用瓜)	瓜类
锡山	7 085	—	2 133	24 814	24 528
江阴	7 103	—	2 044	41 919	25 792
宜兴	7 106	—	2 130	34 082	19 985
辖区	7 262	—	1 700	22 723	31 767
无锡市	7 111		2 107	32 781	24 718

资料来源：根据《江苏省农村统计年鉴》(2014 年)整理。

③各区县农业现代化水平

表 4-55 呈现的是 2013 年无锡市各区县农业机械化水平。锡山区机耕面积占播种面积的比重最高，为 71.17%；宜兴市机播和机械收获面积占播种面积的比重最高，分别为 65.93% 和 67.66%；江阴市机械植保面积占播种面积的比重最高，为 74.29%；市辖区机耕、机播、机械植保和机械收获面积占播种面积的比重均最低，分别为 41.05%、27.70%、43.71% 和 27.80%。

表 4-55　2013 无锡市各区县农业机械化水平

区域	播种面积/千公顷	机耕		机播		机械植保		机械收获	
		面积/千公顷	占比/%	面积/千公顷	占比/%	面积/千公顷	占比/%	面积/千公顷	占比/%
锡山	18.42	13.11	71.17	9.98	54.18	10.40	56.46	10.40	56.46
江阴	47.49	32.61	68.67	26.37	55.53	35.28	74.29	26.55	55.91
宜兴	93.59	65.99	70.51	61.70	65.93	60.00	64.11	63.32	67.66
辖区	19.17	7.87	41.05	5.31	27.70	8.38	43.71	5.33	27.80
无锡市	178.67	119.58	66.93	103.36	57.85	114.06	63.84	105.60	59.10

资料来源：根据《江苏省农村统计年鉴》(2014 年)整理。

表 4-56 和表 4-57 说明的是 2013 年无锡市各区县农业化学化水平。

单位播种面积农村用电量。宜兴市单位播种面积农村用电量最低，为 0.89 亿千瓦时/千公顷，市辖区最高，达 4.35 亿千瓦时/千公顷。

单位播种面积农用薄膜使用量。无锡市各区县单位播种面积农用薄膜使

表 4-56 2013 无锡市各区县农业化学化水平(一)

区域	播种面积/千公顷	农村用电		农用薄膜		农用柴油	
		使用量/亿千瓦时	单位面积用量/(亿千瓦时/千公顷)	使用量/万吨	单位面积用量/(吨/千公顷)	使用量/万吨	单位面积用量/(吨/千公顷)
锡山	18.42	50.44	2.74	0.05	27.14	0.10	54.29
江阴	47.49	167.43	3.53	1.00	210.57	0.44	92.65
宜兴	93.59	83.75	0.89	0.02	2.14	1.14	121.81
辖区	19.17	83.35	4.35	0.15	78.25	0.54	281.69
无锡市	178.67	384.97	2.15	1.22	68.28	2.22	124.25

资料来源：根据《江苏省农村统计年鉴》(2014 年)整理。

表 4-57 2013 年无锡市各区县农业化学化水平(二)

区域	播种面积/千公顷	农药		化肥(折纯量)	
		使用量/万吨	单位面积用量/(吨/千公顷)	使用量/万吨	单位面积用量/(吨/千公顷)
锡山	18.42	0.01	5.43	0.66	358.31
江阴	47.49	0.09	18.95	1.58	332.70
宜兴	93.59	0.14	14.96	2.61	278.88
辖区	19.17	0.03	15.65	0.89	464.27
无锡市	178.67	0.27	15.11	5.74	321.26

资料来源：根据《江苏省农村统计年鉴》(2014 年)整理。

用量差别较大。江阴市最高，为 210.57 吨/千公顷，是全市平均水平的 3 倍以上；宜兴市最低，仅为 2.14 吨/千公顷，不及全市平均水平的 5%。

单位播种面积农用柴油使用量。市辖区单位播种面积农用柴油使用量最多，达 281.69 吨/千公顷，是全市平均水平的 2.27 倍；锡山区最少，仅为 54.29 吨/千公顷，是全市平均水平的 43.69%。

单位播种面积农药使用量。江阴市单位播种面积农药使用量最高，为 18.95 吨/千公顷；锡山区最低，为 5.43 吨/千公顷。

单位播种面积化肥使用量。市辖区单位播种面积化肥使用量最高，为 464.27 吨/千公顷；宜兴市最低，为 278.88 吨/千公顷。

(3) 常州市各区县农产品生产比较

①各区县农业总产值

如表 4-58 所示，2013 年常州市各区县农业总产值最高的是武进区，达 48.01 亿元，最低的是市辖区，只有 15.62 亿元。从农业总产值占农林牧渔业总产值的比重来看，除金坛市(43.37%)低于全市平均值，其余各区县均高于全市平均值(54.03%)。

表 4-58　2013 年常州市各区县农业总产值

区域	农林牧渔业总产值/亿元	农业总产值	
		数值/亿元	占比/%
武进	80.84	48.01	59.39
溧阳	75.89	41.29	54.41
金坛	57.23	24.82	43.37
辖区	26.16	15.62	59.71
常州市	240.11	129.73	54.03

资料来源：根据《江苏省农村统计年鉴》(2014 年)整理。

②各区县农作物播种面积与产量

表 4-59 和表 4-60 说明的是 2013 年常州市各区县农作物播种面积与总产量情况。棉花(皮棉)种植几乎全部集中在溧阳市，溧阳市粮食、油料和瓜类播种面积和总产量也是全市最高的；武进区蔬菜(含菜用瓜)播种面积虽然最大，但溧阳市总产量最高；市辖区粮食、油料、蔬菜(含菜用瓜)和瓜类播种面积和总产量均是全市最低的。

表 4-59　2013 年常州市各区县农作物播种面积与总产量(一)

区域	全年播种面积/千公顷	粮食		棉花(皮棉)		油料	
		播种面积/千公顷	总产量/万吨	播种面积/千公顷	总产量/万吨	播种面积/千公顷	总产量/万吨
武进	47.48	23.42	16.98	0.00	0.00	0.75	0.15
溧阳	94.38	68.38	53.63	0.51	0.04	13.20	3.16
金坛	56.16	37.96	28.29	0.02	0.0023	3.84	0.86
辖区	26.15	20.56	14.81	0.00	0.00	0.46	0.09
常州市	224.17	150.32	113.71	0.53	0.05	18.25	4.26

资料来源：根据《江苏省农村统计年鉴》(2014 年)整理。

表 4-60　2013 年常州市各区县农作物播种面积与总产量(二)

区域	蔬菜(含菜用瓜)		瓜类	
	播种面积/千公顷	总产量/万吨	播种面积/千公顷	总产量/万吨
武进	10.19	29.38	0.79	2.05
溧阳	8.51	30.72	1.97	5.98
金坛	5.91	19.25	0.65	1.76
辖区	3.88	12.30	0.22	0.59
常州市	28.49	91.65	3.63	10.38

资料来源：根据《江苏省农村统计年鉴》(2014 年)整理。

表 4-61 反映的是 2013 年常州市各区县农作物单产情况。溧阳市粮食、油料、蔬菜(含菜用瓜)和瓜类单产均是全市最高，分别达 7 843、2 393、36 101 和 30 368 公斤/公顷；棉花(皮棉)单产则是全市最低，只有 861 公斤/公顷。金坛市棉花(皮棉)单产最高，为 1 150 公斤/公顷。武进区蔬菜(含菜用瓜)和瓜类单产全市最低。市辖区粮食和油料单产最低。

表 4-61　2013 年常州市各区县农作物单位面积产量　(单位：公斤/公顷)

区域	粮食	棉花(皮棉)	油料	蔬菜(含菜用瓜)	瓜类
武进	7 249	—	2 021	28 832	25 949
溧阳	7 843	861	2 393	36 101	30 368
金坛	7 453	1 150	2 237	32 569	27 037
辖区	7 204	—	1 937	31 706	26 691
常州市	7 565	872	2 333	32 170	28 587

资料来源：根据《江苏省农村统计年鉴》(2014 年)整理。

③各区县农业现代化水平

表 4-62 反映的是 2013 年常州市各区县农业机械化水平。溧阳市农业机械化水平最高，其机耕、机播、机械植保和机械收获面积占播种面积的比重分别为 80.74%、65.34%、80.74%和 69.55%；市辖区机耕和机播面积占播种面积的比重最低，分别为 54.95%和 33.84%，武进区机械植保和机械收获面积占播种面积的比重最低，分别为 43.58%和 44.97%。

表 4-62　2013 常州市各区县农业机械化水平

区域	播种面积/千公顷	机耕		机播		机械植保		机械收获	
		面积/千公顷	占比/%	面积/千公顷	占比/%	面积/千公顷	占比/%	面积/千公顷	占比/%
武进	47.48	37.08	78.10	21.45	45.18	20.69	43.58	21.35	44.97
溧阳	94.38	76.20	80.74	61.67	65.34	76.20	80.74	65.64	69.55
金坛	56.16	35.94	64.00	32.46	57.80	44.37	79.01	35.04	62.39
辖区	26.15	14.37	54.95	8.85	33.84	13.26	50.71	14.36	54.91
常州市	224.17	163.59	72.98	124.43	55.51	154.52	68.93	136.39	60.84

资料来源：根据《江苏省农村统计年鉴》(2014 年)整理。

表 4-63 和表 4-64 说明的是 2013 年常州市各区县农业化学化水平。

单位播种面积农村用电量。武进区单位播种面积农村用电量最高，达 1.96 亿千瓦时/千公顷；金坛市最低，为 0.37 亿千瓦时/千公顷。

单位播种面积农用薄膜使用量。武进区单位播种面积农用薄膜使用量最高，为 21.06 吨/千公顷；市辖区最低，为 7.65 吨/千公顷。

单位播种面积农用柴油使用量。武进区单位播种面积农用柴油使用量最多，达 208.51 吨/千公顷；金坛市最少，仅为 90.81 吨/千公顷。

单位播种面积农药使用量。常州市各区县单位播种面积农药使用量差别不大。最高的是武进区，为 16.85 吨/千公顷；最低的是金坛市，为 14.25 吨/千公顷。

单位播种面积化肥使用量。金坛市单位播种面积化肥使用量最高，为 400.64 吨/千公顷，远高于全市平均水平(280.14 吨/千公顷)；武进区最低，仅为 168.49 吨/千公顷，远低于全市平均水平。

表 4-63　2013 常州市各区县农业化学化水平(一)

区域	播种面积/千公顷	农村用电		农用薄膜		农用柴油	
		使用量/亿千瓦时	单位面积用量/(亿千瓦时/千公顷)	使用量/万吨	单位面积用量/(吨/千公顷)	使用量/万吨	单位面积用量/(吨/千公顷)
武进	47.48	92.96	1.96	0.10	21.06	0.99	208.51
溧阳	94.38	47.04	0.50	0.10	10.60	0.97	102.78
金坛	56.16	20.68	0.37	0.07	12.46	0.51	90.81
辖区	26.15	15.57	0.60	0.02	7.65	0.25	95.60
常州市	224.17	176.25	0.79	0.29	12.94	2.72	121.34

资料来源：根据《江苏省农村统计年鉴》(2014 年)整理。

表 4-64　2013 年常州市各区县农业化学化水平(二)

区域	播种面积/千公顷	农药		化肥(折纯量)	
		使用量/万吨	单位面积用量/(吨/千公顷)	使用量/万吨	单位面积用量/(吨/千公顷)
武进	47.48	0.08	16.85	0.80	168.49
溧阳	94.38	0.14	14.83	2.26	239.46
金坛	56.16	0.08	14.25	2.25	400.64
辖区	26.15	0.04	15.30	0.97	370.94
常州市	224.17	0.34	15.17	6.28	280.14

资料来源：根据《江苏省农村统计年鉴》(2014 年)整理。

(4) 苏州市各区县农产品生产比较

①各区县农业总产值

如表 4-65 所示，2013 年苏州市各区县农业总产值最高的是常熟市，达 37.02
亿元，最低的是市辖区，只有 4.60 亿元。从农业总产值占农林牧渔业总产值的
比重来看，张家港市和常熟市均达 50.00%以上，分别为 55.92%和 54.43%；太
仓市和吴江区其次，略高于全市平均水平；市辖区最低，仅为 13.03%。

表 4-65　2013 年苏州市各区县农业总产值

区域	农林牧渔业总产值/亿元	农业总产值	
		数值/亿元	占比/%
吴中	39.64	11.71	29.54
吴江	64.15	27.27	42.51
常熟	68.02	37.02	54.43
张家港	53.63	29.99	55.92
昆山	45.98	13.28	28.88
太仓	63.10	26.90	42.63
辖区	35.29	4.60	13.03
苏州市	369.82	150.78	40.77

资料来源：根据《江苏省农村统计年鉴》(2014 年)整理。

②各区县农作物播种面积与产量

表 4-66、表 4-67 说明的是 2013 年苏州市各区县农作物播种面积与总产

量情况。吴中区、吴江区和市辖区没有种植棉花(皮棉)；常熟市和太仓市是棉花(皮棉)的主要种植地，其播种面积和总产量占全市相应总量的 90%以上。常熟市粮食、棉花(皮棉)、油料和蔬菜(含菜用瓜)播种面积和总产量均是全市最高的；吴江区瓜类播种面积和总产量是全市最高的；吴中区粮食和油料播种面积和总产量为全市最低；市辖区蔬菜(含菜用瓜)播种面积和总产量为全市最低；吴中区瓜类播种面积最低，但市辖区总产量最低。

表 4-66　2013 年苏州市各区县农作物播种面积与总产量(一)

区域	全年播种面积/千公顷	粮食		棉花(皮棉)		油料	
		播种面积/千公顷	总产量/万吨	播种面积/千公顷	总产量/万吨	播种面积/千公顷	总产量/万吨
吴中	8.20	2.39	1.72	0.00	0.00	0.12	0.03
吴江	38.97	21.58	16.83	0.00	0.00	1.39	0.37
常熟	74.03	42.32	31.61	0.63	0.06	3.25	0.89
张家港	54.96	38.62	27.23	0.05	0.0 044	1.77	0.45
昆山	23.16	15.66	11.21	0.01	0.0 022	0.69	0.16
太仓	49.37	29.35	21.45	0.27	0.03	1.88	0.48
辖区	8.94	4.35	3.06	0.00	0.00	0.16	0.03
苏州市	257.63	154.27	113.12	0.96	0.10	9.26	2.42

资料来源：根据《江苏省农村统计年鉴》(2014 年)整理。

表 4-67　2013 年苏州市各区县农作物播种面积与总产量(二)

区域	蔬菜(含菜用瓜)		瓜类	
	播种面积/千公顷	总产量/万吨	播种面积/千公顷	总产量/万吨
吴中	5.10	14.34	0.25	1.27
吴江	11.51	29.91	1.49	6.92
常熟	26.33	82.98	0.75	1.86
张家港	10.21	27.05	1.48	5.36
昆山	4.79	12.99	1.05	3.26
太仓	15.60	50.58	0.94	2.82
辖区	3.69	9.05	0.49	1.23
苏州市	77.23	226.90	6.45	22.71

资料来源：根据《江苏省农村统计年鉴》(2014 年)整理。

　　表 4-68 反映的是 2013 年苏州市各区县农作物单产情况。吴江区粮食单产最高，达 7 801 公斤/公顷；市辖区最低，只有 7 031 公斤/公顷。昆山市棉花单产最高，为 2 200 公斤/公顷，超出全市平均水平的 2 倍；张家港市最低，仅 880 公斤/公顷。常熟市油料单产最高，达 2 784 公斤/公顷，市辖区最低，只有 2 038 公斤/公顷，明显低于全市平均水平(2 614 公斤/公顷)。太仓市蔬菜(含菜用瓜)单产最高，为 32 422 公斤/公顷；市辖区最低，仅为 24 538 公斤/公顷。吴中区瓜类单产最高，达 50 684 公斤/公顷，远高于全市平均水平(35 203 公斤/公顷)；常熟市最低，只有 24 733 公斤/公顷。

表 4-68　2013 年苏州市各区县农作物单位面积产量　　　　(单位：公斤/公顷)

区域	粮食	棉花(皮棉)	油料	蔬菜(含菜用瓜)	瓜类
吴中	7 212	——	2 242	28 118	50 684
吴江	7 801	——	2 694	25 982	46 417
常熟	7 469	1 029	2 748	31 516	24 733
张家港	7 051	880	2 559	26 496	36 234
昆山	7 161	2 200	2 297	27 114	31 050
太仓	7 309	1 200	2 566	32 422	30 000
辖区	7 031	——	2 038	24 538	25 000
苏州市	7 333	1 081	2 614	29 380	35 203

　　资料来源：根据《江苏省农村统计年鉴》(2014 年)整理。

③各区县农业现代化水平

　　表 4-69 反映的是 2013 年苏州市各区县农业机械化水平。张家港市农业机械化水平最高，其机耕、机播、机械植保和机械收获面积占播种面积的比重分别为 80.24%、68.78%、82.97%和 66.41%；吴中区最低，其机耕、机播、机械植保和机械收获面积占播种面积的比重分别为 29.63%、17.68%、29.63%和 27.32%。

表 4-69　2013 苏州市各区县农业机械化水平

区域	播种面积/千公顷	机耕		机播		机械植保		机械收获	
		面积/千公顷	占比/%	面积/千公顷	占比/%	面积/千公顷	占比/%	面积/千公顷	占比/%
吴中	8.20	2.43	29.63	1.45	17.68	2.43	29.63	2.24	27.32
吴江	38.97	21.58	55.38	21.09	54.12	23.80	61.07	20.73	53.19
常熟	74.03	51.77	69.93	35.78	48.33	44.52	60.14	41.09	55.50
张家港	54.96	44.10	80.24	37.80	68.78	45.60	82.97	36.50	66.41
昆山	23.16	14.94	64.51	14.71	63.51	15.16	65.46	15.16	65.46
太仓	49.37	38.43	77.84	24.81	50.25	37.96	76.89	27.62	55.94
辖区	8.94	4.30	48.10	2.16	24.16	4.16	46.53	4.33	48.43
苏州市	257.63	177.55	68.92	137.80	53.49	173.63	67.40	147.67	57.32

资料来源：根据《江苏省农村统计年鉴》(2014 年)整理。

表 4-70 和表 4-71 说明的是 2013 年苏州市各区县农业化学化水平。

单位播种面积农村用电量。市辖区单位播种面积农村用电量最高，达 6.07 亿千瓦时/千公顷；昆山市其次，为 4.55 亿千瓦时/千公顷；常熟市最低，为 1.03 亿千瓦时/千公顷。

表 4-70　2013 苏州市各区县农业化学化水平(一)

区域	播种面积/千公顷	农村用电		农用薄膜		农用柴油	
		使用量/亿千瓦时	单位面积用量/(亿千瓦时/千公顷)	使用量/万吨	单位面积用量/(吨/千公顷)	使用量/万吨	单位面积用量/(吨/千公顷)
吴中	8.20	25.16	3.07	0.01	12.20	0.36	439.02
吴江	38.97	131.14	3.37	0.03	7.70	0.53	136.00
常熟	74.03	76.39	1.03	0.09	12.16	0.74	99.96
张家港	54.96	137.93	2.51	0.08	14.56	0.28	50.95
昆山	23.16	105.32	4.55	0.02	8.64	0.48	207.25
太仓	49.37	51.47	1.04	0.05	10.13	0.72	145.84
辖区	8.94	54.29	6.07	0.01	11.19	0.23	257.27
苏州市	257.63	581.7	2.26	0.29	11.26	3.34	129.64

资料来源：根据《江苏省农村统计年鉴》(2014 年)整理。

表 4-71 2013 年苏州市各区县农业化学化水平(二)

区域	播种面积/千公顷	农药		化肥(折纯量)	
		使用量/万吨	单位面积用量/(吨/千公顷)	使用量/万吨	单位面积用量/(吨/千公顷)
吴中	8.20	0.02	24.39	0.43	524.39
吴江	38.97	0.05	12.83	0.99	254.04
常熟	74.03	0.18	24.31	2.91	393.08
张家港	54.96	0.05	9.10	1.14	207.42
昆山	23.16	0.04	17.27	1.03	444.73
太仓	49.37	0.05	6.08	1.07	216.73
辖区	8.94	0.03	33.56	0.55	615.21
苏州市	257.63	0.40	15.53	8.12	315.18

资料来源:根据《江苏省农村统计年鉴》(2014 年)整理。

单位播种面积农用薄膜使用量。张家港市单位播种面积农用薄膜使用量最高,为 14.56 吨/千公顷;吴江区最低,为 7.70 吨/千公顷。

单位播种面积农用柴油使用量。吴中区单位播种面积农用柴油使用量最多,达 439.02 吨/千公顷,是全市平均水平(129.64 吨/千公顷)的 3.39 倍;张家港市最少,仅为 50.95 吨/千公顷,是全市平均水平的 39.30%。

单位播种面积农药使用量。市辖区单位播种面积农药使用量最高,为 33.56 吨/千公顷;太仓市最低,只有 6.08 吨/千公顷。

单位播种面积化肥使用量。市辖区单位播种面积化肥使用量最高,为 615.21 吨/千公顷,远高于全市平均水平(315.18 吨/千公顷);张家港市最低,仅为 207.42 吨/千公顷,是全市平均水平的 65.81%。

(5) 镇江市各区县农产品生产比较

①各区县农业总产值

如表 4-72 所示,2013 年镇江市各区县农业总产值最高的是丹阳市,达 41.75 亿元;最低的是市辖区,只有 9.34 亿元。从农业总产值占农林牧渔业总产值的比重来看,丹阳市最高,为 59.08%;市辖区最低,为 46.19%。

表 4-72　2013 年镇江市各区县农业总产值

区域	农林牧渔业总产值/亿元	农业总产值	
		数值/亿元	占比/%
丹徒	28.27	13.47	47.65
丹阳	70.67	41.75	59.08
扬中	19.98	9.72	48.65
句容	56.99	33.00	57.90
辖区	20.22	9.34	46.19
镇江市	196.14	107.28	54.70

资料来源：根据《江苏省农村统计年鉴》(2014 年)整理。

②各区县农作物播种面积与产量

表 4-73 和表 4-74 说明的是 2013 年镇江市各区县农作物播种面积与总产量情况。丹阳市粮食和蔬菜(含菜用瓜)播种面积和总产量最高；句容市油料和瓜类播种面积和总产量最高，另外，棉花(皮棉)种植几乎全部集中在句容市；扬中市油料、蔬菜(含菜用瓜)和瓜类播种面积和总产量最低；市辖区粮食播种面积和总产量最低。

表 4-73　2013 年镇江市各区县农作物播种面积与总产量(一)

区域	全年播种面积/千公顷	粮食		棉花(皮棉)		油料	
		播种面积/千公顷	总产量/万吨	播种面积/千公顷	总产量/万吨	播种面积/千公顷	总产量/万吨
丹徒	36.38	28.31	19.43	0.02	0.0 021	4.44	0.93
丹阳	84.24	70.48	50.88	0.00	0.00	4.45	1.05
扬中	18.69	13.84	10.52	0.00	0.00	0.71	0.17
句容	78.03	50.69	35.37	1.42	0.11	15.36	3.45
辖区	20.10	13.38	9.59	0.00	0.00	0.80	0.20
镇江市	237.44	176.70	125.79	1.44	0.11	25.76	5.80

资料来源：根据《江苏省农村统计年鉴》(2014 年)整理。

表 4-74 2013 年镇江市各区县农作物播种面积与总产量(二)

区域	蔬菜(含菜用瓜)		瓜类	
	播种面积/千公顷	总产量/万吨	播种面积/千公顷	总产量/万吨
丹徒	3.41	10.02	0.15	0.39
丹阳	8.06	27.62	0.19	0.27
扬中	3.33	9.15	0.11	0.19
句容	6.35	24.94	2.21	6.84
辖区	4.96	14.08	0.55	0.43
镇江市	26.11	85.81	3.21	8.13

资料来源：根据《江苏省农村统计年鉴》(2014 年)整理。

表 4-75 反映的是 2013 年镇江市各区县农作物单产情况。扬中市粮食作物单产最高，为 7 602 公斤/公顷，但蔬菜(含菜用瓜)单产最低，只有 27 475 公斤/公顷。句容市蔬菜(含菜用瓜)和瓜类单产最高，分别为 39 276 和 30 958 公斤/公顷，但棉花(皮棉)单产最低。丹徒区棉花(皮棉)单产最高，但粮食和油料单产最低。市辖区油料单产最高，达 2 520 公斤/公顷，但瓜类单产最低，仅 7 815 公斤/公顷，不及全市平均水平的三分之一。

表 4-75 2013 年镇江市各区县农作物单位面积产量 (单位：公斤/公顷)

区域	粮食	棉花(皮棉)	油料	蔬菜(含菜用瓜)	瓜类
丹徒	6 863	1 050	2 090	29 384	26 133
丹阳	7 219	—	2 364	34 274	14 463
扬中	7 602	—	2 385	27 475	17 227
句容	6 977	768	2 247	39 276	30 958
辖区	7 168	—	2 520	28 383	7 815
镇江市	7 119	778	2 252	32 865	25 320

资料来源：根据《江苏省农村统计年鉴》(2014 年)整理。

③各区县农业现代化水平

表 4-76 反映的是 2013 年镇江市各区县农业机械化水平。丹徒区机耕面积占播种面积的比重最高，达 88.68%；丹阳市机播和机械收获面积占播种面

积的比重最高，分别为 74.30%和 81.79%；句容市机械植保面积占播种面积的
比重最高，为 80.37%。句容市机耕和机械收获面积占播种面积的比重最低，
分别是56.40%和57.85%；扬中市机播面积占播种面积的比重最低，为48.31%；
市辖区机械植保面积占播种面积的比重最低，为 64.73%。

表 4-76　2013 镇江市各区县农业机械化水平

区域	播种面积/千公顷	机耕		机播		机械植保		机械收获	
		面积/千公顷	占比/%	面积/千公顷	占比/%	面积/千公顷	占比/%	面积/千公顷	占比/%
丹徒	36.38	32.26	88.68	23.70	65.15	25.90	71.19	29.11	80.02
丹阳	84.24	72.15	85.65	62.59	74.30	66.13	78.50	68.90	81.79
扬中	18.69	11.60	62.07	9.03	48.31	12.50	66.88	12.76	68.27
句容	78.03	44.01	56.40	38.97	49.94	62.71	80.37	45.14	57.85
辖区	20.1	14.24	70.85	11.12	55.32	13.01	64.73	12.69	63.13
镇江市	237.44	174.26	73.39	145.40	61.24	180.24	75.91	168.61	71.01

资料来源：根据《江苏省农村统计年鉴》(2014 年)整理。

　　表 4-77 和表 4-78 说明的是 2013 年镇江市各区县农业化学化水平。

表 4-77　2013 镇江市各区县农业化学化水平(一)

区域	播种面积/千公顷	农村用电		农用薄膜		农用柴油	
		使用量/亿千瓦时	单位面积用量/(亿千瓦时/千公顷)	使用量/万吨	单位面积用量/(吨/千公顷)	使用量/万吨	单位面积用量/(吨/千公顷)
丹徒	36.38	6.21	0.17	0.02	5.50	0.40	109.95
丹阳	84.24	54.03	0.64	0.14	16.62	0.78	92.59
扬中	18.69	9.07	0.49	0.02	10.70	0.05	26.75
句容	78.03	5.89	0.08	0.08	10.25	0.98	125.59
辖区	20.10	3.61	0.18	0.05	24.88	0.07	34.83
镇江市	237.44	78.81	0.33	0.31	13.06	2.28	96.02

资料来源：根据《江苏省农村统计年鉴》(2014 年)整理。

表 4-78　2013 年镇江市各区县农业化学化水平(二)

区域	播种面积/千公顷	农药		化肥(折纯量)	
		使用量/万吨	单位面积用量/(吨/千公顷)	使用量/万吨	单位面积用量/(吨/千公顷)
丹徒	36.38	0.03	8.25	1.00	274.88
丹阳	84.24	0.10	11.87	1.56	185.19
扬中	18.69	0.03	16.05	0.41	219.37
句容	78.03	0.09	11.53	2.23	285.79
辖区	20.10	0.02	9.95	0.52	258.71
镇江市	237.44	0.27	11.37	5.72	240.90

资料来源：根据《江苏省农村统计年鉴》(2014 年)整理。

单位播种面积农村用电量。丹阳市单位播种面积农村用电量最高，达 0.64 亿千瓦时/千公顷；句容市最低，为 0.08 亿千瓦时/千公顷。

单位播种面积农用薄膜使用量。市辖区单位播种面积农用薄膜使用量最高，为 24.88 吨/千公顷；丹徒区最低，为 5.50 吨/千公顷。

单位播种面积农用柴油使用量。句容市单位播种面积农用柴油使用量最多，达 125.59 吨/千公顷，是全市平均水平的 1.3 倍；扬中市最少，仅为 26.75 吨/千公顷，是全市平均水平的 27.86%。

单位播种面积农药使用量。扬中市单位播种面积农药使用量最高，为 16.05 吨/千公顷；丹徒区最低，为 8.25 吨/千公顷。

单位播种面积化肥使用量。句容市单位播种面积化肥使用量最高，为 285.79 吨/千公顷；丹徒区(274.88 吨/千公顷)和辖区(258.71 吨/千公顷)其次；丹阳市最低，为 185.19 吨/千公顷。

(6) 南通市各区县农产品生产比较

①各区县农业总产值

如表 4-79 所示，2013 年南通市各区县农业总产值最高的是如皋市，达 51.62 亿元，最低的是市辖区，只有 5.54 亿元。从农业总产值占农林牧渔业总产值的比重来看，市辖区最高，为 68.56%；启东市最低，为 33.90%。

表 4-79　2013 年南通市各区县农业总产值

区域	农林牧渔业总产值/亿元	农业总产值	
		数值/亿元	占比/%
通州	81.97	42.69	52.08
海安	95.71	38.56	40.29
如东	120.51	46.12	38.27
启东	115.71	39.22	33.90
如皋	92.36	51.62	55.89
海门	80.43	39.88	49.58
辖区	8.08	5.54	68.56
南通市	594.78	263.62	44.32

资料来源：根据《江苏省农村统计年鉴》(2014 年)整理。

②各区县农作物播种面积与产量

表 4-80 和表 4-81 说明的是 2013 年南通市各区县农作物播种面积与总产量情况。如东县粮食播种面积和总产量最高；启东市棉花(皮棉)、油料和蔬菜(含菜用瓜)播种面积和总产量最高；海门市瓜类播种面积和总产量最高；市辖区粮食、油料和蔬菜(含菜用瓜)播种面积和总产量最低；海安县棉花(皮棉)和瓜类播种面积和总产量最低。

表 4-80　2013 年南通市各区县农作物播种面积与总产量(一)

区域	全年播种面积/千公顷	粮食		棉花(皮棉)		油料	
		播种面积/千公顷	总产量/万吨	播种面积/千公顷	总产量/万吨	播种面积/千公顷	总产量/万吨
通州	141.56	79.35	52.84	5.94	0.83	30.69	9.89
海安	102.95	79.13	64.09	0.02	0.002 6	4.05	1.48
如东	171.58	132.56	92.28	11.18	1.38	15.28	4.69
启东	152.74	72.37	26.12	13.25	1.69	34.70	10.34
如皋	150.54	108.78	74.04	0.16	0.02	14.23	3.84
海门	106.97	37.81	18.38	9.56	1.15	29.29	9.54
辖区	17.19	9.67	5.70	0.05	0.01	3.29	1.06
南通市	843.53	519.67	333.46	40.16	5.07	131.53	40.84

资料来源：根据《江苏省农村统计年鉴》(2014 年)整理。

表 4-81　　2013 年南通市各区县农作物播种面积与总产量(二)

区域	蔬菜(含菜用瓜)		瓜类	
	播种面积/千公顷	总产量/万吨	播种面积/千公顷	总产量/万吨
通州	22.57	66.34	2.36	8.24
海安	16.35	56.96	0.57	2.20
如东	10.58	45.47	1.79	7.72
启东	26.79	75.62	3.27	9.28
如皋	17.30	61.65	1.68	8.17
海门	23.80	62.30	4.13	12.23
辖区	3.21	9.16	0.72	2.85
南通市	120.60	377.50	14.52	50.69

资料来源：根据《江苏省农村统计年鉴》(2014 年)整理。

表 4-82 反映的是 2013 年南通市各区县农作物单产情况。粮食单产最高的是海安县，达 8 100 公斤/公顷；最低的是启东市，只有 3 610 公斤/公顷，远低于全市平均水平(6 417 公斤/公顷)。各区县棉花(皮棉)单产均大于 1 000 公斤/公顷，其中最高的是通州区，最低的是如皋市。油料单产最高的是海安县，最低的是如皋市。蔬菜(含菜用瓜)单产最高的是如东县，达 42 976 公斤/公顷，最低的是海门市。瓜类单产最高的是如皋市，达 48 657 公斤/公顷，最低的是启东市，仅为 28 372 公斤/公顷。

表 4-82　　2013 年南通市各区县农作物单位面积产量　　　　(单位：公斤/公顷)

区域	粮食	棉花(皮棉)	油料	蔬菜(含菜用瓜)	瓜类
通州	6 659	1 395	3 222	29 393	34 932
海安	8 100	1 300	3 654	34 841	38 553
如东	6 962	1 230	3 071	42 976	43 144
启东	3 610	1 275	2 981	28 227	28 372
如皋	6 807	1 000	2 696	35 634	48 657
海门	4 861	1 200	3 257	26 175	29 610
辖区	5 898	1 360	3 217	28 549	39 568
南通市	6 417	1 261	3 105	31 302	34 913

资料来源：根据《江苏省农村统计年鉴》(2014 年)整理。

③各区县农业现代化水平

表 4-83 反映的是 2013 年南通市各区县农业机械化水平。海安县机耕、机播和机械收获面积占播种面积的比重最高，分别为 75.92%、69.29% 和 72.70%；启东市机械植保面积占播种面积的比重最高，达 78.39%，但机播和机械收获面积占播种面积的比重最低，只有 10.99% 和 10.97%；海门市机耕面积占播种面积的比重最低，只有 37.65%；如皋市机械植保面积占播种面积的比重最低，为 45.62%。

表 4-83　2013 南通市各区县农业机械化水平

区域	播种面积/千公顷	机耕		机播		机械植保		机械收获	
		面积/千公顷	占比/%	面积/千公顷	占比/%	面积/千公顷	占比/%	面积/千公顷	占比/%
通州	141.56	76.56	54.08	52.25	36.91	75.19	53.12	55.12	38.94
海安	102.95	78.16	75.92	71.33	69.29	72.07	70.00	74.84	72.70
如东	171.58	129.00	75.18	114.60	66.79	120.84	70.43	116.57	67.94
启东	152.74	57.58	37.70	16.79	10.99	119.73	78.39	16.76	10.97
如皋	150.54	108.95	72.37	97.58	64.82	68.68	45.62	92.92	61.72
海门	106.97	40.27	37.65	14.74	13.78	74.83	69.95	13.19	12.33
辖区	17.19	—	—	10.11	58.81	—	—	11.54	67.13
南通市	843.53	508.03	60.23	377.40	44.74	561.61	66.58	380.95	45.16

资料来源：根据《江苏省农村统计年鉴》(2014 年)整理。

由于南通市辖区机耕和机械植保面积均大于其全年播种面积，本发展报告在描述 2013 年南通市各区县农业机械化水平时不考虑市辖区机耕和机械植保的情况。

表 4-84 和表 4-85 说明的是 2013 年南通市各区县农业化学化水平。

单位播种面积农村用电量。市辖区单位播种面积农村用电量最高，达 0.56 亿千瓦时/千公顷；启东市最低，为 0.06 亿千瓦时/千公顷。

单位播种面积农用薄膜使用量。海门市单位播种面积农用薄膜使用量最高，为 24.31 吨/千公顷；市辖区其次，为 23.27 吨/千公顷；海安县最低，为 7.77 吨/千公顷，大概为全市平均水平的一半。

单位播种面积农用柴油使用量。如东县单位播种面积农用柴油使用量最多，达 315.89 吨/千公顷，接近全市平均水平的 2 倍；海门市最少，仅为 31.78 吨

/千公顷，不及全市平均水平的 20.00%。

表 4-84　2013 南通市各区县农业化学化水平(一)

区域	播种面积/千公顷	农村用电		农用薄膜		农用柴油	
		使用量/亿千瓦时	单位面积用量/(亿千瓦时/千公顷)	使用量/万吨	单位面积用量/(吨/千公顷)	使用量/万吨	单位面积用量/(吨/千公顷)
通州	141.56	35.72	0.25	0.12	8.48	1.37	96.78
海安	102.95	20.49	0.20	0.08	7.77	1.60	155.42
如东	171.58	20.68	0.12	0.35	20.40	5.42	315.89
启东	152.74	9.59	0.06	0.23	15.06	4.10	268.43
如皋	150.54	33.90	0.23	0.15	9.96	0.71	47.16
海门	106.97	24.88	0.23	0.26	24.31	0.34	31.78
辖区	17.19	9.58	0.56	0.04	23.27	0.13	75.63
南通市	843.53	154.84	0.18	1.23	14.58	13.67	162.06

资料来源：根据《江苏省农村统计年鉴》(2014 年)整理。

表 4-85　2013 年南通市各区县农业化学化水平(二)

区域	播种面积/千公顷	农药		化肥(折纯量)	
		使用量/万吨	单位面积用量/(吨/千公顷)	使用量/万吨	单位面积用量/(吨/千公顷)
通州	141.56	0.16	11.30	2.75	194.26
海安	102.95	0.11	10.68	4.46	433.22
如东	171.58	0.35	20.40	4.11	239.54
启东	152.74	0.09	5.89	3.37	220.64
如皋	150.54	0.21	13.95	3.35	222.53
海门	106.97	0.11	10.28	4.75	444.05
辖区	17.19	0.02	11.63	0.70	407.21
南通市	843.53	1.05	12.45	23.49	278.47

资料来源：根据《江苏省农村统计年鉴》(2014 年)整理。

单位播种面积农药使用量。如东县单位播种面积农药使用量最高，为20.40 吨/千公顷；启东市最低，仅为 5.89 吨/千公顷。

单位播种面积化肥使用量。海门市单位播种面积化肥使用量最高，为444.05 吨/千公顷，远高于全市平均水平(278.47 吨/千公顷)；通州区最低，为194.26 吨/千公顷。

(7) 扬州市各区县农产品生产比较

①各区县农业总产值

如表 4-86 所示，2013 年扬州市各区县农业总产值最高的是江都区，达 53.53 亿元，最低的是市辖区，只有 13.82 亿元。从农业总产值占农林牧渔业总产值的比重来看，仪征市最高，为 60.73%；宝应县和高邮市最低，分别为 37.88%和 36.86%。

表 4-86　2013 年扬州市各区县农业总产值

区域	农林牧渔业总产值/亿元	农业总产值	
		数值/亿元	占比/%
邗江	30.07	15.19	50.52
江都	89.46	53.53	59.84
宝应	107.54	40.74	37.88
仪征	38.10	23.14	60.73
高邮	113.96	42.01	36.86
辖区	24.80	13.82	55.73
扬州市	403.93	188.43	46.65

资料来源：根据《江苏省农村统计年鉴》(2014 年)整理。

②各区县农作物播种面积与产量

表 4-87 和表 4-88 说明的是 2013 年扬州市各区县农作物播种面积与总产量情况。宝应县粮食播种面积和总产量最高，高邮市次之，两地播种面积和总产量超出全市相应总量的 55.00%；市辖区最低，不及宝应县的五分之一。高邮市棉花(皮棉)播种面积和总产量最高；宝应县和市辖区没有种植。高邮市油料播种面积和总产量最高；邗江区最低。江都区蔬菜(含菜用瓜)播种面积和总产量最高；邗江区播种面积最低，但市辖区总产量最低；江都区瓜类播种面积最高，但高邮市瓜类总产量最高；仪征市播种面积和总产量最低。

表 4-87　2013 年扬州市各区县农作物播种面积与总产量(一)

区域	全年播种面积/千公顷	粮食		棉花(皮棉)		油料	
		播种面积/千公顷	总产量/万吨	播种面积/千公顷	总产量/万吨	播种面积/千公顷	总产量/万吨
邗江	32.09	25.10	17.80	0.29	0.06	1.25	0.28
江都	111.50	88.77	66.32	0.38	0.06	7.46	2.17
宝应	137.29	119.91	92.30	0.00	0.00	5.50	1.50
仪征	60.90	48.89	33.75	0.06	0.01	4.31	1.04
高邮	142.62	115.96	87.52	2.47	0.34	8.25	2.29
辖区	25.87	21.17	14.51	0.00	0.00	1.28	0.29
扬州市	510.27	419.80	312.19	3.20	0.46	28.05	7.57

资料来源：根据《江苏省农村统计年鉴》(2014 年)整理。

表 4-88　2013 年扬州市各区县农作物播种面积与总产量(二)

区域	蔬菜(含菜用瓜)		瓜类	
	播种面积/千公顷	总产量/万吨	播种面积/千公顷	总产量/万吨
邗江	2.94	18.65	0.24	1.00
江都	14.04	43.80	0.53	1.66
宝应	10.64	32.92	0.50	1.68
仪征	6.31	23.78	0.12	0.35
高邮	10.89	42.83	0.51	1.98
辖区	3.22	17.94	0.14	0.73
扬州市	48.04	179.92	2.04	7.40

资料来源：根据《江苏省农村统计年鉴》(2014 年)整理。

　　表 4-89 反映的是 2013 年扬州市各区县农作物单产情况。宝应县粮食单产最高，达 7 697 公斤/公顷，但蔬菜(含菜用瓜)单产最低。邗江区棉花(皮棉)和蔬菜(含菜用瓜)单产最高，分别为 2 093 和 63 434 公斤/公顷，但油料单产最低。江都区油料单产最高，为 2 911 公斤/公顷。市辖区瓜类单产最高，为 52 186 公斤/公顷，但粮食单产最低。仪征市瓜类单产最低，只有 29 042 公斤/公顷。高邮市棉花单产最低，仅为 1 370 公斤/公顷。

表 4-89　2013 年扬州市各区县农作物单位面积产量　　(单位：公斤/公顷)

区域	粮食	棉花(皮棉)	油料	蔬菜(含菜用瓜)	瓜类
邗江	7 092	2 093	2 264	63 434	41 492
江都	7 470	1 455	2 911	31 198	31 234
宝应	7 697	—	2 731	30 935	33 676
仪征	6 903	1 417	2 401	37 686	29 042
高邮	7 547	1 370	2 772	39 327	38 849
辖区	6 856	—	2 296	55 720	52 186
扬州市	7 437	1 449	2 700	37 451	36 252

资料来源：根据《江苏省农村统计年鉴》(2014 年)整理。

③各区县农业现代化水平

表 4-90 呈现的是 2013 年扬州市各区县农业机械化水平。江都区机耕、机播和机械植保面积占播种面积的比重最高，分别是 87.31%、73.35%和 87.29%；宝应县机械收获面积占播种面积的比重最高，为 84.11%；市辖区农业机械化水平最低，其机耕、机播、机械植保和机械收获面积占播种面积的比重分别为 68.65%、28.22%、31.23%和 56.05%。

表 4-90　2013 扬州市各区县农业机械化水平

区域	播种面积/千公顷	机耕		机播		机械植保		机械收获	
		面积/千公顷	占比/%	面积/千公顷	占比/%	面积/千公顷	占比/%	面积/千公顷	占比/%
邗江	32.09	23.20	72.30	17.33	54.00	23.20	72.30	23.20	72.30
江都	111.50	97.35	87.31	81.78	73.35	97.33	87.29	91.20	81.79
宝应	137.29	108.46	79.00	68.59	49.96	112.00	81.58	115.47	84.11
仪征	60.90	48.30	79.31	17.20	28.24	48.00	78.82	45.00	73.89
高邮	142.62	107.02	75.04	68.69	48.16	105.02	73.64	105.02	73.64
辖区	25.87	17.76	68.65	7.30	28.22	8.08	31.23	14.50	56.05
扬州市	510.27	402.10	78.80	260.89	51.13	393.63	77.14	394.38	77.29

资料来源：根据《江苏省农村统计年鉴》(2014 年)整理。

表 4-91 和表 4-92 说明的是 2013 年扬州市各区县农业化学化水平。

表 4-91　2013 扬州市各区县农业化学化水平(一)

区域	播种面积/千公顷	农村用电		农用薄膜		农用柴油	
		使用量/亿千瓦时	单位面积用量/(亿千瓦时/千公顷)	使用量/万吨	单位面积用量/(吨/千公顷)	使用量/万吨	单位面积用量/(吨/千公顷)
邗江	32.09	7.21	0.22	0.07	21.81	0.38	118.42
江都	111.50	9.54	0.09	0.03	2.69	2.25	201.79
宝应	137.29	9.71	0.07	0.16	11.65	2.10	152.96
仪征	60.90	3.92	0.06	0.03	4.93	0.20	32.84
高邮	142.62	10.96	0.08	0.12	8.41	1.61	112.89
辖区	25.87	16.29	0.63	0.06	23.19	0.33	127.56
扬州市	510.27	57.63	0.11	0.47	9.21	6.87	134.63

资料来源：根据《江苏省农村统计年鉴》(2014 年)整理。

表 4-92　2013 年扬州市各区县农业化学化水平(二)

区域	播种面积/千公顷	农药		化肥(折纯量)	
		使用量/万吨	单位面积用量/(吨/千公顷)	使用量/万吨	单位面积用量/(吨/千公顷)
邗江	32.09	0.04	12.46	1.02	317.86
江都	111.50	0.10	8.97	7.64	685.20
宝应	137.29	0.06	4.37	3.53	257.12
仪征	60.90	0.01	1.64	1.12	183.91
高邮	142.62	0.16	11.22	5.10	357.59
辖区	25.87	0.03	11.60	1.47	568.23
扬州市	510.27	0.40	7.84	19.88	389.60

资料来源：根据《江苏省农村统计年鉴》(2014 年)整理。

单位播种面积农村用电量。市辖区单位播种面积农村用电量最高，达 0.63 亿千瓦时/千公顷；仪征市最低，仅为 0.06 亿千瓦时/千公顷。

单位播种面积农用薄膜使用量。市辖区单位播种面积农用薄膜使用量最高，为 23.19 吨/千公顷，是全市平均水平的 2 倍以上；江都区最低，仅为

2.69 吨 / 千公顷，是全市平均水平的 29.20%。

单位播种面积农用柴油使用量。江都区单位播种面积农用柴油使用量最多，达 201.79 吨/千公顷；扬中市最少，仅为 32.84 吨/千公顷，是全市平均水平的四分之一。

单位播种面积农药使用量。邗江区单位播种面积农药使用量最高，为 12.46 吨/千公顷；市辖区(11.60 吨/千公顷)和高邮市(11.22 吨/千公顷)其次；仪征市最低，仅为 1.64 吨/千公顷。

单位播种面积化肥使用量。江都区单位播种面积化肥使用量最高，为 685.20 吨/千公顷，是全市平均水平的 1.76 倍；市辖区其次，为 568.23 吨/千公顷；仪征市最低，仅为 183.91 吨/千公顷，是全市平均水平的 47.20%。

(8) 泰州市各区县农产品生产比较

①各区县农业总产值

如表 4-93 所示，2013 年泰州市各区县农业总产值最高的是兴化市，达 70.47 亿元，远高于其他各区县；最低的是市辖区，仅有 18.07 亿元。从农业总产值占农林牧渔业总产值的比重来看，除兴化市外，其他各区县均达 55.00% 以上，其中姜堰区最高，达 61.68%，市辖区、泰兴市和靖江市次之，分别为 60.33%、59.45%和 55.85%。

表 4-93　2013 年泰州市各区县农业总产值

区域	农林牧渔业总产值/亿元	农业总产值	
		数值/亿元	占比/%
姜堰	56.78	35.02	61.68
兴化	147.89	70.47	47.65
靖江	33.66	18.80	55.85
泰兴	76.30	45.36	59.45
辖区	29.95	18.07	60.33
泰州市	344.59	187.72	54.48

资料来源：根据《江苏省农村统计年鉴》(2014 年)整理。

②各区县农作物播种面积与产量

表 4-94 和表 4-95 说明的是 2013 年泰州市各区县农作物播种面积与总产量情况。兴化市粮食、棉花(皮棉)和瓜类播种面积和总产量远高于其他各区县；泰兴市油料和蔬菜(含菜用瓜)播种面积和总产量最高；市辖区粮食播种面积和总产量最低；靖江市和泰兴市没有种植棉花(皮棉)；靖江市油料、蔬菜(含菜用瓜)和瓜类播种面积和总产量均最低，不及全市相应总量的 10.00%。

表 4-94　2013 年泰州市各区县农作物播种面积与总产量(一)

区域	全年播种面积/千公顷	粮食		棉花(皮棉)		油料	
		播种面积/千公顷	总产量/万吨	播种面积/千公顷	总产量/万吨	播种面积/千公顷	总产量/万吨
姜堰	109.49	75.26	55.45	1.00	0.16	10.71	2.83
兴化	230.18	184.05	141.11	8.80	1.24	14.39	3.83
靖江	54.01	45.63	33.59	0.00	0.00	1.84	0.48
泰兴	138.05	96.33	70.37	0.00	0.00	14.45	4.06
辖区	50.59	37.25	26.16	0.01	0.0 008	3.79	1.08
泰州市	582.32	438.52	326.68	9.81	1.40	45.18	12.29

资料来源：根据《江苏省农村统计年鉴》(2014 年)整理。

表 4-95　2013 年泰州市各区县农作物播种面积与总产量(二)

区域	蔬菜(含菜用瓜)		瓜类	
	播种面积/千公顷	总产量/万吨	播种面积/千公顷	总产量/万吨
姜堰	21.80	79.11	0.36	1.26
兴化	21.35	73.34	1.53	6.82
靖江	6.22	23.30	0.23	0.68
泰兴	24.60	84.84	0.24	0.83
辖区	7.99	26.83	0.24	0.75
泰州市	81.96	287.40	2.60	10.33

资料来源：根据《江苏省农村统计年鉴》(2014 年)整理。

表 4-96 反映的是 2013 年泰州市各区县农作物单产情况。兴化市粮食和瓜类单产最高，分别为 7 667 公斤/公顷和 44 561 公斤/公顷。靖江市蔬菜(含菜用瓜)

单产最高，但油料和瓜类单产最低。市辖区油料单产最高，但粮食、棉花(皮棉)和蔬菜(含菜用瓜)单产最低。姜堰区棉花(皮棉)单产最高，为 1 630 公斤/公顷。

表 4-96　2013 年泰州市各区县农作物单位面积产量　　（单位：公斤/公顷）

区域	粮食	棉花(皮棉)	油料	蔬菜(含菜用瓜)	瓜类
姜堰	7 368	1 630	2 641	36 287	34 897
兴化	7 667	1 410	2 664	34 350	44 561
靖江	7 361	—	2 629	37 453	29 748
泰兴	7 305		2 812	34 487	34 425
辖区	7 022	900	2 851	33 573	31 167
泰州市	7 450	1 432	2 720	35 066	39 741

资料来源：根据《江苏省农村统计年鉴》(2014 年)整理。

③各区县农业现代化水平

表 4-97 反映的是 2013 年泰州市各区县农业机械化水平。兴化市和靖江市农业机械化水平最高，其中兴化市机耕和机械植保面积占播种面积的比重分别为 80.80%和 84.90%；靖江市机播和机械收获面积占播种面积的比重分别为 80.04%和 79.99%。姜堰区农业机械化水平最低，其机耕、机播、机械植保和机械收获面积占播种面积的比重分别为 59.35%、51.60%、59.18%和 58.58%。

表 4-97　2013 泰州市各区县农业机械化水平

区域	播种面积/千公顷	机耕		机播		机械植保		机械收获	
		面积/千公顷	占比/%	面积/千公顷	占比/%	面积/千公顷	占比/%	面积/千公顷	占比/%
姜堰	109.49	64.98	59.35	56.50	51.60	64.80	59.18	64.14	58.58
兴化	230.18	185.99	80.80	138.30	60.08	195.43	84.90	171.46	74.49
靖江	54.01	43.23	80.04	36.74	68.02	45.48	84.21	43.20	79.99
泰兴	138.05	86.80	62.88	72.89	52.80	95.83	69.42	80.87	58.58
辖区	50.59	37.95	75.01	34.01	67.23	39.27	77.62	—	
泰州市	582.32	418.95	71.94	338.44	58.12	440.81	75.70	417.14	71.63

资料来源：根据《江苏省农村统计年鉴》(2014 年)整理。

注：由于泰州市辖区机械收获面积大于其全年播种面积，本发展报告在描述 2013 年泰州市各区县农业机械化水平时不考虑市辖区机械收获的情况。

表 4-98 和表 4-99 说明的是 2013 年泰州市各区县农业化学化水平。

表 4-98　2013 泰州市各区县农业化学化水平(一)

区域	播种面积/千公顷	农村用电		农用薄膜		农用柴油	
		使用量/亿千瓦时	单位面积用量/(亿千瓦时/千公顷)	使用量/万吨	单位面积用量/(吨/千公顷)	使用量/万吨	单位面积用量/(吨/千公顷)
姜堰	109.49	13.75	0.13	0.03	2.74	0.63	57.54
兴化	230.18	37.21	0.16	0.20	8.69	3.96	172.04
靖江	54.01	16.04	0.30	0.05	9.26	0.26	48.14
泰兴	138.05	31.07	0.23	0.10	7.24	0.28	20.28
辖区	50.59	16.15	0.32	0.04	7.91	0.17	33.60
泰州市	582.32	114.22	0.20	0.42	7.21	5.30	91.02

资料来源：根据《江苏省农村统计年鉴》(2014 年)整理。

单位播种面积农村用电量。市辖区单位播种面积农村用电量最高，达 0.32 亿千瓦时/千公顷；姜堰区最低，只有 0.13 亿千瓦时/千公顷。

单位播种面积农用薄膜使用量。靖江市单位播种面积农用薄膜使用量最高，为 9.26 吨/千公顷；姜堰区最低，为 2.74 吨/千公顷。

单位播种面积农用柴油使用量。兴化市单位播种面积农用柴油使用量最多，达 172.04 吨/千公顷，接近全市平均水平的 2 倍；泰兴市最少，仅为 20.28 吨/千公顷，不足全市平均水平的四分之一。

单位播种面积农药使用量。市辖区单位播种面积农药使用量最高，为 13.84 吨/千公顷；姜堰区(11.87 吨/千公顷)和靖江市(11.11 吨/千公顷)其次；兴化市最低，为 8.69 吨/千公顷。

单位播种面积化肥使用量。市辖区单位播种面积化肥使用量最高，为 557.42 吨/千公顷；其次是靖江市(396.22 吨/千公顷)和姜堰区(379.94 吨/千公顷)，均高于全市平均水平(301.55 吨/千公顷)；泰兴市最低，为 124.59 吨/千公顷，不到全市平均水平的一半。

表 4-99　2013 年泰州市各区县农业化学化水平(二)

区域	播种面积/千公顷	农药		化肥(折纯量)	
		使用量/万吨	单位面积用量/(吨/千公顷)	使用量/万吨	单位面积用量/(吨/千公顷)
姜堰	109.49	0.13	11.87	4.16	379.94
兴化	230.18	0.20	8.69	6.72	291.95
靖江	54.01	0.06	11.11	2.14	396.22
泰兴	138.05	0.13	9.42	1.72	124.59
辖区	50.59	0.07	13.84	2.82	557.42
泰州市	582.32	0.59	10.13	17.56	301.55

资料来源：根据《江苏省农村统计年鉴》(2014 年)整理。

(9) 徐州市各区县农产品生产比较

①各区县农业总产值

如表 4-100 所示，2013 年徐州市各区县农业总产值最高的是邳州市，达 101.42 亿元；最低的是市辖区，只有 23.02 亿元。从农业总产值占农林牧渔业总产值的比重来看，丰县最高，为 73.76%；新沂市最低，为 49.52%。

表 4-100　2013 年徐州市各区县农业总产值

区域	农林牧渔业总产值/亿元	农业总产值	
		数值/亿元	占比/%
铜山	115.22	68.53	59.48
丰县	102.77	75.80	73.76
沛县	135.22	84.98	62.85
睢宁	118.30	64.57	54.58
新沂	102.87	50.94	49.52
邳州	162.85	101.42	62.28
辖区	35.69	23.02	64.50
徐州市	802.94	495.66	61.73

资料来源：根据《江苏省农村统计年鉴》(2014 年)整理。

②各区县农作物播种面积与产量

表 4-101 和表 4-102 反映的是 2013 年徐州市各区县农作物播种面积与总产量情况。睢宁县粮食播种面积和总产量最高，铜山区和邳州市其次，三地播种面积和总产量占全市相应总量的 50.00%以上；丰县棉花(皮棉)播种面积和总产量最高，但瓜类最低；新沂市油料播种面积和总产量最高，但没有种棉花(皮棉)；邳州市蔬菜(含菜用瓜)播种面积和总产量最高；邳州市瓜类播种面积也是最高，但沛县总产量最高；市辖区粮食、油料和蔬菜(含菜用瓜)播种面积和总产量均最低。

表 4-101　2013 年徐州市各区县农作物播种面积与总产量(一)

区域	全年播种面积/千公顷	粮食		棉花(皮棉)		油料	
		播种面积/千公顷	总产量/万吨	播种面积/千公顷	总产量/万吨	播种面积/千公顷	总产量/万吨
铜山	189.94	130.54	83.33	4.46	0.70	2.28	0.56
丰县	145.87	85.36	51.76	11.89	1.62	1.37	0.45
沛县	148.84	88.01	58.99	2.81	0.46	0.94	0.27
睢宁	188.00	149.53	85.03	1.31	0.16	4.85	1.46
新沂	157.00	98.86	62.68	0.00	0.00	11.40	5.51
邳州	229.80	124.63	78.74	4.33	0.58	3.82	1.50
辖区	67.13	52.82	30.60	0.88	0.11	0.81	0.21
徐州市	1 126.58	729.75	451.13	25.68	3.63	25.47	9.96

资料来源：根据《江苏省农村统计年鉴》(2014 年)整理。

表 4-102　2013 年徐州市各区县农作物播种面积与总产量(二)

区域	蔬菜(含菜用瓜)		瓜类	
	播种面积/千公顷	总产量/万吨	播种面积/千公顷	总产量/万吨
铜山	46.17	228.18	4.88	18.57
丰县	46.60	174.52	0.60	2.57
沛县	52.06	225.78	4.90	27.01
睢宁	29.42	122.33	2.70	12.91
新沂	36.64	98.74	6.30	16.82
邳州	88.70	256.71	8.17	26.87
辖区	11.08	35.69	1.54	5.61
徐州市	310.67	1 141.95	29.09	110.37

资料来源：根据《江苏省农村统计年鉴》(2014 年)整理。

表 4-103 反映的是 2013 年徐州市各区县农作物单产情况。沛县粮食(6 703 公斤/公顷)、棉花(皮棉)(1 620 公斤/公顷)和瓜类(55 114 公斤/公顷)单产均最高,其中瓜类单产是全市平均水平的 1.5 倍。新沂市油料单产最高,为 4 830 公斤/公顷;但蔬菜(含菜用瓜)和瓜类单产最低。铜山区蔬菜(含菜用瓜)单产最高,达 49 423 公斤/公顷;但油料单产最低。睢宁县粮食和棉花(皮棉)单产均最低,分别为 5 687 和 1 194 公斤/公顷。

表 4-103　2013 年徐州市各区县农作物单位面积产量　　　　(单位:公斤/公顷)

区域	粮食	棉花(皮棉)	油料	蔬菜(含菜用瓜)	瓜类
铜山	6 383	1 567	2 438	49 423	38 053
丰县	6 064	1 365	3 308	37 450	42 830
沛县	6 703	1 620	2 884	43 368	55 114
睢宁	5 687	1 194	3 004	41 581	47 833
新沂	6 340	—	4 830	26 949	26 700
邳州	6 318	1 350	3 921	28 941	32 894
辖区	5 793	1 263	2 648	32 211	36 421
徐州市	6 182	1 413	3 909	36 758	37 939

资料来源:根据《江苏省农村统计年鉴》(2014 年)整理。

③各区县农业现代化水平

表 4-104 反映的是 2013 年徐州市各区县农业机械化水平。睢宁县农业机械化水平最高,其机播、机械植保和机械收获面积占播种面积的比重分别为 68.49%、78.72%和 70.98%。铜山区机耕面积占播种面积的比重最高,达 72.34%;邳州市其次,为 72.08%;沛县最低,仅为 53.41%。邳州市机播面积占播种面积的比重最低,为 45.92%;沛县机械植保面积占播种面积的比重最低,为 49.28%;丰县机械收获面积占播种面积的比重最低,为 50.62%。

表 4-104　2013 徐州市各区县农业机械化水平

区域	播种面积/千公顷	机耕		机播		机械植保		机械收获	
		面积/千公顷	占比/%	面积/千公顷	占比/%	面积/千公顷	占比/%	面积/千公顷	占比/%
铜山	189.94	137.40	72.34	106.06	55.84	118.1	62.18	114.30	60.18
丰县	145.87	81.98	56.20	77.26	52.96	93.20	63.89	73.84	50.62
沛县	148.84	79.50	53.41	76.41	51.34	73.35	49.28	85.73	57.60
睢宁	188.00	126.27	67.16	128.77	68.49	148.00	78.72	133.44	70.98
新沂	157.00	103.56	65.96	90.88	57.89	100.20	63.82	94.33	60.08
邳州	229.80	165.63	72.08	105.53	45.92	117.54	51.15	118.57	51.60
辖区	67.13	44.91	66.90	39.42	58.72	55.76	83.06	42.33	63.06
徐州市	1 126.58	739.25	65.62	624.32	55.42	706.15	62.68	662.53	58.81

资料来源：根据《江苏省农村统计年鉴》(2014 年)整理。

表 4-105 和表 4-106 说明的是 2013 年徐州市各区县农业化学化水平。

单位播种面积农村用电量。市辖区单位播种面积农村用电量最高，达 0.26 亿千瓦时/千公顷；新沂市最低，仅为 0.02 亿千瓦时/千公顷。

单位播种面积农用薄膜使用量。新沂市单位播种面积农用薄膜使用量最高，为 27.39 吨/千公顷；睢宁县最低，为 6.38 吨/千公顷。

单位播种面积农用柴油使用量。新沂市单位播种面积农用柴油使用量最多，达 185.35 吨/千公顷；丰县最少，仅为 33.59 吨/千公顷。

表 4-105　2013 徐州市各区县农业化学化水平(一)

区域	播种面积/千公顷	农村用电		农用薄膜		农用柴油	
		使用量/亿千瓦时	单位面积用量/(亿千瓦时/千公顷)	使用量/万吨	单位面积用量/(吨/千公顷)	使用量/万吨	单位面积用量/(吨/千公顷)
铜山	189.94	9.48	0.05	0.13	6.84	0.74	38.96
丰县	145.87	4.11	0.03	0.15	10.28	0.49	33.59
沛县	148.84	6.78	0.05	0.12	8.06	0.57	38.30
睢宁	188.00	8.54	0.05	0.12	6.38	0.68	36.17
新沂	157.00	3.58	0.02	0.43	27.39	2.91	185.35
邳州	229.80	13.71	0.06	0.29	12.62	2.85	124.02
辖区	67.13	17.18	0.26	0.09	13.41	0.26	38.73
徐州市	1 126.58	63.38	0.06	1.33	11.81	8.50	75.45

资料来源：根据《江苏省农村统计年鉴》(2014 年)整理。

单位播种面积农药使用量。邳州市单位播种面积农药使用量最高，为 13.05 吨/千公顷；丰县其次(12.34 吨/千公顷)；铜山区最低，为 7.37 吨/千公顷。

单位播种面积化肥使用量。丰县单位播种面积化肥使用量最高(650.58 吨/千公顷)；睢宁县其次(612.77 吨/千公顷)；新沂市最低，为 520.38 吨/千公顷。

表 4-106　　2013 年徐州市各区县农业化学化水平(二)

区域	播种面积/千公顷	农药		化肥(折纯量)	
		使用量/万吨	单位面积用量/(吨/千公顷)	使用量/万吨	单位面积用量/(吨/千公顷)
铜山	189.94	0.14	7.37	10.12	532.80
丰县	145.87	0.18	12.34	9.49	650.58
沛县	148.84	0.12	8.06	8.25	554.29
睢宁	188.00	0.14	7.45	11.52	612.77
新沂	157.00	0.13	8.28	8.17	520.38
邳州	229.80	0.30	13.05	13.52	588.34
辖区	67.13	0.06	8.94	3.89	577.98
徐州市	1 126.58	1.07	9.50	64.96	576.61

资料来源：根据《江苏省农村统计年鉴》(2014 年)整理。

(10) 连云港市各区县农产品生产比较

①各区县农业总产值

如表 4-107 所示，2013 年连云港市各区县农业总产值最高的是东海县，达 60.59 亿元，最低的是市辖区，只有 27.53 亿元，不及东海县的一半。从农业总产值占农林牧渔业总产值的比重来看，灌南县最高，为 59.76%；赣榆县最低，为 31.59%。

表 4-107 2013 年连云港市各区县农业总产值

区域	农林牧渔业总产值/亿元	农业总产值	
		数值/亿元	占比/%
赣榆	131.79	41.63	31.59
东海	106.31	60.59	56.99
灌云	101.82	51.12	50.21
灌南	78.16	46.71	59.76
辖区	56.17	27.53	49.01
连云港市	474.24	227.58	47.99

资料来源：根据《江苏省农村统计年鉴》(2014 年)整理。

②各区县农作物播种面积与产量

表 4-108 和表 4-109 说明的是 2013 年连云港市各区县农作物播种面积与总产量情况。东海县粮食和瓜类播种面积和总产量最高；其蔬菜(含菜用瓜)播种面积也是最高的，但灌南县总产量最高。市辖区棉花(皮棉)播种面积和总产量最高，超出全市相应总量的 70.00%；但其他四种农作物播种面积和总产量均最低。赣榆县油料播种面积和总产量最高。灌南县棉花(皮棉)播种面积和总产量最低，不及全市相应总量的 1.00%。

表 4-108 2013 年连云港市各区县农作物播种面积与总产量(一)

区域	全年播种面积/千公顷	粮食		棉花(皮棉)		油料	
		播种面积/千公顷	总产量/万吨	播种面积/千公顷	总产量/万吨	播种面积/千公顷	总产量/万吨
赣榆	108.77	78.63	55.69	0.32	0.05	14.84	6.98
东海	202.39	157.12	112.17	0.03	0.01	10.33	4.83
灌云	134.05	111.21	79.34	0.18	0.02	0.36	0.09
灌南	108.50	87.19	61.91	0.02	0.003	0.87	0.20
辖区	75.11	64.53	45.62	1.68	0.20	0.04	0.01
连云港市	628.82	498.68	354.73	2.23	0.28	26.44	12.11

资料来源：根据《江苏省农村统计年鉴》(2014 年)整理。

表 4-109　2013 年连云港市各区县农作物播种面积与总产量(二)

区域	蔬菜(含菜用瓜)		瓜类	
	播种面积/千公顷	总产量/万吨	播种面积/千公顷	总产量/万吨
赣榆	13.34	52.13	1.63	5.50
东海	23.52	80.23	10.60	39.75
灌云	21.38	89.92	0.92	2.71
灌南	19.42	108.87	0.89	3.48
辖区	8.38	40.05	0.48	2.22
连云港市	86.04	371.19	14.52	53.67

资料来源：根据《江苏省农村统计年鉴》(2014 年)整理。

表 4-110 反映的是 2013 年连云港市各区县农作物单产情况。东海县粮食和棉花(皮棉)单产最高，尤其是棉花(皮棉)，单产是全市平均水平的 1.6 倍；但其蔬菜(含菜用瓜)单产最低。赣榆县油料单产最高，为 4 702 公斤/公顷。灌南县蔬菜(含菜用瓜)单产最高(56 060 公斤/公顷)，但油料单产最低，仅为 2 305公斤/公顷。市辖区瓜类单产最高，但粮食和棉花(皮棉)单产均最低。灌云县瓜类单产最低，只有 29 459 公斤/公顷。

表 4-110　2013 年连云港市各区县农作物单位面积产量　　(单位：公斤/公顷)

区域	粮食	棉花(皮棉)	油料	蔬菜(含菜用瓜)	瓜类
赣榆	7 082	1 616	4 702	39 076	33 752
东海	7 139	2 000	4 680	34 111	37 500
灌云	7 135	1 200	2 428	42 060	29 459
灌南	7 100	1 500	2 305	56 060	39 131
辖区	7 070	1 199	3 550	47 787	46 315
连云港市	7 113	1 272	4 582	43 142	36 961

资料来源：根据《江苏省农村统计年鉴》(2014 年)整理。

③各区县农业现代化水平

表 4-111 呈现的是 2013 年连云港市各区县农业机械化水平。灌云县机耕面积占播种面积的比重最高，达 96.40%；市辖区其次，为 89.27%；灌南县最

低，只有 79.59%。市辖区机播面积占播种面积的比重最高，为 72.00%；灌云县其次，为 71.88%；赣榆县最低，只有 55.82%。赣榆县机械植保面积占播种面积的比重最高，为 84.39%；灌南县最低，仅占 45.07%。市辖区机械收获面积占其播种面积的比重最高，达 85.41%；赣榆县最低，为 65.34%。

表 4-111　2013 连云港市各区县农业机械化水平

| 区域 | 播种面积/千公顷 | 机耕 | | 机播 | | 机械植保 | | 机械收获 | |
		面积/千公顷	占比/%	面积/千公顷	占比/%	面积/千公顷	占比/%	面积/千公顷	占比/%
赣榆	108.77	93.00	85.50	60.72	55.82	91.79	84.39	71.07	65.34
东海	202.39	175.27	86.60	132.41	65.42	130.53	64.49	150.53	74.38
灌云	134.05	129.23	96.40	96.36	71.88	—	—	108.30	80.79
灌南	108.50	86.36	79.59	61.47	56.65	48.90	45.07	—	—
辖区	75.11	67.05	89.27	54.08	72.00	—	—	64.15	85.41
连云港市	628.82	550.91	87.61	405.04	64.41			509.59	81.04

资料来源：根据《江苏省农村统计年鉴》(2014 年)整理。

注：由于连云港市辖区和灌云县机械植保面积以及灌南县机械收获面积均大于其全年播种面积，本发展报告在描述 2013 年连云港市各区县农业机械化水平时不考虑市辖区和灌云县机械植保的情况以及灌南县机械收获的情况。

表 4-112 和表 4-113 说明的是 2013 年连云港市各区县农业化学化水平。

单位播种面积农村用电量。赣榆县单位播种面积农村用电量最高，达 0.08 亿千瓦时/千公顷；灌南县最低，只有 0.02 亿千瓦时/千公顷。

表 4-112　2013 连云港市各区县农业化学化水平(一)

| 区域 | 播种面积/千公顷 | 农村用电 | | 农用薄膜 | | 农用柴油 | |
		使用量/亿千瓦时	单位面积用量/(亿千瓦时/千公顷)	使用量/万吨	单位面积用量/(吨/千公顷)	使用量/万吨	单位面积用量/(吨/千公顷)
赣榆	108.77	9.24	0.08	0.21	19.31	6.82	627.01
东海	202.39	9.28	0.05	0.23	11.36	6.48	320.17
灌云	134.05	5.66	0.04	0.06	4.48	0.26	19.40
灌南	108.50	1.95	0.02	0.21	19.35	1.86	171.43
辖区	75.11	4.05	0.05	0.12	15.98	0.87	115.83
连云港市	628.82	30.18	0.05	0.83	13.20	16.29	259.06

资料来源：根据《江苏省农村统计年鉴》(2014 年)整理。

表 4-113　2013 年连云港市各区县农业化学化水平(二)

区域	播种面积/千公顷	农药		化肥(折纯量)	
		使用量/万吨	单位面积用量/(吨/千公顷)	使用量/万吨	单位面积用量/(吨/千公顷)
赣榆	108.77	0.18	16.55	5.20	477.15
东海	202.39	0.15	7.41	6.79	335.49
灌云	134.05	0.15	11.19	10.12	754.94
灌南	108.50	0.07	6.45	4.69	432.26
辖区	75.11	0.15	19.97	7.43	989.22
连云港市	628.82	0.70	11.13	34.23	544.35

资料来源: 根据《江苏省农村统计年鉴》(2014 年)整理。

单位播种面积农用薄膜使用量。灌南县单位播种面积农用薄膜使用量最高, 为 19.35 吨/千公顷; 赣榆县其次, 为 19.31 吨/千公顷; 灌云县最低, 只有 4.48 吨/千公顷。

单位播种面积农用柴油使用量。赣榆县单位播种面积农用柴油使用量最多, 达 627.01 吨/千公顷, 是全市平均水平(259.06 吨/千公顷)的 2.42 倍; 灌云县最少, 仅为 19.40 吨/千公顷, 远低于全市平均水平。

单位播种面积农药使用量。市辖区单位播种面积农药使用量最高, 为 19.97 吨/千公顷; 灌南县最低, 只有 6.45 吨/千公顷。

单位播种面积化肥使用量。市辖区单位播种面积化肥使用量最高, 为 989.22 吨/千公顷, 是全市平均水平的 1.82 倍; 灌云县其次, 为 754.94 吨/千公顷; 东海县最低, 为 335.49 吨/千公顷, 是全市平均水平的 61.63%。

(11) 淮安市各区县农产品生产比较

①各区县农业总产值

如表 4-114 所示, 2013 年淮安市各区县农业总产值最高的是涟水县, 达 67.70 亿元, 最低的是市辖区, 只有 15.23 亿元。从农业总产值占农林牧渔业总产值的比重来看, 市辖区最高, 为 79.32%; 洪泽县最低, 为 49.47%。

表 4-114　2013 年淮安市各区县农业总产值

区域	农林牧渔业总产值/亿元	农业总产值	
		数值/亿元	占比/%
淮安	90.01	61.25	68.05
淮阴	109.46	63.87	58.35
涟水	91.19	67.70	74.24
洪泽	56.15	27.78	49.47
盱眙	85.62	52.34	61.13
金湖	47.36	27.53	58.13
辖区	19.20	15.23	79.32
淮安市	499.83	316.54	63.33

资料来源：根据《江苏省农村统计年鉴》(2014 年)整理。

②各区县农作物播种面积与产量

表 4-115 和表 4-116 说明的是 2013 年淮安市各区县农作物播种面积与总产量情况。盱眙县粮食播种面积和总产量最高，也是淮安市唯一种植棉花(皮棉)的区县；涟水县油料播种面积和总产量最高；淮阴区蔬菜(含菜用瓜)播种面积和总产量最高，涟水县其次，两地播种面积和总产量超出全市相应总量的 55.00%；盱眙县瓜类播种面积最高，但淮阴区总产量最高；市辖区粮食和油料播种面积和总产量最低；金湖县蔬菜(含菜用瓜)和瓜类播种面积和总产量最低。

表 4-115　2013 年淮安市各区县农作物播种面积与总产量(一)

区域	全年播种面积/千公顷	粮食		棉花(皮棉)		油料	
		播种面积/千公顷	总产量/万吨	播种面积/千公顷	总产量/万吨	播种面积/千公顷	总产量/万吨
淮安	144.77	130.85	94.61	—	—	3.00	0.75
淮阴	132.53	92.43	63.56	—	—	5.68	1.95
涟水	167.92	132.60	90.02	—	—	11.53	3.32
洪泽	69.77	58.81	44.02	—	—	0.95	0.28
盱眙	166.13	141.26	95.57	0.16	0.01	9.71	2.49
金湖	82.31	74.68	52.89	—	—	3.16	0.77
辖区	35.83	27.02	20.35	—	—	0.19	0.05
淮安市	799.26	657.65	461.02	—	—	34.22	9.62

资料来源：根据《江苏省农村统计年鉴》(2014 年)整理。

表 4-116　2013 年淮安市各区县农作物播种面积与总产量(二)

区域	蔬菜(含菜用瓜)		瓜类	
	播种面积/千公顷	总产量/万吨	播种面积/千公顷	总产量/万吨
淮安	10.20	43.88	0.63	3.31
淮阴	30.20	128.85	2.00	8.35
涟水	22.94	87.40	0.69	3.22
洪泽	9.45	35.65	0.17	0.95
盱眙	9.72	34.56	2.80	8.24
金湖	4.22	14.98	0.17	0.65
辖区	7.90	31.18	0.72	2.31
淮安市	94.63	376.51	7.18	27.03

资料来源：根据《江苏省农村统计年鉴》(2014 年)整理。

表 4-117 反映的是 2013 年淮安市各区县农作物单产情况。市辖区粮食单产最高，达 7 532 公斤/公顷；盱眙县最低，只有 6 766 公斤/公顷。盱眙县棉花(皮棉)单产为 919 公斤/公顷。淮阴区油料作物单产最高，金湖县最低。淮安区蔬菜(含菜用瓜)单产最高，为 43 021 公斤/公顷，金湖县最低，为 35 489 公斤/公顷。洪泽县瓜类单产最高，达 55 671 公斤/公顷；盱眙县最低，只有 29 427 公斤/公顷。

表 4-117　2013 年淮安市各区县农作物单位面积产量　(单位：公斤/公顷)

区域	粮食	棉花(皮棉)	油料	蔬菜(含菜用瓜)	瓜类
淮安	7 231	—	2 497	43 021	52 537
淮阴	6 876	—	3 428	42 667	41 734
涟水	6 788	—	2 883	38 098	46 738
洪泽	7 485	—	2 944	37 730	55 671
盱眙	6 766	919	2 568	35 560	29 427
金湖	7 082	—	2 444	35 489	38 194
辖区	7 532	—	2 784	39 466	32 139
淮安市	7 010	919	2 811	39 787	37 647

资料来源：根据《江苏省农村统计年鉴》(2014 年)整理。

③各区县农业现代化水平

表 4-118 反映的是 2013 年淮安市各区县农业机械化水平。洪泽县机耕和机械植保面积占播种面积的比重最高，分别为 90.10% 和 78.62%；金湖县机播和机械收获面积占播种面积的比重最高，分别为 80.37% 和 87.53%。淮阴区农业机械化水平最低，其机耕、机播、机械植保和机械收获面积占播种面积的比重分别为 60.49%、44.60%、53.54% 和 60.89%。

表 4-118　2013 淮安市各区县农业机械化水平

区域	播种面积/千公顷	机耕		机播		机械植保		机械收获	
		面积/千公顷	占比/%	面积/千公顷	占比/%	面积/千公顷	占比/%	面积/千公顷	占比/%
淮安	144.77	124.46	85.97	110.20	76.12	98.28	67.89	125.50	86.69
淮阴	132.53	80.17	60.49	59.11	44.60	70.96	53.54	80.70	60.89
涟水	167.92	112.83	67.19	93.22	55.51	98.50	58.66	103.94	61.90
洪泽	69.77	62.86	90.10	50.55	72.45	54.85	78.62	60.50	86.71
盱眙	166.13	135.40	81.50	88.05	53.00	100.48	60.48	131.26	79.01
金湖	82.31	——	——	66.15	80.37	——	——	72.050	87.53
辖区	35.83	25.98	72.51	19.17	53.50	21.84	60.95	25.10	70.05
淮安市	799.26	632.96	79.19	486.45	60.86	536.67	67.15	599.04	74.95

资料来源：根据《江苏省农村统计年鉴》(2014 年)整理。

注：由于淮安市金湖县机耕和机械植保面积大于其全年播种面积，本发展报告在描述 2013 年淮安市各区县农业机械化水平时不考虑金湖县机耕和机械植保的情况。

表 4-119 和表 4-120 说明的是 2013 年淮安市各区县农业化学化水平。

单位播种面积农村用电量。淮安区和市辖区单位播种面积农村用电量最高，均是 0.03 亿千瓦时/千公顷；盱眙县和金湖县其次，均为 0.02 亿千瓦时/千公顷；淮阴区、涟水县和洪泽县最低，仅有 0.01 亿千瓦时/千公顷。

单位播种面积农用薄膜使用量。市辖区单位播种面积农用薄膜使用量最高，为 47.45 吨/千公顷，超出全市平均水平的 5 倍；金湖县最低，只有 1.21 吨/千公顷，不及全市平均水平的 13.00%。

单位播种面积农用柴油使用量。金湖县单位播种面积农用柴油使用量最多，达 204.11 吨/千公顷；淮阴区最少，仅为 43.01 吨/千公顷。

表 4-119 2013 淮安市各区县农业化学化水平(一)

区域	播种面积/千公顷	农村用电		农用薄膜		农用柴油	
		使用量/亿千瓦时	单位面积用量/(亿千瓦时/千公顷)	使用量/万吨	单位面积用量/(吨/千公顷)	使用量/万吨	单位面积用量/(吨/千公顷)
淮安	144.77	3.65	0.03	0.03	2.07	1.81	125.03
淮阴	132.53	1.80	0.01	0.09	6.79	0.57	43.01
涟水	167.92	1.53	0.01	0.20	11.91	0.81	48.24
洪泽	69.77	0.87	0.01	0.02	2.87	0.95	136.16
盱眙	166.13	2.50	0.02	0.23	13.84	2.33	140.25
金湖	82.31	2.05	0.02	0.01	1.21	1.68	204.11
辖区	35.83	1.08	0.03	0.17	47.45	0.27	75.36
淮安市	799.26	13.48	0.02	0.75	9.38	8.42	105.38

资料来源：根据《江苏省农村统计年鉴》(2014 年)整理。

表 4-120 2013 年淮安市各区县农业化学化水平(二)

区域	播种面积/千公顷	农药		化肥(折纯量)	
		使用量/万吨	单位面积用量/(吨/千公顷)	使用量/万吨	单位面积用量/(吨/千公顷)
淮安	144.77	0.17	11.74	10.22	705.95
淮阴	132.53	0.09	6.79	5.66	427.07
涟水	167.92	0.08	4.76	5.90	351.36
洪泽	69.77	0.08	11.47	5.18	742.44
盱眙	166.13	0.14	8.43	5.02	302.17
金湖	82.31	0.04	4.86	3.23	392.42
辖区	35.83	0.10	27.91	3.57	996.37
淮安市	799.26	0.70	8.76	38.78	485.20

资料来源：根据《江苏省农村统计年鉴》(2014 年)整理。

单位播种面积农药使用量。市辖区单位播种面积农药使用量最高，为 27.91 吨/千公顷；涟水县最低，只有 4.76 吨/千公顷。

单位播种面积化肥使用量。市辖区单位播种面积化肥使用量最高，为 996.37 吨/千公顷，超过全市平均水平的 2 倍；盱眙县最低，为 302.17 吨/千公顷。

(12) 盐城市各区县农产品生产比较

①各区县农业总产值

如表 4-121 所示，2013 年盐城市各区县农业总产值最高的是东台市，达 84.15 亿元；最低的市辖区，只有 25.35 亿元，不及东台市的三分之一。从农业总产值占农林牧渔业总产值的比重来看，响水县最高，为 48.10%；建湖县最低，为 37.47%。

表 4-121　2013 年盐城市各区县农业总产值

区域	农林牧渔业总产值/亿元	农业总产值	
		数值/亿元	占比/%
盐都	82.17	35.34	43.01
响水	68.05	32.73	48.10
滨海	95.13	45.75	48.09
阜宁	98.65	37.40	37.91
射阳	165.21	64.56	39.08
建湖	82.86	31.05	37.47
东台	181.05	84.15	46.48
大丰	155.41	74.10	47.68
辖区	63.13	25.35	40.16
盐城市	991.66	430.43	43.40

资料来源：根据《江苏省农村统计年鉴》(2014 年)整理。

②各区县农作物播种面积与产量

表 4-122 和表 4-123 说明的是 2013 年盐城市各区县农作物播种面积与总产量情况。射阳县粮食播种面积和总产量最高；大丰市棉花(皮棉)播种面积和总产量最高；东台市油料和瓜类播种面积和总产量最高；大丰市蔬菜(含菜用瓜)播种面积最高，但东台市总产量最高；市辖区粮食和油料播种面积和总产量最低；响水县棉花(皮棉)播种面积和总产量最低；建湖县蔬菜(含菜用瓜)播种面积和总产量最低；盐都区瓜类播种面积和总产量最低。

表 4-122　2013 年盐城市各区县农作物播种面积与总产量(一)

区域	全年播种面积/千公顷	粮食		棉花(皮棉)		油料	
		播种面积/千公顷	总产量/万吨	播种面积/千公顷	总产量/万吨	播种面积/千公顷	总产量/万吨
盐都	103.46	82.45	62.34	1.53	0.22	5.47	1.51
响水	112.61	78.93	53.65	0.08	0.01	7.63	2.46
滨海	175.50	125.70	93.01	0.59	0.10	14.60	4.34
阜宁	168.99	125.76	93.02	0.09	0.01	6.33	1.80
射阳	208.18	154.07	110.35	13.33	2.15	11.17	3.47
建湖	116.46	99.45	72.07	1.61	0.20	6.11	1.70
东台	250.04	143.27	95.08	6.14	0.96	27.21	8.58
大丰	246.49	119.30	77.92	28.59	4.16	21.24	6.18
辖区	78.40	43.39	29.06	14.89	1.94	5.12	1.48
盐城市	1 460.13	972.32	686.51	66.85	9.75	104.88	31.52

资料来源：根据《江苏省农村统计年鉴》(2014 年)整理。

表 4-123　2013 年盐城市各区县农作物播种面积与总产量(二)

区域	蔬菜(含菜用瓜)		瓜类	
	播种面积/千公顷	总产量/万吨	播种面积/千公顷	总产量/万吨
盐都	12.38	42.29	0.73	1.28
响水	21.92	81.92	3.41	8.44
滨海	30.58	87.54	1.85	8.27
阜宁	32.85	141.64	2.92	12.16
射阳	21.50	92.83	4.85	17.26
建湖	7.55	33.45	0.92	3.09
东台	57.98	378.28	12.25	65.30
大丰	67.69	287.68	7.31	29.81
辖区	11.96	46.62	2.46	8.05
盐城市	264.41	1 192.25	36.70	153.65

资料来源：根据《江苏省农村统计年鉴》(2014 年)整理。

　　表 4-124 反映的是 2013 年盐城市各区县农作物单产情况。盐都区粮食单

产最高，达7 561公斤/公顷；大丰市最低，只有6 532公斤/公顷。滨海县棉花(皮棉)单产最高，为1 800公斤/公顷；阜宁县最低，仅为1 200公斤/公顷。响水县油料单产最高，为3 220公斤/公顷；盐都区最低，只有2 758公斤/公顷。东台市蔬菜(含菜用瓜)单产最高，达65 243公斤/公顷；滨海县最低，仅为28 625公斤/公顷。东台市瓜类单产也最高，为53 308公斤/公顷；盐都区最低，只有17 507公斤/公顷，不及全市平均水平的一半。

表4-124　2013年盐城市各区县农作物单位面积产量

区域	粮食	棉花(皮棉)	油料	蔬菜(含菜用瓜)	瓜类
盐都	7 561	1 430	2 758	34 163	17 507
响水	6 797	1 213	3 220	37 373	24 750
滨海	7 399	1 800	2 973	28 625	44 678
阜宁	7 397	1 200	2 850	43 118	41 644
射阳	7 162	1 610	3 104	43 177	35 585
建湖	7 247	1 245	2 789	44 310	33 587
东台	6 637	1 564	3 155	65 243	53 308
大丰	6 532	1 455	2 910	42 499	40 783
辖区	6 697	1 303	2 887	38 976	32 707
盐城市	7 061	1 459	3 006	45 091	41 867

资料来源：根据《江苏省农村统计年鉴》(2014年)整理。

③各区县农业现代化水平

表4-125反映的是2013年盐城市各区县农业机械化水平。建湖县机耕面积占播种面积的比重最高，达90.91%；射阳县机播和机械收获面积占播种面积的比重最高，分别为90.50%和95.41%；滨海县机械植保面积占播种面积的比重最高，达97.44%；市辖区农业机械化水平最低，其机耕、机播、机械植保和机械收获面积占播种面积的比重分别为 44.59%、26.91%、49.16%和38.00%。

表 4-125　　2013 盐城市各区县农业机械化水平

区域	播种面积/千公顷	机耕		机播		机械植保		机械收获	
		面积/千公顷	占比/%	面积/千公顷	占比/%	面积/千公顷	占比/%	面积/千公顷	占比/%
盐都	103.46	88.11	85.16	63.18	61.07	88.63	85.67	82.41	79.65
响水	112.61	94.51	83.93	82.23	73.02	82.43	73.20	84.40	74.95
滨海	175.50	145.00	82.62	89.70	51.11	171.00	97.44	106.50	60.68
阜宁	168.99	126.85	75.06	101.53	60.08	120.22	71.14	122.80	72.67
射阳	208.18	—	—	188.40	90.50	—	—	198.62	95.41
建湖	116.46	105.87	90.91	65.75	56.46	105.87	90.91	91.20	78.31
东台	250.04	—	—	89.79	35.91	168.51	67.39	113.95	45.57
大丰	246.49	161.36	65.46	94.77	38.45	178.99	72.62	105.56	42.83
辖区	78.40	34.96	44.59	21.10	26.91	38.54	49.16	29.79	38.00
盐城市	1 460.13	1 272.14	87.13	796.44	54.55	1 207.58	82.70	935.23	64.05

资料来源：根据《江苏省农村统计年鉴》(2014 年)整理。

注：由于盐城市射阳县机耕和机械植保面积以及东台市机耕面积均大于其全年播种面积，本发展报告在描述 2013 年盐城市各区县农业机械化水平时不考虑射阳县机耕和机械植保以及东台市机耕的情况。

表 4-126 和表 4-127 说明的是 2013 年盐城市各区县农业化学化水平。

表 4-126　　2013 盐城市各区县农业化学化水平(一)

区域	播种面积/千公顷	农村用电		农用薄膜		农用柴油	
		使用量/亿千瓦时	单位面积用量/(亿千瓦时/千公顷)	使用量/万吨	单位面积用量/(吨/千公顷)	使用量/万吨	单位面积用量/(吨/千公顷)
盐都	103.46	6.25	0.06	0.50	48.33	1.40	135.32
响水	112.61	2.72	0.02	0.09	7.99	1.89	167.84
滨海	175.50	8.15	0.05	0.31	17.66	2.28	129.91
阜宁	168.99	6.68	0.04	0.13	7.69	3.52	208.30
射阳	208.18	9.37	0.05	0.35	16.81	7.91	379.96
建湖	116.46	10.45	0.09	0.09	7.73	2.48	212.95
东台	250.04	15.58	0.06	0.92	36.79	3.02	120.78
大丰	246.49	12.70	0.05	0.38	15.42	2.52	102.24
辖区	78.40	3.52	0.04	0.22	28.06	1.31	167.09
盐城市	1 460.13	75.42	0.05	2.99	20.48	26.33	180.33

资料来源：根据《江苏省农村统计年鉴》(2014 年)整理。

表4-127 2013年盐城市各区县农业化学化水平(二)

区域	播种面积/千公顷	农药		化肥(折纯量)	
		使用量/万吨	单位面积用量/(吨/千公顷)	使用量/万吨	单位面积用量/(吨/千公顷)
盐都	103.46	0.16	15.46	3.57	345.06
响水	112.61	0.05	4.44	4.61	409.38
滨海	175.50	0.20	11.40	6.55	373.22
阜宁	168.99	0.15	8.88	4.04	239.07
射阳	208.18	0.17	8.17	10.62	510.14
建湖	116.46	0.10	8.59	3.51	301.39
东台	250.04	0.19	7.60	5.80	231.96
大丰	246.49	0.23	9.33	10.81	438.56
辖区	78.40	0.16	20.41	4.55	580.36
盐城市	1 460.13	1.41	9.66	54.06	370.24

资料来源：根据《江苏省农村统计年鉴》(2014年)整理。

单位播种面积农村用电量。建湖县单位播种面积农村用电量最高，达0.09亿千瓦时/千公顷；响水县最低，仅有0.02亿千瓦时/千公顷。

单位播种面积农用薄膜使用量。盐都区单位播种面积农用薄膜使用量最高，为48.33吨/千公顷,超出全市平均水平的2倍;阜宁县最低,为7.69吨/千公顷,为全市平均水平的37.55%。

单位播种面积农用柴油使用量。射阳县单位播种面积农用柴油使用量最多，达379.96吨/千公顷；大丰市最少，只有102.24吨/千公顷。

单位播种面积农药使用量。市辖区单位播种面积农药使用量最高，为20.41吨/千公顷;响水县最低，为4.44吨/千公顷，低于全市平均水平的一半。

单位播种面积化肥使用量。市辖区单位播种面积化肥使用量最高，为580.36吨/千公顷；东台市最低，只有231.96吨/千公顷。

(13) 宿迁市各区县农产品生产比较

①各区县农业总产值

如表4-128所示，2013年宿迁市各区县农业总产值最高的是沭阳县，达

110.76 亿元;最低的是宿豫区,只有 23.95 亿元。从农业总产值占农林牧渔业总产值的比重来看,沭阳县为 75.90%,明显高于全市平均水平(58.72%),其他各区县均在全市平均水平以下,其中泗洪县最低,只有 44.44%。

表 4-128 2013 年宿迁市各区县农业总产值

区域	农林牧渔业总产值/亿元	农业总产值	
		数值/亿元	占比/%
宿豫	43.80	23.95	54.68
沭阳	145.93	110.76	75.90
泗阳	87.97	48.56	55.20
泗洪	104.51	46.44	44.44
辖区	62.89	31.66	50.34
宿迁市	445.10	261.37	58.72

资料来源:根据《江苏省农村统计年鉴》(2014 年)整理。

②各区县农作物播种面积与产量

表 4-129 和表 4-130 说明的是 2013 年宿迁市各区县农作物播种面积与总产量情况。沭阳县粮食、蔬菜(含菜用瓜)和瓜类播种面积和总产量最高;泗洪县棉花(皮棉)和油料播种面积和总产量最高,尤其是棉花(皮棉),播种面积和总产量均超出全市相应总量的 93.00%;宿豫区粮食和油料播种面积和总产量最低;沭阳县没有种植棉花(皮棉),市辖区、泗阳县和宿豫区都种植极少;市辖区蔬菜(含菜用瓜)播种面积和总产量最低;泗阳县瓜类播种面积和总产量最低。

表 4-129 2013 年宿迁市各区县农作物播种面积与总产量(一)

区域	全年播种面积/千公顷	粮食		棉花(皮棉)		油料	
		播种面积/千公顷	总产量/万吨	播种面积/千公顷	总产量/万吨	播种面积/千公顷	总产量/万吨
宿豫	67.17	54.20	38.66	0.02	0.002 1	0.78	0.18
沭阳	249.22	184.60	126.73	0.00	0.00	3.31	1.42
泗阳	112.30	90.14	58.68	0.02	0.002 6	3.00	0.99
泗洪	187.33	166.06	100.96	1.17	0.18	4.70	2.08
辖区	89.78	77.71	50.96	0.04	0.004 6	1.12	0.31
宿迁市	705.80	572.71	375.99	1.25	0.19	12.91	4.99

资料来源:根据《江苏省农村统计年鉴》(2014 年)整理。

表 4-130　2013 年宿迁市各区县农作物播种面积与总产量(二)

区域	蔬菜(含菜用瓜)		瓜类	
	播种面积/千公顷	总产量/万吨	播种面积/千公顷	总产量/万吨
宿豫	10.96	53.45	0.98	1.95
沭阳	34.41	203.86	4.52	18.27
泗阳	18.55	92.75	0.40	1.21
泗洪	9.50	50.98	4.30	14.64
辖区	8.75	45.55	1.69	7.58
宿迁市	82.17	446.58	11.89	43.65

资料来源：根据《江苏省农村统计年鉴》(2014 年)整理。

表 4-131 反映的是 2013 年宿迁市各区县农作物单产情况。宿豫区粮食作物单产最高，为 7 133 公斤/公顷，但其棉花(皮棉)、油料、蔬菜(含菜用瓜)和瓜类单产均最低。泗洪县棉花(皮棉)和油料单产最高，但其粮食单产最低，仅为 6 080 公斤/公顷。沭阳县蔬菜(含菜用瓜)单产最高；市辖区瓜类单产最高。

表 4-131　2013 年宿迁市各区县农作物单位面积产量　　　(单位：公斤/公顷)

区域	粮食	棉花(皮棉)	油料	蔬菜(含菜用瓜)	瓜类
宿豫	7 133	1 050	2 273	48 768	19 902
沭阳	6 865	—	4 282	59 245	40 427
泗阳	6 510	1 300	3 312	50 000	30 250
泗洪	6 080	1 530	4 433	53 658	34 051
辖区	6 557	1 150	2 805	52 052	44 850
宿迁市	6 565	1 506	3 862	54 348	36 716

资料来源：根据《江苏省农村统计年鉴》(2014 年)整理。

③各区县农业现代化水平

表 4-132 反映的是 2013 年宿迁市各区县农业机械化水平。宿豫区农业机械化水平最高，其机耕、机械植保和机械收获面积占播种面积的比重分别为 90.29%、81.97% 和 87.82%。沭阳县机播面积占播种面积的比重最高，为 66.26%。市辖区农业机械化水平最低，其机耕、机播、机械植保和机械收获面积占播

种面积的比重分别为 60.57%、43.54%、50.92%和 52.51%。

表 4-132　　2013 宿迁市各区县农业机械化水平

区域	播种面积/千公顷	机耕		机播		机械植保		机械收获	
		面积/千公顷	占比/%	面积/千公顷	占比/%	面积/千公顷	占比/%	面积/千公顷	占比/%
宿豫	67.17	60.65	90.29	39.82	59.28	55.06	81.97	58.99	87.82
沭阳	249.22	198.27	79.56	165.13	66.26	138.79	55.69	182.85	73.37
泗阳	112.30	76.89	68.47	74.15	66.03	68.74	61.21	78.28	69.71
泗洪	187.33	166.59	88.93	123.85	66.11	148.21	79.12	127.55	68.09
辖区	89.78	54.38	60.57	39.09	43.54	45.72	50.92	47.14	52.51
宿迁市	705.80	556.78	78.89	442.04	62.63	456.52	64.68	494.81	70.11

资料来源：根据《江苏省农村统计年鉴》(2014 年)整理。

表 4-133 和表 4-134 说明的是 2013 年宿迁市各区县农业化学化水平。

单位播种面积农村用电量。宿豫区单位播种面积农村用电量最高，达 0.09 亿千瓦时/千公顷；泗洪县最低，只有 0.02 亿千瓦时/千公顷。

单位播种面积农用薄膜使用量。宿豫区单位播种面积农用薄膜使用量最高，为 46.15 吨/千公顷；泗洪县最低，只有 8.54 吨/千公顷。

单位播种面积农用柴油使用量。沭阳县单位播种面积农用柴油使用量最多，达 155.28 吨/千公顷；泗阳县最少，仅为 65.00 吨/千公顷。

表 4-133　　2013 宿迁市各区县农业化学化水平(一)

区域	播种面积/千公顷	农村用电		农用薄膜		农用柴油	
		使用量/亿千瓦时	单位面积用量/(亿千瓦时/千公顷)	使用量/万吨	单位面积用量/(吨/千公顷)	使用量/万吨	单位面积用量/(吨/千公顷)
宿豫	67.17	6.24	0.09	0.31	46.15	0.71	105.70
沭阳	249.22	18.94	0.08	0.31	12.44	3.87	155.28
泗阳	112.30	5.35	0.05	0.13	11.58	0.73	65.00
泗洪	187.33	3.24	0.02	0.16	8.54	2.14	114.24
辖区	89.78	5.69	0.06	0.13	14.48	1.06	118.07
宿迁市	705.80	39.46	0.06	1.04	14.74	8.51	120.57

资料来源：根据《江苏省农村统计年鉴》(2014 年)整理。

表 4-134 2013 年宿迁市各区县农业化学化水平(二)

区域	播种面积/千公顷	农药		化肥(折纯量)	
		使用量/万吨	单位面积用量/ (吨/千公顷)	使用量/万吨	单位面积用量/ (吨/千公顷)
宿豫	67.17	0.04	5.96	3.08	458.54
沭阳	249.22	0.20	8.03	15.25	611.91
泗阳	112.30	0.05	4.45	3.62	322.35
泗洪	187.33	0.26	13.88	11.10	592.54
辖区	89.78	0.16	17.82	6.91	769.66
宿迁市	705.80	0.71	10.06	39.96	566.17

资料来源：根据《江苏省农村统计年鉴》(2014 年)整理。

单位播种面积农药使用量。市辖区单位播种面积农药使用量最高，为 17.82 吨/千公顷；泗阳县最低，只有 4.45 吨/千公顷。

单位播种面积化肥使用量。市辖区单位播种面积化肥使用量最高，为 769.66 吨/千公顷；沭阳县(611.91 吨/千公顷)和泗洪县(592.54 吨/千公顷)其次；泗阳县最低，为 322.35 吨/千公顷。

第五章 江苏农产品流通发展报告

一、农产品流通发展新动向

随着农业经济连续增长和农业现代化程度逐步提高，江苏省农产品流通得到快速发展，农产品市场体系逐步完善，形成了以大型批发市场为骨干，农贸市场(菜市场)为基础，农产品直销店、食品超市、连锁超市为补充，农民经济合作组织、专业合作社和农民经纪人参与的农产品流通体系。2013年江苏省农产品流通建设主要是以推进农产品流通体系建设和加快农村流通网络为主。江苏省商务厅在《2013年全省市场体系建设工作要点》中进行了相关部署与指导，主要从加强流通市场基础建设、提升流通主体组织化和规模化程度、减少流通环节、探索流通新模式等方面进行推进与尝试。

一是大力推进农产品批发市场建设，推动城乡农贸市场改造，提升农产品批发市场公益性地位。农产品批发市场作为农产品流通与市场开拓的主渠道，是农产品流通体系的核心环节。商务部在2013年发布的《关于加强集散地农产品批发市场建设的通知》中，要求各地加快推进农产品批发市场的健康发展。为此，江苏省对省内农产品批发市场的建设与管理进行了诸多改革与部署。省内各地按照"政府引导、企业自主、市场运作"的原则，对农产品批发市场进行了提升和改造；加强了农产品批发市场的标准化建设；逐步淘汰基础设施落后、管理水平低下、辐射能力薄弱的小型市场，同时依照国家标准与要求，着力建设连片集中、带动力强、辐射面广的大型农副产品批发市场；完善省内农贸市场网点布局，加强新城区、新建小区、农民集中居住区的农贸市场配套建设。此外，江苏各地还逐步提升了对农产品流通基础设施公益性地位的认识，对农产品流通市场建设给予了政策倾斜与财政支持，并通过增大对市场国有与集体股权比重的做法，提升了农产品流通市场的公益属性，增强了政府对农产品保供稳价的调控能力。

二是加快推动农业龙头企业产业化，鼓励农产品流通类企业或组织，通过兼并重组、投资合作、股份制改造等形式进行资源整合，做大做强。龙头企业作为现代农业和新农村建设的重要主体，对促进农业增效、农民增收、农产品流通市场体系建设有着十分重要的意义。近年来，江苏省鼓励并引导龙头企业围绕自身特色产业、优势产业，优化基地布局，提高产业发展集中度；鼓励流通类龙头企业改善农产品储藏、加工、运输、配送及冷链设施；支持龙头企业创新农产品流通模式，承担重要农产品、农业生产资料的收储业务，推动农业物联网技术研发应用；鼓励龙头企业合理利用金融市场工具，开展套期保值，规避经营风险；推动龙头企业品牌化建设，鼓励龙头企业创造自有品牌，或采取联合、合作等方式，打造知名品牌，并通过兼并、收购、联合、参股等方式优胜劣汰，从而帮助龙头企业做大做强，充分发挥龙头引领作用。

三是推动农产品流通链条一体化经营，推广以农产品销售合作联社、大型流通企业为主导建立社区直供(直销)店的经验与做法，实施和推进"鲜活农产品直供社区"示范工程。2013年江苏省商务厅出台了《关于推进鲜活农产品直供社区示范工程的意见》，实施政府引导、市场运作的"鲜活农产品直供社区"示范工程。同时，继续加快推动以"苏合"联社为主导的农产品销售合作联社模式，在全省范围内推进以大型流通企业、农民专业合作社为主导，以批零一体化、连锁经营和社区直供(直销)为特征，以"线下"与"线上"相结合为发展趋势的鲜活农产品社区直供(直销)网络建设。江苏省鼓励各地借鉴南京众彩、苏州南环桥等一批批发市场实行"预约订购、定量包装、净菜配送、社区直供(直销)"模式的成功经验，引导大型农产品批发市场进入农产品零售环节。同时，加大"苏合"联社推进力度，加强指导服务，强化政策扶持，提高农民合作社在农产品流通环节中的质量、水平和效益。积极培育农产品电子商务，探索农产品"线下"实体与"线上"网络的融合发展，利用已经设立的直销门店、直供点，发展网上订购、社区取货的方式创新批零对接模式，实行批零一体化经营，从而大幅度减少流通环节，显著降低流通成本，提高流通效率。

二、农产品流通发展现状

1. 农产品批发市场

农产品批发市场作为农产品现货集中交易的场所，是集商流、物流、信息流于一体的农产品主要流通渠道。近年来，江苏省把农产品批发市场建设作为加快农产品流通创新、推进农产品现代流通体系建设的重中之重，切实加强基础设施建设，健全完善市场综合功能，不断提升商品流通的现代化水平，取得了良好的成效。

表 5-1 呈现了 2013 年江苏省亿元以上农产品批发市场的情况。江苏省已建成亿元以上农产品批发市场 106 个，总营业面积 351.72 万平方米，总成交额为 1 320.04 亿元。其中，亿元以上粮油市场 9 个，成交额 188.36 亿元；肉禽蛋市场 29 个，成交额 192.80 亿元；水产品市场 27 个，成交额 274.47 亿元；蔬菜市场 19 个，成交额 231.32 亿元；干鲜果品市场 10 个，成交额 163.50 亿元；棉麻土畜、烟叶市场 2 个，成交额 226.32 亿元；其他农产品市场 10 个，成交额 43.26 亿元。

2013 年，商务部深入贯彻《中共中央国务院关于加快发展现代农业进一步增强农村发展活力的若干意见》(中发[2013]1 号)等文件精神，加快推进集散地农产品批发市场健康发展。在综合考虑农产品产销情况和各省(区、市)推荐情况下，建设了首批全国集散地农产品批发市场重点联系单位 32 家和首批电子结算重点联系市场 24 家。其中，南京农副产品物流配送中心有限公司

表 5-1　2013 年江苏省亿元以上农产品批发市场情况

市场种类	市场个数/个	年末摊位数/个	年末已出租摊位/个	商品成交额/亿元	营业面积/万平方米	交易业主从业人员/万人
粮油市场	9	4 207	3 956	188.36	63.15	0.64
肉禽蛋市场	29	9 494	7 698	192.80	32.80	2.14
水产品市场	27	10 004	8 590	274.47	80.69	10.04
蔬菜市场	19	9 936	9 684	231.32	50.21	5.85
干鲜果品市场	10	6 371	5 318	163.50	36.07	1.14
棉麻土畜、烟叶市场	2	2 438	2 411	226.32	43.00	1.26
其他农产品市场	10	5 976	5 367	43.26	45.80	1.39
合计	106	48 426	43 024	1 320.04	351.72	22.46

资料来源：根据 2014 年《江苏省统计年鉴》整理。

和江苏凌家塘市场发展有限公司被列入首批全国集散地农产品批发市场重点联系单位；南京农副产品物流配送中心有限公司和无锡朝阳农产品大市场有限公司被列入首批电子结算重点联系市场。

　　农业部从 1995 年起在全国推行定点农产品批发市场联系支持制度。截至 2013 年 11 月，江苏省农业部定点农产品批发市场总数为 33 家，包括产地市场 14 家，销地市场 19 家。其中，农产品综合批发市场(包含蔬菜及水果市场)26 家，特色产品(包含水产品)市场 4 家，肉禽蛋市场 1 家，粮油市场 2 家。据江苏省农业委员会资料显示，2013 年江苏省农业部定点农产品批发市场交易总额达到 2 020.30 亿元，比 2012 年增长 11.63%。

　　2013 年江苏省农业委员会没有组织开展新一轮省级重点农产品批发市场的申报认定工作。2013 年江苏省省级重点农产品批发市场维持 68 家，包括产地市场 39 家，销地市场 29 家。其中，农产品综合批发市场(包含蔬菜及水果市场)47 家，特色产品市场(包括水产品市场)11 家，肉禽蛋市场 5 家，粮油市场 5 家。据江苏省农业委员会资料显示，2013 年江苏省省级重点农产品批发市场年交易额突破 100 亿元的有 9 家，超 50 亿元的有 12 家，超 30 亿元的有 22 家，超 20 亿元的有 26 家。

2. 流通类农业龙头企业

近几年，流通类农业龙头企业在保障供应、平抑物价、减少流通环节、降低销售成本等方面发挥了积极作用。江苏省各地不断加大对流通类农业龙头企业的扶持和建设力度，希望通过充分发挥龙头企业的带动作用，逐步建立和完善高效率、低成本、低损耗、安全畅通的农产品现代流通体系，促进全省农产品流通体系的现代化建设。

表 5-2 说明了 2013 年江苏省省级以上流通类农业龙头企业的情况。截至 2013 年 12 月 31 日，江苏省省级以上流通类农业龙头企业数量为 44 家，占全省省级以上农业龙头企业的比重为 7.25%。

表 5-2　2013 年江苏省省级以上流通类农业龙头企业情况

类别	数量/家	占比/%
流通类	44	7.25
其他	563	92.75
合计	607	100.00

资料来源：根据江苏省农业委员会提供资料整理。

3. 农产品直供(直销)店

农产品从田间地头到市民餐桌的主要环节，即从田头到农批市场、再到消费者家庭，被形容为两次"蛙跳"过程。近年来，江苏省利用商务部实施"双百市场工程"(重点改造 100 家大型农产品批发市场、着力培育 100 家大型农产品流通企业)和 2011、2012 连续两年在江苏开展"农产品现代流通综合试点"的契机，支持和引导每个省辖市培育一家大型骨干农产品综合批发市场，承担起全市、甚至周边地区农产品流通和市场保供的主要功能，解决农产品流通的第一次"蛙跳"。但农产品流通的问题主要集中在第二次"蛙跳"过程中，即所谓"贵在最后一公里"。其主要原因是传统的农产品流通销售模式经营效率低、流通成本高。此外，也有零售网点和经营面积增加不足导致竞争性不够的因素。

2013 年，为解决第二次"蛙跳"的"贵在最后一公里"的难题，江苏省一方面鼓励农民组建以销售农产品为主要服务的专业合作社，并将这些合作社联合起来组建销售联合社，让农民抱团到城市及社区开办农产品直销店或自营超市，直销成员合作社的产品，促进合作社产品与市民的直接对接；另一方面以批零一体化、连锁经营为组织形式，以"预约订购、定量包装、净菜配送、社区直供(直销)"为经营方式，推广以大型流通企业为主导的农产品社区直供(直销)店模式，在全省建设鲜活农产品社区直供(直销)网络。

目前，以农民专业合作社为主导的农产品直供(直销)主要是以打造"苏合"农产品销售合作联社新平台为主，组织农民合作社联合到城市开设直销店，实现"菜园子"牵手"菜篮子"，帮助农民把产品卖出去、卖个好价钱。目前，江苏省组建"苏合"销售联社 76 家，在城市开设直营店 206 个，基本实现县域范围全覆盖；直接带动 1 440 家农民合作社进城直销农产品，2013 年销售额达到 17.3 亿元，惠及消费人群 1 105 万人。例如扬州"苏合"润泽农产品销售合作联社由扬州市润扬豆品专业合作社等 22 家农民专业合作社联合组建，在市区开设了 6 家连锁直销门店，面积 2 500 平方米，日接待消费者 4 000 多人次，年销售额近 5 000 万元。启东"苏合"联社在启东市内开设 3 家直销门店，在上海宝山、杨浦、闵行等区升级改造了 26 家直销门店。

以大型流通企业为主导的农产品社区直供(直销)店模式，目前主要以推广南京众彩物流、苏州南环桥等批发市场直供(直销)模式为主。据统计，截至 2013 年 10 月 31 日，江苏省已初步建立了 130 余家社区直供(直销)店，所经营的蔬菜、肉等农产品价格分别低于市场平均价格 15% 和 5% 以上。例如南京众彩农副产品批发市场在南京市政府支持下，启动了"e 鲜美"平价菜进小区惠民项目，将众彩市场的蔬菜、水果、生鲜、副食等直接配送到小区。由于缩短繁琐供应链的环节，降低了农产品损耗和物流成本，其价格要比超市、农贸市场以及摊贩们经销的商品价格低许多。加上严格的加工、检测，市民食用更加安全。具体操作是，众彩市场与小区业委会、物业公司签订"e 鲜美"项目进驻协议，小区提供一块 20 平方米左右的地皮，由众彩市场建一蔬菜配送亭，并向小区居民免费发放"e 鲜美会员卡"，每张卡内都事先充有 20 块钱，供居民无偿试用。订货方式有 4 种：网上订购、"400"电话订购、手机订购和小区蔬菜配送亭现场下单。当日订货，次日上午 6 点至晚 6 点送货进小区，订货居民可到蔬菜配送亭取货，也可要求送货上门。货到付款，不满意可拒收。

无论是以农民专业合作社为主导，还是以大型流通企业为主导在全省推进农产品的直供(直销)，其目的和成效表现在以下四个方面：

一是农产品的直供(直销)有利于解决农产品流通"贵在最后一公里"难题，满足城乡居民实惠消费需求。农产品"贵在最后一公里"是农产品流通的老大难问题，但辩证分析"贵在最后一公里"并不等于"赚在最后一公里"。因为农贸市场中小商贩流通效率低，流通成本高，在流通各环节中付出的人工成本、农产品实物和价值损耗最多，还要转嫁其不断快速上升的家庭生活成本，从而在零售环节加价较多，出现"贵在最后一公里"的现象。如果建立起由农民专业合作联社或大型农产品流通企业主导、连锁经营的社区直供(直销)网络，可以大大减少流通环节，显著提高流通效率，有效降低农产品损耗。这样，不仅农民可以增收，消费者还能多受益，大型农产品流通企业也可能进一步做大做强。

二是农产品的直供(直销)有利于完善江苏省农产品零售网点布局，满足城乡居民便捷消费需求。随着城镇化进程的持续快速推进，江苏省城市范围不断扩大，许多新建社区不断落成，城市人口快速集聚，而农产品零售网点数覆盖面不够，零售面积狭小。加上原有的农产品零售终端布局不尽合理，不仅使部分社区居民买菜困难，还造成部分菜市场垄断经营，在市场之间和经营户之间都缺少适度竞争。建设农产品直供(直销)店，特别是在农产品零售终端明显不足、同时又不便于新建菜市场(农贸市场)或大型生鲜超市的地区、在居民集中居住的社区内部设立直供(直销)店,将会大大方便附近居民的农副产品采购消费。

三是农产品的直供(直销)有利于保障农产品质量安全,满足城乡居民放心消费需求。农民专业销售联社和大型农产品流通企业主导建设的农产品社区直供(直销)网络，农产品质量安全意识往往相对较强，从而保证了品牌质量;而且通过连锁经营对农产品实行集中采购、统一配送,加上流通环节少,可以增强对农产品质量安全控制的能力。加上完善相应的电子信息,纳入城市肉菜流通追溯系统，就可以实现对问题产品实行溯源控制。

四是农产品的直销(直供)有利于提供多元化的商品和服务,满足城乡居民多层次消费需求。农产品社区直供(直销)网络，直接联系终端用户和消费者，农民销售联社和流通企业可以通过精细化的管理和大数据处理系统，准确掌握终端用户和消费者对各类商品和服务的需求，由此对应市场需求提供多品类、多档次的商品和服务，在实现企业发展的同时，更有效地满足城乡居民多层次消费需求。

三、农产品流通区域比较

1. 江苏省农产品批发市场在全国的地位

表 5-3、表 5-4 和表 5-5 分别描述了 2013 年全国和江苏省各类亿元以上农产品批发市场数量、营业面积和成交额情况。江苏省亿元以上农产品批发市场数量为 106 个，成交额为 1 320.04 亿元，位居全国前列，分别占全国总量的 10.40% 和 9.05%。江苏凌家塘市场发展有限公司和苏州市南环桥市场发展股份有限公司都是全国成交额排名前 20 的亿元以上农产品批发市场。

从各类亿元以上农产品批发市场情况来看，2013 年，江苏省粮油市场数量 9 个, 成交额为 188.36 亿元, 分别占全国相应总量的 8.74%和 12.03%, 4 个粮油市场成交额排到全国同类市场前 20。其中, 连云港市农副产品批发市场有限公司排名第 5、兴化市粮食交易市场有限公司排名第 8、扬州大桥食品城有限公司排名第 12、江苏无锡国家粮食储备库排名第 19。江苏省肉禽蛋市场数量 29 个, 成交额 192.80 元, 分别占全国相应总量的 21.64%和 15.75%, 3 家肉禽蛋市场成交额排名全国同类市场前 20。其中, 苏州食品有限公司肉食品批发交易市场排名第 8, 扬州朝苏农副畜产品冷冻食品批发市场排名第 9, 张家港市第一集贸市场排名第 14。江苏省水产品市场数量 27 个, 成交额为 274.47 亿元, 分别占全国相应总量的 18.00%和 9.77%。高淳区水产品批发市场成交额排名全国同类市场的第 20 位。江苏省蔬菜市场数量 19 个, 成交额为 231.32 亿元, 分别占全国相应总量的 6.09%和 6.03%。江苏联谊农副产品批发市场和江苏淮海蔬菜批发交易市场有限公司成交额进入全国蔬菜市场排名前 20。江苏省干鲜果品市场数量 10 个, 成交额为 163.50 亿元, 分别占全国相应总量的 7.30%与 6.99%。扬州市广陵区东花园副食品批发市场和亚联农副产品有限公司成交额进入全国干鲜果品市场排名前 20, 分别排在第 12 位和 17 位。江苏省麻棉土畜、烟叶市场 2 个, 成交额为 226.32 亿元, 分别占全国相应总量的 9.09%和 31.99%。江苏湖塘纺织城投资发展有限公司成交额排名全国第 1。江苏省共有 10 个亿元以上其他农产品批发市场, 成交额为 43.26 亿元, 分别占全国相应总量的 6.21%和 2.06%。

表 5-3 2013 年各类亿元以上农产品批发市场情况(一)

区域	农产品市场			粮油市场			肉禽蛋市场		
	数量/个	营业面积/万平方米	成交额/亿元	数量/个	营业面积/万平方米	成交额/亿元	数量/个	营业面积/万平方米	成交额/亿元
江苏	106	351.72	1 320.04	9	63.15	188.36	29	32.80	192.80
全国	1 019	4 316.32	14 584.08	103	361.65	1 565.11	134	303.14	1 224.21
占比/%	10.40	8.15	9.05	8.74	17.46	12.03	21.64	10.82	15.75

资料来源: 2014 年《中国商品交易市场统计年鉴》。

表 5-4　2013 年各类亿元以上农产品批发市场情况(二)

区域	水产品市场			蔬菜市场			干鲜果品市场		
	数量/个	营业面积/万平方米	成交额/亿元	数量/个	营业面积/万平方米	成交额/亿元	数量/个	营业面积/万平方米	成交额/亿元
江苏	27	80.69	274.47	19	50.21	231.32	10	36.07	163.50
全国	150	469.69	2 808.81	312	1 596.24	3 838.25	137	581.87	2 337.88
占比/%	18.00	17.18	9.77	6.09	3.15	6.03	7.30	6.20	6.99

资料来源：2014 年《中国商品交易市场统计年鉴》。

表 5-5　2013 年各类亿元以上农产品批发市场情况(三)

区域	棉麻土畜、烟叶市场			其他农产品市场		
	数量/个	营业面积/万平方米	成交额/亿元	数量/个	营业面积/万平方米	成交额/亿元
江苏	2	43.00	226.32	10	45.80	43.26
全国	22	396.92	707.51	161	606.80	2 102.31
占比/%	9.09	10.83	31.99	6.21	7.55	2.06

资料来源：2014 年《中国商品交易市场统计年鉴》。

截至 2013 年，全国已认定 773 家农业部定点农产品批发市场，江苏省农业部定点农产品批发市场总数为 33 家，占全国总数的 4.27%。

2. 苏南、苏中、苏北农产品流通比较

(1) 三大区域农业部定点农产品批发市场比较

表 5-6 描述了 2013 年江苏省各类农业部定点农产品批发市场的区域分布情况。2013 年江苏省农业部定点农产品批发市场区域分布情况与 2012 年相同。苏南各类农业部定点农产品批发市场最多，为 16 个，占全省各类农业部定点农产品批发市场总数的 48.48%，2013 年交易额为 1 416.60 亿元；苏中最少，为 8 个，占全省总数的 24.24%，2013 年交易额为 266.90 亿元；苏北介于两者之间，为 9 个，占全省总数的 27.27%，2013 年交易额为 336.90 亿元。

表 5-6 2013 年江苏省各类农业部定点农产品批发市场区域分布情况

区域	数量/个	交易额/亿元	占比/%
苏南	16	1 416.60	70.11
苏中	8	266.90	13.21
苏北	9	336.90	16.68
江苏省	33	2 020.40	100.00

资料来源：根据江苏省农业委员会提供资料整理。

(2) 三大区域省级重点农产品批发市场比较

表 5-7 描述了 2013 年江苏省各类省级重点农产品批发市场的区域分布情况。2013 年江苏省省级重点农产品批发市场区域分布情况与 2012 年相同。苏南各类省级重点农产品批发市场数量最多，为 28 个，占全省各类省级重点农产品批发市场总数的 41.18%，2013 年交易额为 1 667.10 亿元；苏中最少，为 17 个，占全省总数的 25.00%，2013 年交易额为 479.00 亿元；苏北介于两者之间，为 23 个，占全省总数的 36.17%，2013 年交易额为 505.60 亿元。

表 5-7 2013 年江苏省各类省级重点农产品批发市场区域分布情况

区域	数量/个	交易额/亿元	占比/%
苏南	28	1 667.10	62.87
苏中	17	479.00	18.06
苏北	23	505.60	19.07
江苏省	68	2 651.70	100.00

资料来源：根据江苏省农业委员会提供资料整理。

(3) 三大区域流通类农业龙头企业比较

表 5-8 呈现了 2013 年江苏省三大区域省级以上流通类农业龙头企业的区域分布情况。江苏省直管的流通类农业龙头企业有 3 家，占江苏省省级以上流通类农业龙头企业总数的 6.82%。其余 41 家流通类农业龙头企业中，苏南省级以上流通类农业龙头企业数量最多，达到 20 家，占全省总数的 45.45%；

苏北其次，为 13 家，占全省总数的 29.55%；苏中最少，为 8 家，占全省总数的 18.18%。

表 5-8 2013 年江苏省省级以上流通类农业龙头企业区域分布情况

市别	农业龙头企业数/家	流通类龙头企业数/家	占比/%
农垦	13	0	0.00
省直	12	3	6.82
苏南	197	20	45.45
南京市	40	3	6.82
无锡市	37	4	9.09
常州市	37	5	11.36
苏州市	49	5	11.36
镇江市	34	3	6.82
苏中	149	8	18.18
南通市	58	4	9.09
扬州市	43	3	6.82
泰州市	48	1	2.27
苏北	236	13	29.55
徐州市	57	5	11.36
连云港市	39	2	4.54
淮安市	40	2	4.54
盐城市	61	3	6.82
宿迁市	39	1	2.27
江苏省	607	44	100.00

资料来源：根据江苏省农业委员会提供资料整理。

苏南地区常州市和苏州市流通类农业龙头企业各有 5 家，两者之和占到苏南总数的 50%；苏中地区南通市、扬州市、泰州市流通类农业龙头企业数量分别为 4 家、3 家、1 家；苏北地区徐州市流通类农业龙头企业最多，达 5 家，占苏北总数的 38.46%，而宿迁市仅有 1 家。

第六章 江苏农村农业生产经营发展典型案例评析

1. 南京六合兄弟家庭农场[①]

(1) 基本概况

南京六合兄弟家庭农场位于六合区竹镇镇八里村，紧邻宁淮高速和即将建成的北部干线，占地面积 243 亩。农场经营项目包括生猪养殖、水产养殖、经济林果、农作物种植等。农场由两个兄弟家庭共同出资，主要劳动力 8 人，为两个家庭成员。根据农业种植的季节特点，在农忙期间采用短期雇工形式。

(2) 具体做法

一是土地流转。农场共流转土地及水面 243 亩，其中向竹镇镇八里村村委会流转农户土地 60 亩；通过复垦水库周边水淹地、休整水库堤坝和直接流转农户闲置土地约 63 亩；与八里村签订水面承包协议，承包水面 120 亩。年支付土地和水面租金共计约 5 万元。

二是生产经营。标准化规模生猪养殖场占地 8 亩，其中猪舍占地约 5 亩，饲料仓库、饲料加工厂、污水处理设施、诊疗室、消毒室、隔离区、沼气及办公附属设施占地约 3 亩。养殖水面 120 亩，其中鱼苗培育、鱼花池约 10 亩，高效精养池 22 亩，休闲垂钓池 8 亩，粗养池 80 亩。经济林果共计 85 亩，其中果园总占地面积约 70 亩，经济苗木占地面积 15 亩。农作物种植约 30 亩，

---

① 本案例的写作参考了江苏省农业委员会农村经济体制与经营管理处提供的资料。

主要种植小麦、红薯、皇竹草等，为养猪、养鱼提供青饲料。

（3）发展成效

一是引进优良品种的种猪，进行生猪改良，每年可为当地生猪养殖户提供优质商品苗猪 2 000 多头，较好地带动了周边地区生猪养殖业的发展，同时每年可为社会提供优质商品猪 2 000 多头。

二是 2012 年农场出售苗猪 230 头，出栏生猪 600 头，产值 150 万元；出售鲢鱼 2.4 万斤，鲫鱼 0.6 万斤，产值 15 万元，垂钓约 6 万元；农作物种植收入约 18 万元；因果园和苗木均是新建项目，目前还没有产生效益。

三是 2012 年获得中央财政规模化猪场建设补贴 30 万元，补贴资金主要用于标准化猪场的建设。

（4）经验启示

启示一：结合当地资源优势，农场着力打造农业生态规模高效养殖产业链，形成"养猪——沼气(发电、生活用气、猪舍取暖，沼气火枪消毒)——沼气液(改善水质喂鱼、灌溉补充农作物营养)——沼肥(农田、果园、园艺种植施肥)"模式。实施配套的标准化设施生态养殖，改变了传统的种养方式，改善了养殖条件，保护了生态环境，同时也形成可观的经济效益。

启示二：根据养殖需要修建了鱼苗培育池和夏花养殖池，春季采用自培鱼苗，养成夏花后分批投放养殖塘，降低了购买鱼苗的成本，并且避免了购买鱼苗长途运输过程中的损失，大大提高了鱼苗的成活率。成品鱼一部分作为商品鱼直接投放市场，另一部分投放垂钓池供休闲垂钓用。利用现有沼气液和沼渣等有机肥料和部分成品饲料进行养殖，精养池主要放养夏花，当年即可养成商品鱼出售，当年没有达到出售规格的鱼转入粗养池养殖，采用轮捕轮放模式，合理利用水利资源，提高水产养殖的经济效益。

启示三：农场果园包括葡萄、桃、梨等；经济苗木有红叶石楠、金桂、广玉兰、紫薇、金森女贞、栾树等品种；栽植景观苗木，用来进行场区内绿化，部分出售；同时积极发展林下经济，采用套养模式在果园内建成鸡舍 200 平米，散养绿壳蛋鸡 2 000 只。发展林下经济、实施套养模式显著提高了经济效益。

2. 宝应县相庄永红生猪产销专业合作社[①]

(1) 基本概况

宝应县相庄永红生猪产销专业合作社最初是在 2005 年由相庄村原兽医、生猪养殖大户殷永红等发起组建了生猪养殖协会，2007 年依据《农民专业合作社法》在工商部门变更登记为宝应县相庄永红生猪产销专业合作社。2013 年，合作社注册了"寶潼"商标，主打宝应地区的黑土猪品牌。目前，合作社理事会 5 人，监事会 3 人，合作社成员 335 户；总资产 280 万元，其中财政扶持 15 万元，占 5%，公共积累 20 万元，占 7%，成员出资 245 万元，占 88%。合作社先后被评为省、市"五好"示范社、财务管理示范合作社。理事长殷永红被评为全省优秀农民专业合作社理事长。

(2) 具体做法

一是统一品牌，在生猪的品牌上创优。2013 年，合作社注册了"寶潼"商标，主打宝应地区的黑土猪品牌。目前，"寶潼"品牌的黑土猪已进入城市的直销店。

二是统一品种，在苗猪的品种上选优。由过去的土杂猪到引进优质的三元母猪和苏太猪，生猪价格因品种优质，而高于其他品种的生猪价格出售，较好地抵御了市场风险。

三是统一供料，在生猪饲料供应价格上求低。合作社根据各养猪户的需

---

① 本案例的写作参考了江苏省农业委员会合作社指导处提供的资料。

要量统一购进饲料，由于统一购进的饲料量大，享受批零差价，降低了成员养猪成本，又保证了饲料的质量。正常情况下，每头猪每年可降低饲料成本20元左右，一年合作社可为成员节约饲料成本25万元。

四是统一防疫，在生猪疾病防治上从严。合作社要求养殖户坚持预防为主，治疗为辅的原则，按照猪的免疫程序，把好逐户逐头防疫、定期不定期消毒两道关。2010年当疫病发生时，合作社免费为养殖大户发放消毒机，指导成员对猪舍进行科学消毒，使养殖户生猪发病率、残死亡率都控制在最低点。

五是统一技术指导，在生猪养殖技术上求精。合作社与扬州大学农学院和泰州畜牧职业学院建立了稳定的合作关系，成为两所高校的实习基地，并长期聘请一批专家教授为合作社的技术顾问，为合作社成员传授生猪养殖技术和疫病防治技术。每年举办2~3次专题培训班，每年培训300多人次。

六是统一销售，做养殖户的贴心人。由于市场周期规律，近几年生猪价格波动起伏，有不少养殖户失去信心。合作社一方面鼓励他们继续养殖，对资金有困难的成员全方位扶持，另一方面多方寻找销售渠道，提高销售价格。

(3) 发展成效

一是准确把握市场走向，有效规避风险。2013年生猪市场行情一度不好，不少养猪户都亏损了，但由于合作社准确把握了市场信息，掌握了生猪出栏时机，每担取得了150元的盈利。据了解，2013年合作社母猪存栏1 000多头，生猪出栏1万多头，销售收入近1 600万元，成员户均年增收万元以上。

二是带动成员科学养猪，提高养殖水平。2010年以来，合作社筹资150多万元，流转荒地20多亩，建设猪舍19幢2 900平方米，每幢7~9间，外加150平方米的生产、生活用房，作为合作社养殖示范基地和苗猪繁育基地。全部采用现代化的生猪自由采食、饮水喂养方式。至此，合作社的生猪养殖，从品种改良、母猪配种、苗猪育成、肥猪出栏，以及饲料的采购加工、疾病防治等，实现了一条龙的生产销售服务模式，合作社也由此成了江苏省里下河地区数一数二的生猪养殖大户。目前，合作社还带动了周边 300 多户农民发展养猪生产，收到了较好的社会效益。

三是合作社严格依法执行盈余返还制度。2013 年，合作社统一销售成员生猪收入计 1 580 万元。合作社运用自身联合的优势参与市场竞争，以高于市场价每担 15 元的价格结算给农民计 1 525 万元后，盈余 55 万元。这部分盈余主要来源于合作社运用自身联合优势参与市场竞争取得的溢价。其中 70%按照成员交易量比例返还，即 38.5 万元，20%按股分红，即 11 万元，10%作为公积金，即 5.5 万元。公积金主要用于合作社运转、弥补上年亏损、设立风险基金和扩大再生产。

(4) 经验启示

启示一：合作社为成员提供"六统一"服务。合作社的生猪养殖，从品种改良、母猪配种、苗猪育成、肥猪出栏，以及饲料的采购加工、疾病防治等，实现了一条龙的生产销售服务模式。合作社通过市场调研、行情分析，在应对生猪市场价格波动大等问题时，能够准确地把握市场信息，作出准确的市场预测，决定生猪出售的最佳时机，从而帮助生猪养殖户取得最大效益。

启示二：合作社全面使用财务管理软件，为每个成员建立了个人账户，并将财政补助形成的资产按股量化给每个成员，作为盈余返还的依据。在民主管理、利益合理分配等方面的共同作用下真正实现了增加合作社成员收入的发展目标。

3. 宝应县风车头荷藕营销专业合作社[①]

(1) 基本概况

宝应县射阳湖镇风车头荷藕营销专业合作社成立于 2005 年 12 月，2007

---

① 本案例的写作参考了江苏省农业委员会合作社指导处提供的资料。

年 8 月在宝应县工商局以农民专业合作社法人注册登记。为加强党对合作社的领导，2009 年 6 月在合作社内部建立了党支部，有党员 16 名。党支部坚持立足服务成员、促进合作社发展，积极实施"三提升"工程(提升党员服务能力、提升荷藕附加值、提升市场承载量)，提升合作社服务功能，促进合作社的健康发展，带动更多的农民走向富裕。目前，合作社现有成员 660 人，包括 15 家藕行和 45 名经纪人，其余为荷藕种植农户，荷藕种植面积 3 万亩，并带动周边 8 个村 1 811 户农户。合作社建筑面积 2 340 平方米，拥有房屋 42 幢 116 间，吊机 18 台，固定资产总额 393 万元。

(2) 具体做法

一是在生产经营方面，实行"市场+基地+农户"的生产经营模式，形成了以合作社荷藕交易市场为主体的流通体系，以种植大户连片规模种植的生产基地体系，以立足为成员在荷藕种植技术和信息上指导、培训以及荷藕销售为主要服务内容的服务体系。

二是在产品销售方面，着力点放在提升荷藕附加值，提升市场承载量上面。先后投资 118 万元(主要由合作社出资)建设荷藕批发交易市场，年可销售合作社及周边农户荷藕 7 万吨；投资 20 万元在交通要道设立醒目可见的永久性的荷藕宣传标志，扩大荷藕产地影响；在互联网上开设专题网站，构建网络销售平台；组织经纪人成员加强对外联络，邀请外地客商前来参观考察，稳定发展客户群。

三是在服务成员方面，合作社为成员的生产、销售提供"六个统一"服务：①统一藕种，即统一以优质"美人红"、"大紫红"为当家品种。②统一药肥，即由合作社统一选定好藕田农药肥料的品种和价格，并告知成员安排使用。③统一品牌，即统一使用 2009 年 12 月注册的"风车头荷藕"商标。④统一定价，即成品藕进入合作社交易市场后，成员有权选择市场内的藕行经纪人收购代销，但经纪人一律执行合作社所定价格，较好地保护了成员利益。⑤统一销售，销售有两种形式，由合作社与客商签订合作协议，指定藕行经纪人按协议分期交易批发；或由经纪人和大户将客户引进合作社交易市场，按照所定价格进行交易。经纪人的佣金，由购藕的批发商支付；从产地到交易场所的运输，合作社的成员享受合作社提供的免费车辆，周边非成员代销的自行解决运输。凡在合作社交易市场中交易的，交易市场要定期将交易量上报合作社理事会。⑥统一结算，即成员产品交易后，合作社在一周内先凭交易量以所定价格现金结算给成员，年终再按交易量和投资额实行盈余分配。

(3) 发展成效

一是取得了良好的经济收益。2013 年，销售成员荷藕 4.7 万吨，实现销售收入 7 620 万元，利润 207.4 万元。市场的建立也为合作社和村集体的增收作出了贡献，合作社通过收取市场管理费(按每吨 10 元收取)，每年可增收约 50 万元；村集体通过收取场地租金每年也有 20 万元的收入。

二是具有一定的社会效益。合作社交易市场吸纳了本村和周围村庄闲散劳动力 1 100 多人为市场服务，人年均收入万元以上。

三是建立了规范的管理体制。合作社由成员代表大会民主选举产生了理事会、监事会；其中理事会 5 人，全部为种藕大户，同时也是经纪人，陈玉新当选为理事长；监事会 5 人，监事长范承东，同时也是经纪人。合作社每年定期召开理事会 2 次以上，成员代表大会 1 次以上。

四是形成了明确的财务核算和成员盈利分配办法。合作社为每个成员设立了成员账户，成员的出资以及公积金份额和财政扶持形成的资产量化、与合作社的交易量、盈余返还等都记载在成员账户中。合作社的盈余分配方案由成员代表大会讨论决定，盈余主要来源于合作社交易收入。盈余的 9% 作为公积金，余下的作为可分配盈余按交易量与投资额 69%：31% 的比例进行分配。2013 年，合作社实现盈余 228.2 万元，提取 9% 的公积金 20.8 万元，余下的可分配盈余 207.4 万元，其中 69%计 143 万元按交易量分配，31%计 64.4 万元按投资额和量化份额分配。合作社现有生产销售管理工作人员 4 人，负责合作社党支部工作、交易批发市场管理、生产技术服务和会计业务。党支部书记、会计由村干部兼职，不发工资，交易批发市场管理、出纳和生产技术服务 2 人，工资从每家藕行收取的市场管理费中列支。

(4) 经验启示

启示一：通过建设统一的市场，规定合作社产品的销售一律在市场内进行。市场不仅为成员产品的销售搭建了平台，而且合作社通过市场管理、统一定价，规范了经纪人的营销行为，可以防止个别经纪人勾结不法商家压级压价、侵犯农民的利益。合作社与村集体也可以分别通过收取市场管理费、场地租金，每年都有一笔收入。

启示二：实行佣金制度，规定佣金收取以交易量为计算标准。收取佣金，是经纪行为的一项基本制度，也是国际上通用做法。以交易额计算，保障了在与商家价格谈判时，经纪人与农民成员的利益是一致的，自动形成了利益共同体。

启示三：制定统一价格，规定合作社的产品以合作社按协议销售、由经纪人进行商户销售以及由农户到市场零售，都执行合作社的统一价格，以防止经纪人(藕行)之间打价格战，引发恶性竞争。这一做法保护了农民利益，维护了市场秩序，也保障了经纪人的利益。

4. 金湖县老龙窝农副产品专业合作社[①]

(1) 基本概况

金湖县老龙窝农副产品专业合作社成立于 2008 年 1 月，现有成员 166 个，

---

① 本案例的写作参考了江苏省农业委员会提供的资料。

其中农民成员 152 个。主要从事农副产品种(养)、研发、收购、生产和销售。至 2011 年 6 月底，合作社半年已实现销售额 1 800 万元，盈余 85 万元。合作社先后被淮安市委、市政府表彰为"优秀农民专业合作社"，被江苏省农业委员会命名为省级"五好"示范社。

(2) 具体做法

在做好优化操作规程、强化内部管理等工作的同时，金湖县老龙窝农副产品专业合作社着力通过扩大产品研发和品牌建设力度，提优产品质量、提高产品档次、提高产品知名度，有效增强了合作社的竞争力。首先，通过与高校和科研院所合作，以普通地产农副产品为原料，先后开发出 5 个系列共 48 种产品。如抓住金湖举办荷花美食节的契机，开发荷系列产品，生产出荷叶茶、荷花茶、降压商务茶、藕粉、桂花糖藕、藕汁、荷花点心、荷叶茶点 8 个品种。其次，强化品牌建设。合作社通过申请拥有了自营出口权，数十次参加国家中小企业博览会、广交会、省合作社产品交易会等展示展销活动，主动寻求合作，积极参与国际农产品市场竞争。此外，合作社还探索农超对接模式。通过进入华润苏果超市、江苏绿地食品超市等大型超市，在华润苏果、乐天玛特等超市设立"老龙窝农产品专柜"，在南京、苏州等大中城市建立 6 家连锁店，与 26 家食品经营店建立产销关系，将产品销到广东、上海、浙江等 5 个省份。

(3) 发展成效

2009 年 10 月，合作社作为淮安市食品加工业代表，在接受江苏省食品安全监察组的验收时，得到了省人大、省药监局等部门领导的高度评价。2010年，与其他养殖户相比，合作社成员养殖龙虾平均亩产增加 50 斤，规格提高一个档次，亩产收益高出近 800 元，每个成员农户年收入达 5 万多元。主产品"老龙窝"野生蒿茶为"有机食品"和"AA 级绿色食品"、省名牌农产品、淮安市名牌产品、淮安市知名商标，先后荣获第七届国际农产品交易会"金奖"、第七届名特优(上海)农产品展销会"金奖"、首届江苏省农民专业合作社产品展销会畅销奖、第二届江苏省旅游产品展销会金奖、首届淮安优质农副产品奖等十多个奖项。近年，又联合 8 家合作社组建苏合销售合作联社，建成直销店，营业面积近 1 000 平方米，对外推介合作社特色农产品。合作社计划通过 3~5 年的努力，达到年营销额 1 亿元，成员年均收入 10 万元，带动农户数 1 000 人。

(4) 经验启示

合作社要集中力量，凝聚全体成员的智慧，着力在基地建设、规范管理、品牌提升等方面下工夫，在地方特色农产品的深度加工、观光休闲农业的开发等方面动脑筋，为带领农民增收、促进地方经济发展做出应有的贡献。合作社还要建立健全各类生产管理制度，规范各类生产技术规程，统一实施质量安全准入，有效提高农副产品的标准化生产水平。同时，通过扩大产品研发和品牌建设力度，提优产品质量、提高产品档次、提高产品知名度，有效增强合作社的竞争力。

5. 洪泽县鱼米水香农产品专业合作联社[①]

(1) 基本概况

洪泽县鱼米水香农产品专业合作联社由洪泽县蓝天农产品专业合作社等 8 家专业合作社于 2010 年 5 月发起成立，成员出资 100 万元。联社农民成员总数为 610 个，拥有专业技术人员 20 人。截至 2011 年 6 月底，实现销售总收入 3 584 万元。联社建立 2 000 亩洪泽湖大闸蟹标准化养殖基地，在全县推行"百村万户富民工程"。成员合作社经营涵盖大闸蟹、龙虾、淡水鱼、食

---

① 本案例的写作参考了江苏省农业委员会提供的资料。

用菌、家禽、畜牧养殖、水稻养殖、有机大米等，为培育优质、品牌化农产品起到了示范带动作用。成员合作社中，有 3 个合作社先后被淮安市委、市政府表彰为优秀农民专业合作社、市级农民专业合作社示范社，有两个合作社被江苏省农业委员会命名为省级"五好"示范社。

(2) 具体做法

洪泽县鱼米水香农产品专业合作联社主要通过以下四种模式进行销售：①设立直销店；②建立网上销售电子商务；③通过商场、超市进行销售；④通过大客户团购(旅行社、企事业单位集中采购等)进行销售。各成员社或成员可以直接进入以上销售渠道销售。联社为成员社或成员提供养殖、种植苗种、饲料及生产所需资料(可以预支，产品销售后结账)，由联社与各成员社或社员结账，以解决农民养殖、种植、销售过程资金困难问题。

(3) 发展成效

洪泽县鱼米水香农产品专业合作联社积极推行"蟹超对接"，也被称作"3+1 模式"，即通过 3 个主导环节和 1 个合作联社，对销售模式进行创新，收到"三四五"的效果，即至少减少三个流通环节，至少节省四天流通时间，至少提高 50%农户收入。联社计划三年入驻 1 000 个大城市、开 1 000 家店。

(4) 经验启示

洪泽县鱼米水香农产品专业合作联社不断深化和扩展"蟹超对接"模式，把洪泽湖特色农产品与超市对接，开创农超对接新局面。联社依托水产批发大市场、大型冷库、制冰车间、先进的数据信息交换平台、专业的网上销售系统以及农产品检验检测中心、先进的物流体系等优势,真正实现农产品产、供、销一体化经营模式。

6. 江苏省宏广畜禽产销专业合作联社①

(1) 基本概况

江苏省宏广畜禽产销专业合作联社创建于 2010 年 5 月 20 日，注册资本为 1 160 万元，下属成员有盐城市宏广畜禽专业合作社、盐城市东海粮油有限公司、宿迁市泗洪县洪湖养鸡专业合作社和南通市海安县新科禽业专业合作社等 53 个单位，实行强强联手，跨区协作，为广大畜禽养殖户提供更加有力支持，年销售总额达 6 亿元。

(2) 具体做法

一是迅速进入市场，扩展销售渠道。联社凭借定已有的条件，迅速在市场上站稳脚跟。禽蛋直接销售到麦德龙、易初莲花、乐购、大润发等大型超市和澳门莉连、台湾骅格食品厂、华旦食品厂等，每天投向市场的鲜蛋达 50 吨以上。

二是强化品牌意识，规范养殖标准。品牌就是市场招牌，就是经济效益。联社组建后，成员畜禽产品的品牌意识更强。联社要求成员按照科学化、标准化的规定从事养殖，使畜禽产品符合绿色、生态、无公害的标准。

三是强强联合，完善产业链，增强市场抗风险能力。盐城市宏广禽畜专业合作社是省"五好"农民专业合作社示范社，主要从事禽蛋的收购和运销，年经营额近亿元，解决了联社市场销售的难题。盐城市东海粮油有限公司是盐城市重点农业龙头企业，主要从事畜禽饲料的储存，年销售经营额达 3 亿元，为广大养殖户提供物美价廉的饲料供应。宿迁市泗洪县洪湖养鸡专业合作社是宿迁市示范专业合作社，有占地 180 亩规模的苗鸡炕孵基地，为联社成员提供优质苗鸡。海安县新科禽业专业合作社为南通市示范专业合作社，

---

① 本案例的写作参考了江苏省农业委员会提供的资料。

资产达 2 000 万元，从事饲料加工，仓储和销售。以上这些合作社的联合，形成了一个关联度高、相互影响支持的产业链，进一步增强了市场的抗风险能力。

(3) 主要成效

联社的组建，形成了完备的产业链条，增强了市场的对接能力，强化了品牌意识，方便了技术信息的流通。该联社现为中国粮油进出口公司盐城地区唯一的粕类总代理，年销售量达 4.2 万吨，销售额达 1.38 亿元。联社还多方筹资，利用铁路及大丰港海运的优势和中储粮合作直接参与国家粮食市场交易，为养殖户提供价廉的优质饲料原料玉米，年成交量 7 万吨，交易额达 1.4 亿元。联社现有"吉珠"牌等商标 5 个、无公害认证产品 8 个、"绿色食品" 3 个，通过品牌建设，明显增强了联社蛋品在市场上的信誉度。

(4) 经验启示

开拓创新、积极进取、不断完善，才能更好为广大养殖户服务，才能进一步推动畜禽养殖业的发展。一是要做大基地，联社计划在市内建大型养殖场，以此示范带动更多农户从事畜禽养殖。二是要做长产业链，联社计划加强蛋品仓储和深加工的发展，进一步提高蛋品抗风险能力和经济效益。三是要做优品牌，在现有品牌的基础上，积极申报"有机食品"认证，进一步提高蛋品的竞争力。四是要做好合作，加大与不同地区间的协作联系，互通有无，互相支持，紧密联合，逐步扩大联社在全市、全省乃至全国的影响，为开拓更大市场奠定基础。

7. 镇江市润州区长山果品专业合作社①

(1) 基本概况

润州区蒋乔嶂山地区是镇江市重要的鲜果生产基地之一，早在 20 世纪 60 年代初就栽种了以水蜜桃为主的果品。在计划经济年代，嶂山水蜜桃成为镇江市水果公司、镇江市食品罐头厂的重要供货基地。除了供应本市市场，还销往南京、上海等大中城市。当时的果品生产，已成为农业经济的一大支柱，曾被人们称为"摇钱树"，在镇江有一定的知名度。2002 年 5 月成立了镇江市润州区蒋乔嶂山果品协会，并在润州区民政局登记注册，制订了协会章程，健全了协会组织体系和独立核算的财务体系。在此基础上，2008 年 2 月组建了果品专业合作社，现有成员 103 人。合作社制定了章程，建立了完整的组织体系，完善了生产管理、产品质量、商标管理、财务管理等规章制度。

(2) 具体做法

镇江市润州区长山果品专业合作社现阶段的管理方式是：基地+农户，坚持做到五个"统一"，即统一品牌(协会在 2003 年 7 月向工商行政部门国家商标局申请注册了"嶂山"牌商标,2005 年被市工商局认定为镇江知名商标)、统一质量(合社制定了无公害桃、无公害葡萄的标准质量体系)、统一包装(由合作社设计包装箱、盒，统一订做)、统一价格(凡符合无公害标准和质量等级的产品，由合作社统一规定价格)、统一销售(在采收旺季，由合作社积极帮助社员销售果品，并按有关规定进行二级分配，将提价部分的 60%左右，按交易量直接兑现到户)。

---

① 本案例的写作参考了江苏省农业委员会提供的资料。

(3) 主要成效

近年来，合作社注重抓品种、技术更新工作，先后引进了一批优质、大果品种，如安农蜜桃、大白凤、湖景蜜露、新川中岛、美人指、皇冠、翠冠、新高等桃、葡萄、梨新品种，实现了大面积种植，取得了较好的经济效益。社员生产的桃、葡萄两个主导产品，分别在 2005、2007 年获得了国家农业部农产品质量安全中心的无公害农产品认定。通过多年的努力，嶂山地区的果品面积、果品产量、果品收入逐年上升，年增长率均在 20%以上，嶂山地区的桃占镇江市市场份额 80%，市场声誉很好，深受消费者的青睐。

(4) 经验启示

通过完善生产管理、产品质量、商标管理、财务管理等制度，建立相应的组织体系，结合品牌、包装、质量、价格、销售等链条的统一，使得合作社不仅便于管理和控制，也能够适应市场变化，迅速做大做强。

8. 高港区永胜花木产销合作社[①]

(1) 基本概况

永胜花木产销合作社由高港区永安洲镇永胜村党支部牵头于 2007 年 9 月成立。合作社最初由永胜村党支部书记担任合作社理事长，合作社理事会和监事会成员也多为永胜村党支部和村委会的同志。永胜花木产销合作社把党组织的政治优势和合作社的规范机制有机地结合起来，民主地带领农民群众调整农村产业结构，搞"一村一品"增收致富，发挥了很好的作用。

(2) 具体做法

实行"一村一品"生产花卉苗木，统一组织产品销售是合作社运作的核

---

① 本案例的写作参考了江苏省农业委员会提供的资料。

心环节。合作社规定凡是经合作社统一销售的,扣取销售额的 2% 作为合作社的销售成本(年终核算如果有结余的则按规定返还),其余的全部结算给社员,不赚社员一分钱。这一做法使得合作社在农民群众中有很高的威信。

(3) 主要成效

目前,永胜花木产销合作社成员农户 109 个,73 个集中在永胜村。合作社在高港区永安洲镇永胜村、福沙村、新街村、建安村和桑桥村组织栽种各类苗木 994 亩,全年销售苗木突破 1 000 万元,农户栽种花木年亩均纯收入 1 万元以上。此外,永胜村党支部和合作社合二为一,党支部发挥政治优势,合作社发挥市场机制,把弱势农户承包的土地流转给有能力的农户种苗木,每亩年租金不少于 1 000 元,再把弱势农户中走不出去的劳动力由合作社组织起来,有组织有秩序地派工到其他农户,通过打工获取报酬。合作社制定指导性用工标准,一般每天不低于 40 元。据统计,全村 100 个弱势农户年不出村的打工报酬有 80 多万元,每人年平均 8 000 元以上。

(4) 经验启示

合作社统一组织产品销售,按实际销售价格与社员结算货款,不赚社员一分钱,避免了社员与合作社潜在的经济冲突,帮助弱势农户在发展“一村一品”中增加收入。党支部合理的带头组织,也有利于帮助困难村民实现增收致富,保证弱势农户一方面通过土地流转获得租金收入,另一方面通过参加合作社生产获取劳务收入。

附录一　农村农业生产经营发展政策文件

一、国家政策文件

1. 农村土地承包及流转

(1) 中共中央 国务院关于加快发展现代农业 进一步增强农村发展活力的若干意见(中发[2013]1 号，2012 年 12 月 31 日)

(2) 国务院办公厅关于落实中共中央国务院《关于加快发展现代农业进一步增强农村发展活力若干意见》有关政策措施分工的通知(国办函[2013]34 号，2013 年 2 月 7 日)

(3) 2013 年国家支持粮食增产农民增收的政策措施(农业部产业政策与法规司，2013 年 3 月 20 日)

(4) 工商总局 农业部关于进一步做好农民专业合作社登记与相关管理工作的意见(工商个字[2013]199 号，2013 年 12 月 18 日)

2. 农业生产经营主体

(5) 农业部关于印发《国家农业产业化示范基地认定管理办法》的通知(农经发[2013]8 号，2013 年 8 月 21 日)

(6) 中共中央国务院关于全面深化农村改革加快推进农业现代化的若干意见(2014 年 1 月 19 日)

(7) 农业部《关于促进家庭农场发展的指导意见》(农经发[2014]1 号，2014 年 2 月 24 日)

(8) 中国人民银行关于做好家庭农场等新型农业经营主体金融服务的指导意见(银发[2014]42 号，2014 年 2 月 13 日)

(9) 国务院办公厅关于金融服务"三农"发展的若干意见(国办发[2014]17 号，2014 年 4 月 20 日)

(10) 农业部关于推动金融支持和服务现代农业发展的通知(农财发[2014]93 号，2014 年 8 月 1 日)

(11) 农业部、国家发改委等 9 部门《关于引导和促进农民合作社规范发展的意见》(农经发[2014]7 号，2014 年 8 月 27 日)

3. 农产品生产

(12) 关于印发《中央财政现代农业生产发展资金管理办法》的通知(财农[2013]1 号，2013 年 1 月 6 日)

(13) 关于印发《中央财政现代农业生产发展资金绩效评价办法》的通知(财农[2013]2 号，2013 年 1 月 6 日)

(14) 农业部办公厅 财政部办公厅关于印发《2013 年农机购置补贴实施指导意见》的通知(农办财[2013]8 号，2013 年 1 月 23 日)

(15) 关于印发《中央财政农业生产防灾救灾资金管理办法》的通知(财农[2013]3 号，2013 年 2 月 1 日)

(16) 中国银监会办公厅关于做好 2013 年农村金融服务工作的通知(银监办发[2013]51 号，2013 年 2 月 16 日)

(17) 国家发展改革委办公厅关于进一步降低农产品生产流通环节电价有关问题的通知(发改办价格[2013]1 041 号，2013 年 5 月 2 日)

(18) 农业部办公厅 财政部办公厅关于印发《2013 年"菜篮子"产品生产扶持项目实施指导意见》的通知(农办财[2013]70 号，2013 年 7 月 29 日)

4. 农产品流通

(19) 国务院办公厅关于印发降低流通费用提高流通效率综合工作方案的通知(国办发[2013]5 号，2013 年 1 月 11 日)

(20) 关于提高 2013 年稻谷最低收购价格的通知(发改价格[2013]193 号，2013 年 1 月 30 日)

(21) 商务部关于加强集散地农产品批发市场建设的通知(商建函[2013]191 号，2013 年 4 月 28 日)

(22) 商务部办公厅关于下达 2013 年流通行业标准项目计划的通知(商办流通函[2013]第 621 号，2013 年 6 月 25 日)

(23) 关于印发 2013 年早籼稻最低收购价执行预案的通知(发改经贸[2013]1 281 号，2013 年 7 月 2 日)

(24) 关于提高 2013 年玉米临时收储价格的通知(发改经贸[2013]1 289 号，2013 年 7 月 3 日)

(25) 关于印发 2013 年中晚稻最低收购价执行预案的通知(发改经贸[2013]1 836 号，2013 年 9 月 18 日)

(26) 关于做好 2013-2014 年度北方大城市冬春蔬菜储备工作的通知(发改办经贸[2013]2 434 号，2013 年 10 月 8 日)

(27) 商务部办公厅关于 2013 年加强农产品流通和农村市场体系建设工作的通知(商办建函[2013]832 号，2013 年 10 月 28 日)

(28) 关于 2013 年东北地区国家临时存储玉米和大豆收购有关问题的通知(国粮调[2013]265 号，2013 年 11 月 22 日)

二、江苏省政策文件

1. 农村土地承包及流转

(1) 中共江苏省委江苏省人民政府关于推进体制机制改革创新进一步增强农业农村发展活力的意见(苏发[2013]1号，2013年1月28日)

(2) 江苏省政府关于印发全省实施农业现代化工程十项行动计划的通知(苏政发[2013]10号，2013年1月28日)

(3) 省政府办公厅关于印发全省实施农业现代化工程十项行动计划工作任务分工方案的通知(苏政发[2013]18号，2013年2月19日)

2. 农业生产经营主体

(4) 江苏省工商局《充分发挥工商注册登记职能做好家庭农场登记工作意见的通知》(2013年4月28日)

(5) 关于开展农民专业合作社融资改革试点的通知(苏财农[2013]65号 苏农社[2013]3号，2013年5月20日)

(6) 江苏省农业委员会关于积极稳妥发展家庭农场的通知(苏农经[2013]6号，2013年6月9日)

(7) 省委办公厅省政府办公厅转发省农委《关于推进农民专业合作社规范发展的意见》的通知(苏办[2013]15号，2013年5月29日)

(8) 中共江苏省委办公厅转发《关于句容市戴庄有机农业专业合作社的调研报告》的通知(苏办[2013]14号，2013年5月10日)

(9) 江苏省农委关于推进农民合作社规范发展的实施意见(苏农社[2014]1号，2014年1月20日)

(10) 中共江苏省委江苏省人民政府关于全面深化农村改革深入实施农业现代化工程的意见(2014年1月25日)

(11) 江苏省农委《关于加强农民专业合作社示范社建设的通知》(苏农社[2014]3 号，2014 年 5 月 29 日)

(12) 关于下达 2014 年省级农业经营体系建设项目实施方案和资金的通知(苏财农[2014]48 号、苏农计[2014]29 号，2014 年 5 月 15 日)

(13) 关于进一步做好农民合作社融资改革工作的通知(苏农办社[2014]3 号，2014 年 7 月 23 日)

(14) 关于积极推动金融支持和服务现代农业发展的通知(苏农经[2014]9 号，2014 年 10 月 29 日)

3. 农产品生产

(15) 江苏省政府关于扎实推进城镇化促进城乡发展一体化的意见(苏政发[2013]1 号，2013 年 1 月 31 日)

(16) 省物价局省农委关于公布 2013 年度水稻、杂交棉花种子销售政府指导价格的通知(苏价农[2013]81 号，2013 年 3 月 18 日)

(17) 关于印发《省农委实施农业现代化工程十项行动计划工作任务实施方案和年度工作计划(2013~2017 年)》的通知(苏农市[2013]5 号，2013 年 4 月 2 日)

(18) 江苏省物价局省农委关于公布 2013 年杂交水稻种子收购政府指导价格的通知(苏价农[2013]423 号，2013 年 12 月 16 日)

4. 农产品流通

(19) 关于加快发展农产品直供直销的意见(苏农市[2013]4 号，2013 年 2 月 5 日)

(20) 省政府办公厅转发省粮食局关于推进粮食流通业基本现代化建设的意见(苏政办发[2013]13 号，2013 年 2 月 5 日)

(21) 省商务厅关于印发《2013 年规范市场秩序工作要点》的通知(苏商秩[2013]201 号，2013 年 2 月 26 日)

(22) 江苏省商务厅关于印发《2013 年全省市场体系建设工作要点》的通知(苏商建[2013]245 号，2013 年 3 月 11 日)

(23) 关于加强省级重点农产品批发市场管理与服务工作的意见(苏农市[2013]6 号，2013 年 4 月 22 日)

(24) 江苏省粮食局关于做好 2013 年秋粮收购进度统计工作的通知(苏粮办调[2013]14 号，2013 年 10 月 9 日)

(25) 省商务厅关于推进鲜活农产品直供社区示范工程的意见(苏商建[2013]1 077 号，2013 年 10 月 17 日)

(26) 省商务厅、省财政厅《关于组织申报 2013 年全省农产品流通和农村市场体系建设项目的通知》(苏商建[2013]1 218 号，2013 年 11 月 20 日)

三、地方性政策文件

1. 农村土地承包及流转

(1) 苏州市相城区人民政府《关于加强全区农村承包土地流转后经营和管理工作的实施意见通知》(2013 年 1 月 16 日)

(2) 南京市人民政府关于引导农村土地承包经营权有序流转的意见(宁政发[2013]103 号，2013 年 4 月 9 日)

(3) 关于组织开展农村土地承包经营权登记试点工作的指导意见(锡委农发[2013]18 号，2013 年 7 月 19 日)

2. 农业生产经营主体

(4) 江苏省启东市农业委员会关于鼓励和支持家庭农场发展的意见(2013 年 8 月 13 日)

(5) 江苏省东海县洪庄镇人民政府关于发展家庭农场推进土地流转的实施意见(洪政发[2013]21 号，2013 年 4 月 8 日)

(6) 中共淮安市委办公室、淮安市人民政府办公室《关于促进家庭农场发展的意见》(淮办发[2013]108 号)

(7) 中共淮安市委农村工作部关于印发《淮安市家庭农场认定管理办法(试行)》的通知(淮委农[2013]16 号)

(8) 中共淮安市委农村工作部关于印发《淮安市示范性家庭农场认定管理办法(试行)》的通知(淮委农[2014]5 号)

(9) 中共淮安市委农村工作部、淮安市财政局关于做好 2014 年市级财政扶持创建示范性家庭农场项目申报工作的通知(淮委农[2014]23 号、淮财农[2014]70 号)

(10) 淮安工商局关于印发《关于充分发挥工商职能促进家庭农场发展的实施意见(试行)》的通知(苏淮工商(注)[2013]3 号)

(11) 中共洪泽县委办公室、洪泽县人民政府办公室《关于促进家庭农场健康发展的意见》(洪办发[2014]22 号)

3. 农产品生产

(12) 江苏省南京市农业委员会关于印发《2013 年全市农业产业化发展工作要点》的通知(宁农办产[2013]1 号，2013 年 2 月 25 日)

(13) 南通市政府办公室关于2013年都市生态型现代农业发展工作的意见(通政办发[2013]77号，2013 年 4 月 28 日)

(14) 扬州市关于印发《2013 年扬州市农产品质量安全专项整治方案》的通知(扬农[2013]0092 号，2013 年 5 月 10 日)

(15) 连云港市农业委员会 市财政局关于印发《市本级 2013 年国家农作物良种补贴项目实施方案》的通知(连农[2013]74 号，2013 年 5 月 22 日)

(16) 南京市政府关于印发全市实施农业现代化工程十项行动计划的通知(宁政发[2013]216 号，2013 年 7 月 22 日)

4. 农产品流通

(17) 南通市物价局关于进一步加强平价商店监管的通知(通价产[2013]59 号，2013 年 3 月 11 日)

(18) 关于开展 2013 年南京市粮食收购资格核查的通知(宁商粮监[2013]12 号，2013 年 5 月 12 日)

附录二　江苏农村农业生产经营发展大事记

一、农村土地承包及流转

❖ **2013年1月11日，国家发改委专题调研苏州市土地流转和规模经营**

1月10~11日，国家发改委体改司副司长王强同志带队，农业部和体改司有关同志参加，赴苏州市太仓专题调研农村土地流转和规模经营。调研组一行实地考察了太仓现代设施农业园、绿润专业合作社、蔬果专业合作社、东林合作农场等现场，并召开了部门、镇村、合作社等相关座谈会，了解了太仓近年来农村土地流转的主要做法，农业规模经营的主要形式和发展过程，并听取了基层的相关政策建议。江苏省发改委副主任赵旻、苏州市发改委副主任刘伟民参加调研。

❖ **2013年4月，宿迁率先完成承包土地确权登记**

宿迁市参加二轮土地承包的乡镇有112个，村庄有1 369个，农户数达94.4万户，承包耕地面积473.69万亩。宿迁仅用半年时间就率先完成了对农村承包土地进行确权登记。目前，全市发放《农村土地承包经营权证》90万本，各县区农村土地承包经营权确权登记工作全面结束。

❖ **2013年5月16日，江苏省太仓市首创土地承包经营权抵押贷款**

太仓创新推出的"农地农贷、农贷农用"的银农合作模式，解决了土地承包经营权贷款的难题。2013年5月16日，东林合作农场等城厢镇5家合作农场，以自己的土地承包经营权作为抵押，与太仓农村商业银行签订协议，获得了总额为 1 亿元的贷款，为期 5 年。这也是全国合作农场中第一单土地承包经营权抵押贷款。

✧ **2013年12月，北京国际信托有限公司与江苏无锡市桃园村土地股份合作社签订了集体土地承包经营权信托项目**

2013 年 12 月，北京国际信托有限公司与江苏省无锡市桃园村土地股份合作社签订了集体土地承包经营权信托项目，标志着江苏省第一单、全国第二单土地流转信托在无锡落地。释放更多土地制度红利，尝试农地使用权证券化，无锡又抢得先机。根据签署的信托合同，农民凭借"土地收益凭证"可获得永久收益，并在约定范围内进行转让、赠与、继承等，成为农民"可携带"的财富。合作社负责人介绍，入股农户每年将获得每亩 1 700 元的固定收益和合作社净收益的 20%作为浮动收益。

✧ **2013年12月23~24日，中央农村工作会议在北京举行，提出稳定农地承包经营权，放活经营权**

2013 年 12 月 23~24 日，中央农村工作会议在北京举行。会议指出，坚持党的农村政策，首要的就是坚持农村基本经营制度。坚持农村土地农民集体所有，这是坚持农村基本经营制度的"魂"。坚持家庭经营基础性地位，农村集体土地应该由作为集体经济组织成员的农民家庭承包，其他任何主体都不能取代农民家庭的土地承包地位，不论承包经营权如何流转，集体土地承包权都属于农民家庭。坚持稳定土地承包关系，依法保障农民对承包地占有、使用、收益、流转及承包经营权抵押、担保权利。土地承包经营权主体同经营权主体发生分离，这是我国农业生产关系变化的新趋势，对完善农村基本经营制度提出了新的要求，要不断探索农村土地集体所有制的有效实现形式，落实集体所有权、稳定农户承包权、放活土地经营权，加快构建以农户家庭经营为基础、合作与联合为纽带、社会化服务为支撑的立体式复合型现代农业经营体系。土地经营权流转、集中、规模经营，要与城镇化进程和农村劳动力转移规模相适应，与农业科技进步和生产手段改进程度相适应，与农业社会化服务水平提高相适应。要加强土地经营权流转管理和服务，推动土地经营权等农村产权流转交易公开、公正、规范运行。

✧ **2013年12月25日，中国农业部部长韩长赋在全国农业工作会议上强调力争用5年时间基本完成农村土地承包经营权确权登记颁证**

中国农业部部长韩长赋 25 日在全国农业工作会议上说，力争用 5 年时间基本完成农村土地承包经营权确权登记颁证。农村土地承包经营权确权登记颁证是一项基础性工作，直接涉及亿万农民的利益。农村土地承包关系总体是稳定的，但也存在承包期内随意调地、土地纠纷多发等问题，主要是二轮延包不完善、确权不到位。稳定和完善农村土地承包关系，需要加快推进农村土地承包经营权确权登记颁证。据韩长赋介绍，2014 年中国将扩大农村土地承包经营权确权登记颁证试点范围，确定两个省开展整省试点，其他各省份至少要选择 1 个县开展整县试点。在试点的基础上，争取后年全面推开，力争 5 年基本完成。

二、农业生产经营主体

✧ **2013年1月10日，江苏省农业委员会根据《江苏省农业产业化省级龙头企业认定与运行监测管理暂行办法》(苏农办[2010]11号)规定，通过县级推荐、市级初审、省级复评，经专家评审推荐并网上公示，公布了164家新增的农业产业化省级重点龙头企业名单。**

✧ **2013年3月，江苏省工商局组织人员深入苏南、苏北、苏中七个县区和上海松江、宁波慈溪调研，实地走访了12户家庭农场，召开10次座谈会，广泛**

听取各地县乡人民政府、农业部门、工商部门、村委会和农业生产经营者的意见后，于4月28日出台了《关于充分发挥工商注册登记职能 做好家庭农场登记工作的意见》。

◇　2013年5月6~8日，江苏省农委祝保平副主任在农业部召开的全国农村经营管理工作会议上作典型发言，总结交流了农经工作经验。

◇　2013年7月16~20日，江苏省农业委员会在南京市集中举办了2期全省农民合作社重点乡镇辅导员培训班。

◇　2013年10月11日，农业部农业产业化办公室公示了第二批国家农业产业化示范基地拟认定名单，其中，共有7个江苏省农业产业化示范基地。

◇　2013年10月15~16日，省委副书记石泰峰赴泰州市姜堰区、兴化市调研，强调要积极稳妥发展家庭农场和农民专业合作社，培育新型农业经营主体，着力提高发展质量，增强带动效应，促进现代农业发展和农民增收。

◇　2013年11月30日，江苏省组团参加在湖北武汉举行的第十一届中国国际农产品交易会。

以"现代农业展新姿"为主体，重点介绍了一批江苏各地优势特色产业，维维集团、桂花鸭集团、中洋集团、恒顺集团等80多家代表各地优势特色产业的品牌龙头企业、合作经济组织，携200多种产品亮相，受到参观者、采购商的好评。

◇　2013年12月18~19日，省人大副主任刘永忠带队视察扬州市新型农业经营主体培育情况。

◇　2014年1月22日，全省农业工作视频会议召开。

总结2013年全省农业和农村经营管理工作，研究部署2014年重点工作。努力实现"三个确保、三个加快、三个提升"，即确保粮食和重要农产品有效供给、确保不发生重大农产品质量安全事件、确保不发生区域性重大动物疫情，加快实施农业现代化工程十项行动计划、加快推进农民收入倍增计划十项富民行动、加快构建新型农业经营体系，持续提升农业劳动生产率、农业科技贡献率、农业资源利用率。

◇　2014年4月29日，全省加快发展农业龙头企业工作会议在宿豫召开。

◇　**2014年7月6~14日，省农委专门组织省财政厅、部分县市合作社辅导员和部分试点合作社综合社理事长一行26人，赴台湾地区参加了农民合作社综合发展专题培训，重点学习台湾农业发展情况和农会运作经验。**

　　主要启示为：一是供销经营是农会的首要职责，联结了小农户与大市场，扭转了单个农户的市场弱势地位；二是信贷服务是农会生存发展的关键，促进了农会培育壮大，保障了农业发展资金需求；三是农技推广是农会的核心职能，加速了农业先进技术普及应用，推动了台湾现代农业发展；四是质量安全是农会的生命线，打响了台湾农产品品牌，拓展了海内外市场。

◇　**2014年7月30日~8月7日，省农委组织部分市、县农工办分管农民合作社工作的主任和业务骨干28人，赴台湾地区参加了农民合作社发展第二期专题培训班。**

　　主要启示为：一是小地主大佃农，较好地解决了农业适度规模经营和谁来种地的问题；二是精致农业，打造了农业品牌，提升了农产品质量；三是农会推广体系及农业产销班，贴近农民，实现了小农户与大市场的有效对接；四是信贷服务，保障了农会自身建设和农业发展的资金需求。

◇　**2014年9月9日，江苏省25个县(市、区)被列为全国新型职业农民培育示范县。**

　　江苏省全面启动新型职业农民培育工程，通过示范县示范作用，推动全省新型职业农民培育工作。全省建设一个整体推进部级示范市——常州市，13个部级示范县(市、区)、25个省级示范县(市、区)。全省部、省两级下达新型职业农民培育经费 1.255 亿元，其中省级财政 1 亿元、中央财政 0.255 亿元，全省培育新型职业农民 14.8 万人。

✧ 2014年9月15日，**江苏省人民政府办公厅第222期专报信息《泰州市金融支持家庭农场发展的主要做法》。**

　　主要做法包括：一是搭建信用平台；二是提供灵活多样的金融产品和服务；三是创新特色抵(质)押产品；四是创新金融支持家庭农场绿色通道。

三、农产品生产

✧ 2013年1月16日，**江苏省农业委员会主任吴沛良在2013年全省农业工作会议上的讲话中总结了2012年全省农业和农村经营管理工作，分析了农业农村经济形势，部署了2013年重点工作。**

✧ 2013年3月26日，**国务院召开全国春季农业生产工作会议，李克强作出重要批示，汪洋出席会议并讲话。**

✧ 2013年4月1日，**江苏省农业产业化工作会议在东台市召开。**

　　徐鸣副省长要求全省各地农业产业化主管部门要把推进农业产业化作为促进传统农业向现代农业转变的战略性举措，因势利导，积极推进，重点把握三条：一是抓好农业龙头企业建设，二是抓好现代农业生产基地建设，三是抓好农业现代流通体系建设。

✧ 2013年6月19日，**"2013中国国际农业生产资料博览会"在南京国际展览中心开幕。**

　　本届博览会以"国际性、专业性、前瞻性"为着眼点，旨在为国内外农资生产、流通、服务企业以及各类农资经销商、客商打造一个相互交流、交易的平台。展品范围涵盖肥料农药类、饲料兽药鱼药类、种禽类、农用设备设施类和花卉园艺类，中化化肥、中农集团、白俄罗斯钾肥等多家国内外知名农资企业参展。

❖ **2013年7月8日，江苏现代农业装备暨农业机械展览会在徐州国际会展中心开幕。**

中国(江苏)国际农业机械展览会是国家农业部重点支持的中国南方大型农机专业展览会。自 2001 年首次举办以来，已连续成功举办六届，目前已成为国内规模最大、影响最广、贸易效果最好的专业农机展览会之一。

四、农产品流通

❖ **2013年5月1日，连云港市首家以销售地产农产品为主的农民专业合作组织正式投入运营。**

5 月 1 日，连云港市首家以销售地产农产品为主的农民专业合作组织——连云港市绿园苏合农产品销售专业合作联社正式投入运营。至此，市区广大居民可以就近消费绿色、安全、廉价、放心的地产优质农副产品。据悉，该联社由兆平养猪、朗墩果蔬、缘福茶叶等 42 家农民专业合作社共同发起，现有成员单位 123 家，入社成员 2.6 万多户，拥有农产品种植业基地 13 个、养殖业基地 9 个、食品加工企业 11 家、果蔬种植园 12 个。

❖ **2013年5月29日，为期三天的2013中国南通江海国际博览会农产品展示展销会在江苏南通职大体育馆拉开帷幕。**

本次农产品展示展销会突出"一地赏遍、一站购齐"，共有 46 家南通本地农业龙头企业、外向型农业企业、农民专业合作组织等参展，充分展示了各县(市)区"一县一品"的农产品特色与优势。销售产品包括优质粮油类、特色畜禽产品类、四青作物类、食用菌类、茧丝绸类、长寿食品系列、优质海淡水产品等，种类约800个。

✧ **2013年6月6日，省政府在南京召开全省夏粮最低收购价执行预案启动工作会议。**

　　江苏省共设立851个最低收购价托收储库点，省粮食局已组成6个督导组分赴各地检查督导，严禁收储机构压级压价、短斤少两，损害农民利益；五等以上的小麦必须收购，不得拒收；农民当天售粮，粮款当天结清，不得拖欠；各指定收储库点要在收购场所张榜公布收购价格、质量标准。

✧ **2013年9月27日，省商务厅召开全省推进鲜活农产品直供社区示范工程现场会。**

　　为推广江苏省南京众彩和苏州南环桥等大型农产品批发市场、流通企业建立社区直供(直销)店的经验、做法，在全省推进"鲜活农产品直供社区"示范工程，9月27日省商务厅在南京市众彩农产品批发市场召开现场会，对全省商务部门和大型流通企业进行动员和部署。会议提出到2013年底，鲜活农产品社区直供(直销)店模式实行地区由当前4个市推广到8个市，作为示范的直供(直销)店由当前的130个增加到230个；到2014年底，鲜活农产品社区直供(直销)店模式在全省各省辖市全面推开，作为示范的直供(直销)店增加到500个。

✧ **2013年10月12日，2013海峡两岸(江苏)名优农产品展销会暨第八届无锡现代农业博览会在无锡市新体育中心会展馆开幕。**

　　本届博览会布展面积12 000平方米，共设展位538个。展会以"两岸合作发展，助力现代农业"为主题，汇集了苏台两地940多家农业企业、合作组织和种养大户的3 300多种名优农产品，台湾展商带来近300种台湾精致农产品。

❖ **2013年11月22日，为期3天的江苏名特优农产品(上海)交易会在上海国际农展中心开幕。**

本届农产品交易会，江苏省共有 351 家企业参展，展出了 13 个大类的 1 800 多种无公害农产品、绿色食品、有机食品等展品。

❖ **2013年11月30日，江苏省以"江苏现代农业展新姿"为主题，在第十一届中国国际农产品交易会上展示新成果。**

本届农交会，江苏省以"江苏现代农业展新姿"为主题，全面展示全省各地在发展现代农业、推进社会主义新农村建设中取得的新成果、新进展，重点推介一批江苏各地优势特色产业，维维集团、桂花鸭集团、中洋集团、恒顺集团等 80 多家代表各地优势特色产业的品牌龙头企业、合作经济组织，携 200 多种产品亮相农交会，涵盖粮油、畜禽、水产、果蔬等多个类别，既有盱眙龙虾、靖江肉脯、高邮鸭蛋等传统名优产品，还有近年来农业结构调整中新培育品牌产品，受到参观者、采购商的好评。

❖ **2013年12月29日，第七届江苏省农民合作社产品展销会在南京开幕。**

展会汇集 326 家农民合作社的 1 500 多种优质农副产品，以及新疆、台湾 16 家农民合作社(企业)近百种特色农产品。

后　记

　　江苏省作为我国经济发达的省份，肩负实现"两个率先"、全面达到小康并向基本现代化迈进的战略任务。"十二五"规划目标任务的实现依赖于加快产业结构的调整，构建现代产业体系，加快推进城乡经济社会发展一体化。南京农业大学顺应社会经济发展的需求，从 2012 年开始设立人文社会科学重大招标项目，对江苏省"三农"问题进行系统、科学、持续性专题研究，记录江苏省农业现代化进行的轨迹，以期为实现江苏省经济社会发展、农业科技进步、农业现代化和新农村建设做出重要贡献。

　　冯淑怡教授过去十多年在对土地制度、农村发展等问题的研究中，通过江苏省哲学社会科学研究基地项目"江苏农村土地承包经营权流转制度研究"(10JD007)、国家自然科学基金优秀青年基金"农村土地制度与资源配置"(71322301)、国家自然科学基金科学部主任基金"农村土地流转与农民收入提高的演变规律和实证依据"(71341036)、高等学校博士学科点专项科研基金"农地股份合作制的形成机制、治理结构与制度绩效研究"(20130097110038)以及国家自然科学基金"环境因素、成员异质性和产品特性对农民专业合作社绩效影响研究"(71173097)等项目的研究，深入江苏农村社会实际，系统地研究了江苏省农村土地承包经营权流转、农业生产经营主体、农产品生产与流通等热点问题，积累了大量的一手资料，对"三农"问题的现状、问题和政策措施有了较为深刻的认识。2013 年初，有幸承担了南京农业大学人文社会科学重大招标项目《江苏新农村发展系列报告》之一的《江苏农村农业生产经营发展报告》(2013~2015)的研究任务。

　　在南京农业大学人文社科处的精心组织和指导下，课题组坚持严谨、务实、求真、创新的学风，以高度的责任感和使命感开展了各项研究活动。在制定详细研究方案的基础上，课题组通过召开小型专题研讨会和工作讨论会，明确了研究的框架体系和具体的研究内容，从农村土地承包经营权流转、农业生产经营主体、农产品生产和农产品流通四个方面展开专题研究；通过多次走访江苏省相关政府部门，了解江苏省经济社会发展相关资料，掌握江苏省"三农"问题的最新政策措施；通过设计问卷，实地调研了江苏省南京、苏州、镇江、南通、扬州、连云港、淮安、宿迁 8 个省辖市，共计完成 25 个县、53 个乡镇、179 个村、1 800 多个农户的问卷调研。经过大半年的努力，《江苏农村农业生产经营发展报告 2014》终于付梓。

在课题研究的每一个重要阶段，研究团队成员会商研讨、集思广益、分工合作、相互启发，共同努力。本发展报告的编写人员有：冯淑怡、陆华良、王博、赖映圻、吕沛璐、李芳、肖泽干、张兰、任广铖、王玥、刘子铭、潘长胜、纪漫云、黄挺等。冯淑怡、陆华良对全书作了最后统稿和校对。

江苏省委农村工作领导小组办公室诸纪录主任、江苏省委办公厅农村处张利强处长、江苏省扶贫办扶贫开发研究所褚夫运所长、江苏省农委农村合作经济经营管理站杨天水站长、王建华科长、农村经济体制与经营管理处费贵华副处长、倪永翠副处长、杜德明主任科员、市场与经济信息处杜海蓉副处长、徐琛副处长、陈甜甜主任科员、农民合作社指导处蔡国新处长、吴宏敬副处长、杨永康主任科员、杜静主任科员、农业产业化发展指导处靳雪辉科长、江苏省统计局办公室王伟副主任、国家统计局江苏调查总队居民收支调查处王成副处长、苏州市委农工办合作经济处宋建华处长、扬州市委农工办农村经营管理处周爱军处长等为课题组提供了丰富的资料，传授了宝贵的经验，在此一并表示衷心感谢！

中央十八届三中全会提出了以赋予农民更多权利和利益、推进城乡发展一体化为主线的农村改革任务。十八届四中全会提出了依法治国的战略方针，进一步发挥法治在推进农业农村改革发展、实现"四化同步"的保障护航作用。近日，中共中央办公厅、国务院办公厅印发了《关于引导农村土地经营权有序流转发展农业适度规模经营的意见》，制定了 5 年内完成承包经营权确权登记的工作目标。对推进土地流转和发展适度规模经营，促进农业增效、农民增收提出了新的要求。

随着我国农村经济的快速发展和城乡发展一体化进程的加快，江苏省农村农业生产经营工作面临新挑战，需要不断研究新问题，揭示新规律，取得新成果。2014 年的发展报告仅是我们在这一领域研究的初步探索。由于农村农业生产经营发展问题涉及面广，综合性强，新政策不断出台，加上我们的理论和政策水平有限，不足之处、不当之处在所难免，希望读者和同仁们提出宝贵意见或建议，以指导我们今后更好地开展研究。

最后，感谢科学出版社编辑同志对本书出版所付出的努力和提供的帮助！

冯淑怡
2013 年 12 月 30 日于金陵